国家宏观战略中的关键性问题研究丛书

PPP基础性制度建设研究

孟　春　董纪昌　李秀婷　崔志娟　等◎著

科学出版社

北　京

内 容 简 介

本书以健全 PPP 基础性制度研究为主线，聚焦于 PPP 财政风险管理和 PPP 物有所值评价，以期在保障公共资金安全的前提下实现公共资金的高效配置。在 PPP 财政风险管理方面，基于本书所构建的风险要素识别体系，实证检验了地方财政风险，分情景测算地方 PPP 债务空间，并探究风险的形成与传导机理；在 PPP 物有所值评价方面，提出定性和定量评价改进机理，创新性地将外部性调整值引入定量评价，以期反映项目的外部性增量，通过搭建 PPP 模式与宏观经济发展系统流图，刻画了 PPP 对宏观经济的影响路径。

书中研究成果可供政府相关部门在制定和完善政策时参考，也可供地方政府、社会资本、咨询机构等 PPP 项目参与方进行项目决策时借鉴，对相关研究机构、学者开展研究也具有一定参考价值。

图书在版编目(CIP)数据

PPP 基础性制度建设研究/孟春等著. —北京：科学出版社，2023.1
（国家宏观战略中的关键性问题研究丛书）
ISBN 978-7-03-071255-4

Ⅰ. ①P⋯　Ⅱ. ①孟⋯　Ⅲ. ①政府投资–合作–社会资本–制度建设–研究–中国　Ⅳ. ①F832.48 ②F124.7

中国版本图书馆 CIP 数据核字（2022）第 000866 号

责任编辑：马　跃／责任校对：贾娜娜
责任印制：张　伟／封面设计：有道设计

科 学 出 版 社 出版
北京东黄城根北街 16 号
邮政编码：100717
http://www.sciencep.com

北京中科印刷有限公司 印刷
科学出版社发行　各地新华书店经销

*

2023 年 1 月第　一　版　　开本：720×1000　1/16
2023 年 1 月第一次印刷　　印张：15 1/2
字数：300 000

定价：168.00 元
（如有印装质量问题，我社负责调换）

丛书编委会

主 编：

    侯增谦 副 主 任   国家自然科学基金委员会

副主编：

    杨列勋 副 局 长   国家自然科学基金委员会计划与政策局

    刘作仪 副 主 任   国家自然科学基金委员会管理科学部

    陈亚军 司 长   国家发展和改革委员会发展战略和规划司

    邵永春 司 长   审计署电子数据审计司

    焦小平 主 任   财政部政府和社会资本合作中心

编委会成员（按姓氏拼音排序）：

    陈 雯 研 究 员   中国科学院南京地理与湖泊研究所

    范 英 教 授   北京航空航天大学

    胡朝晖 副 司 长   国家发展和改革委员会发展战略和规划司

    黄汉权 研 究 员   中国宏观经济研究院

    李文杰 副 主 任   财政部政府和社会资本合作中心推广开发部

    廖 华 教 授   北京理工大学

    马 涛 教 授   哈尔滨工业大学

    孟 春 研 究 员   国务院发展研究中心

    彭 敏 教 授   武汉大学

    任之光 处 长   国家自然科学基金委员会管理科学部

    石 磊 副 司 长   审计署电子数据审计司

    唐志豪 处 长   审计署电子数据审计司

    涂 毅 主 任   财政部政府和社会资本合作中心财务部

    王 擎 教 授   西南财经大学

    王 忠 副 司 长   审计署电子数据审计司

    王大涛 处 长   审计署电子数据审计司

    吴 刚 处 长   国家自然科学基金委员会管理科学部

    夏颖哲 副 主 任   财政部政府和社会资本合作中心

    徐 策 原 处 长   国家发展和改革委员会发展战略和规划司

    杨汝岱 教 授   北京大学

    张建民 原副司长   国家发展和改革委员会发展战略和规划司

    张晓波 教 授   北京大学

    周黎安 教 授   北京大学

丛 书 序

习近平总书记强调，编制和实施国民经济和社会发展五年规划，是我们党治国理政的重要方式①。"十四五"规划是在习近平新时代中国特色社会主义思想指导下，开启全面建设社会主义现代化国家新征程的第一个五年规划。在"十四五"规划开篇布局之际，为了有效应对新时代高质量发展所面临的国内外挑战，迫切需要对国家宏观战略中的关键问题进行系统梳理和深入研究，并在此基础上提炼关键科学问题，开展多学科、大交叉、新范式的研究，为编制实施好"十四五"规划提供有效的、基于科学理性分析的坚实支撑。

2019 年 4 月至 6 月期间，国家发展和改革委员会（简称国家发展改革委）发展战略和规划司来国家自然科学基金委员会（简称自然科学基金委）调研，研讨"十四五"规划国家宏观战略有关关键问题。与此同时，财政部政府和社会资本合作中心向自然科学基金委来函，希望自然科学基金委在探索 PPP（public-private partnership，政府和社会资本合作）改革体制、机制与政策研究上给予基础研究支持。审计署电子数据审计司领导来自然科学基金委与财务局、管理科学部会谈，商讨审计大数据和宏观经济社会运行态势监测与风险预警。

自然科学基金委党组高度重视，由委副主任亲自率队，先后到国家发展改革委、财政部、审计署调研磋商，积极落实习近平总书记关于"四个面向"的重要指示②，探讨面向国家重大需求的科学问题凝练机制，与三部委相关司局进一步沟通明确国家需求，管理科学部召开立项建议研讨会，凝练核心科学问题，并向委务会汇报专项项目资助方案。基于多部委的重要需求，自然科学基金委通过宏观调控经费支持启动"国家宏观战略中的关键问题研究"专项，服务国家重大需求，并于 2019 年 7 月发布"国家宏观战略中的关键问题研究"项目指南。领域包括重大生产力布局、产业链安全战略、能源安全问题、PPP 基础性制度建设、宏观经济风险的审计监测预警等八个方向，汇集了中国宏观经济研究院、国务院发展研究中心、北京大学等多家单位的优秀团队开展研究。

该专项项目面向国家重大需求，在组织方式上进行了一些探索。第一，加强顶层设计，凝练科学问题。管理科学部多次会同各部委领导、学界专家研讨凝练

---

① 《习近平对"十四五"规划编制工作作出重要指示》，www.gov.cn/xinwen/2020-08/06/content_5532818.htm，2020 年 8 月 6 日。

② 《习近平主持召开科学家座谈会强调 面向世界科技前沿面向经济主战场 面向国家重大需求 面向人民生命健康 不断向科学技术广度和深度进军》（《人民日报》2020 年 9 月 12 日第 01 版）。

科学问题，服务于"十四五"规划前期研究，自上而下地引导相关领域的科学家深入了解国家需求，精准确立研究边界，快速发布项目指南，高效推动专项立项。第二，加强项目的全过程管理，设立由科学家和国家部委专家组成的学术指导组，推动科学家和国家部委的交流与联动，充分发挥基础研究服务于国家重大战略需求和决策的作用。第三，加强项目内部交流，通过启动会、中期交流会和结题验收会等环节，督促项目团队聚焦关键科学问题，及时汇报、总结、凝练研究成果，推动项目形成"用得上、用得好"的政策报告，并出版系列丛书。

该专项项目旨在围绕国家经济社会等领域战略部署中的关键科学问题，开展创新性的基础理论和应用研究，为实质性提高我国经济与政策决策能力提供科学理论基础，为国民经济高质量发展提供科学支撑，助力解决我国经济、社会发展和国家安全等方面所面临的实际应用问题。通过专项项目的实施，一方面，不断探索科学问题凝练机制和项目组织管理创新，前瞻部署相关项目，产出"顶天立地"成果；另一方面，不断提升科学的经济管理理论和规范方法，运用精准有效的数据支持，加强与实际管理部门的结合，开展深度的实证性、模型化研究，通过基础研究提供合理可行的政策建议支持。

希望此套丛书的出版能够对我国宏观管理与政策研究起到促进作用，为国家发展改革委、财政部、审计署等有关部门的相关决策提供参考，同时也能对广大科研工作者有所启迪。

侯增谦

2022 年 12 月

前　言

在中国共产党第十八届三中全会"使市场在资源配置中起决定性作用""更好发挥政府作用"①方针指导下，我国从 2013 年底开始重点推进政府和社会资本合作（public-private partnership，PPP）改革创新，在基础设施和公共服务领域打破垄断、引入竞争，实现政社风险分担与优势互补的现代公共治理与微观项目优化管理紧密结合。在中央政府大力支持下，PPP 模式于 2014~2017 年进入高速发展期，取得了令人瞩目的成果。同时，伴随实践开展，政策界、学术界和实务界对 PPP 泛化、异化带来的财政风险的关注度也不断提升，相关制度建设落后于实践发展，未实现有效防控风险的预期目标。当前我国 PPP 已经进入高质量发展阶段，但仍面临法律制度有待健全、市场信心有待提振、融资难题有待破解等问题，亟须进一步立足实践，加强理论与政策研究，为 PPP 改革，尤其是在 PPP 基础性制度、长效管理体制建设等方面提供理论指导。

为此，本书从以下三方面展开研究：一是立根基，厘清概念、明晰逻辑、创新方法、构建理论模型、搭建学术框架；二是建机制，深入探索 PPP 基础制度的优化路径，完善长效管理体制机制，提出政策建议；三是巧致用，以实践需求为导向，开发 PPP 财政风险管理与物有所值评价的优化路径和全生命周期管理工具体系，为 PPP 高质量发展提供理论支撑、制度保障与工具支持。

本书根据国务院发展研究中心宏观经济研究部、中国科学院大学中国 PPP 研究中心、北京国家会计学院的联合研究成果编著而成，参考财政部、国家统计局、全国 PPP 综合信息平台、Wind 数据库、同花顺数据库等多个权威机构和数据库公布的最新统计数据，立足于中国自 2013 年底兴起的 PPP 改革实践，以建立健全基础性制度研究为主线，聚焦于"PPP 财政风险管理"和"PPP 物有所值评价"这两个关系 PPP 模式制度完善、实践效果提升、高质量可持续发展的重要主题，遵循"从实践中来，到实践中去"的理论总结与升华路径。书中相关研究成果可供政府相关部门在制定和调整政策时参考，也可供地方政府、社会资本、咨询机构等 PPP 项目参与方进行项目决策时参考，对 PPP 相关研究机构、学者开展学术研究也有一定的参考价值。

---

① 引自 2013 年 11 月 16 日《人民日报》第 1 版文章：《中共中央关于全面深化改革若干重大问题的决定》。

　　本书由孟春、董纪昌、李秀婷、崔志娟、冯俏彬、许伟、李承健、王莹莹、宋子健、周恩丞、郭思佳、胡美婷、刘晓亭、吴昺兵、尹利君、高歌、孟超、骆娜、郭瑞彬、赵雯、陈雨欣、张锦华、王佳腾撰写，是"国家宏观战略中的关键问题研究"之"PPP 基础性制度建设研究"课题（71950009）的研究成果。本书得到了中国科学院预测科学研究中心主任、上海科技大学创业与管理学院院长、发展中国家科学院院士汪寿阳，国务院发展研究中心宏观经济研究部部长陈昌盛和北京国家会计学院党委书记张凤玲的悉心指导。科学出版社的李莉编辑等也为本书的出版付出了辛勤劳动。在此，我们向所有为本书提供过帮助与支持的领导及同事表示最真挚的感谢！

　　由于学识、水平和能力有限，书中可能存在些许有待商榷、值得进一步探讨的地方，欢迎各界朋友与我们交流、探讨，感谢大家的批评指正。

孟春　董纪昌　李秀婷　崔志娟

国务院发展研究中心宏观经济研究部

中国科学院大学中国 PPP 研究中心

北京国家会计学院

2021 年 12 月

目　录

第 1 章

绪　　论

1.1　研究背景与意义

政府和社会资本合作（public-private partnership，PPP）模式是按照党的十八届三中全会全面深化改革的要求，在学习消化世界银行和一些发达国家成功经验的基础上，结合我国国情而推出的一项公共服务供给管理体制机制创新，旨在通过政府和社会资本协作协同，建立风险分担、利益共享的合作模式，引入市场化机制提高财政资金使用效率，优化社会公共产品和公共服务的供给结构，为市场主体创造发展空间。自 2013 年底启动 PPP 改革以来，我国积极探索通过国家治理现代化推动 PPP 模式运用，并通过 PPP 改革成功实践促进国家治理现代化的各项体制机制创新，形成了 PPP 改革发展与国家治理现代化交互推进的良性互动。

经过多年的快速发展，我国已形成全球最大的区域性 PPP 市场。全国 PPP 综合信息平台数据显示，截至 2021 年末，入管理库项目 10 243 个、投资额 16.2 万亿元；累计落地项目 7683 个、投资额 12.8 万亿元，落地率（签约项目投资额占在库项目总投资额的比例）79.0%；累计开工项目 4804 个、投资额 7.6 万亿元，开工率（开工建设项目投资额占在库项目总投资额的比例）46.9%。PPP 模式已成为我国稳增长、促改革、调结构、惠民生的重要抓手，有效推动了基础设施与公共服务供给，促进了市场在资源配置中决定性作用的发挥。世界银行 2018 年发布的《PPP 基础设施采购报告》[①]指出，在全球 135 个经济体中，中国 PPP 改革和实践处在全球中上等水平。

随着 PPP 改革的推进，PPP 基础制度建设在不断探索中逐步完善。以《政府和社会资本合作项目财政承受能力论证指引》（财金〔2015〕21 号）、《PPP 物有所值评价指引（试行）》（财金〔2015〕167 号）等为核心的基础制度与政策体系亟须进一步完善。2017 年以来，为进一步"防风险""抓规范"，中央各部委先后发文要求清理不规范的 PPP 项目，严禁地方政府采用向社会资本承诺最低收益、回购社会资本的投资本金、承担社会资本的投资本金损失等方式变相举债，明确了

---

① http://www.cpppc.org/opt/pmo/nfs/images/www/201901/150929463yyx.pdf[2019-01-30].

对 PPP 项目中不规范行为导致的地方政府隐性债务风险的监管思路，有效遏制隐性债务增量、积极稳妥处置隐性债务存量，强化问责和责任追究机制，贯穿事前、事中、事后监管，通过清理不规范 PPP 项目与合理支持存量 PPP 项目，优化公共资源与财政资源配置，防范和化解地方政府隐性债务风险。

在此监管背景下，当前 PPP 整体风险控制在安全区间内。根据全国 PPP 综合信息平台数据的核算，截至 2021 年末，全国 2759 个已实施 PPP 项目的行政区中，有 2718 个行政区在 PPP 项目合同期内各年度的财政承受能力（简称财承）指标值均未超 10%红线，有 41 个行政区在一些年份的财政支出责任占比超过 10%的红线，目前已要求超过地区财承限额的行政区停止新项目入库，PPP 财政支出责任处于安全区间。

然而，不容忽视的是，现阶段 PPP 实践中的一些风险因素开始凸显，部分地方在 PPP 发展中出现泛化、异化等不规范现象。对于 PPP 财政风险管理而言，一方面，由于目前缺少衡量项目、区域层面的 PPP 财政风险定量模型，难以判断某个地区的财政风险控制能力，在各级以本级 PPP 项目财政承受能力 10%红线作为统一管理标准的情况下，地方"防风险"和"促发展"存在不匹配问题；另一方面，由于 PPP 是一种"引制"、"引资"和"引智"相结合的制度供给创新，部分地方政府为了争取短期政绩，违规、超额推动 PPP 发展，对当地财政的可持续发展与地区经济金融安全产生了较大隐患。并且，在地方债务清理规范过程中，对于 PPP 项目可能导致的隐性债务规模的核算口径仍存在较大争议。对 PPP 物有所值评价而言，其同样面临新的考验，尤其是定量评价。受限于发展时间较短、数据积累不足等制约，物有所值定量评价较容易流于形式，不能发挥应尽的甄别作用。这些风险因素与不规范行为对 PPP 基础制度建设提出了更系统、更高质量的要求。

国外 PPP 模式的实践经验表明，一个良好的基础制度环境是 PPP 有效运行和发展的根本。当前我国仍处于 PPP 的探索阶段，在监管规范、风险防范及利益保障等机制方面存在着制约 PPP 实施和发展的局限，需要在未来的进程中不断完善。实现 PPP 高质量发展还将面临更多的挑战，亟待进一步加强理论与政策研究，为 PPP 改革实践提供理论支撑与政策指导，尤其是在 PPP 基础性制度、长效管理体制建设等方面。

因此，在当前阶段，针对 PPP 改革中的基础性制度建设问题进行系统性研究，具有重要的理论意义与现实意义。在理论层面，有助于进一步完善 PPP 及国家治理相关研究的理论与方法体系，夯实 PPP 模式的理论基础，推动 PPP 学科建设。在制度层面，有助于为完善 PPP 财政承受能力论证与物有所值评价等政策规定提供依据，增强政策的科学性和前瞻性，夯实规范管理的制度基础，助力国家重大体制改革与创新驱动发展。在实践层面，有助于有效防范 PPP 项目风险，提升财政资金配置效率，促进 PPP 改革实践高质量发展。

1.2 国内外研究现状

本书从 PPP 财政风险管理和物有所值评价两个方面对国内外相关研究进行综述，并分析未来研究动态。

1.2.1 PPP 财政风险管理相关研究

PPP 财政风险是区域性 PPP 项目整体风险的体现，为更全面了解 PPP 财政风险的研究现状，本书从 PPP 项目风险和 PPP 财政风险两方面进行文献梳理分析。

1. PPP 项目风险管理

PPP 项目的特殊之处在于项目投资较大、持续时间较长、参与方较多，故 PPP 项目在实施过程中将会面临更为复杂的风险，PPP 项目风险管理一直是学术研究的重点。国内外对于 PPP 项目风险管理方面的研究主要分为以下三个方面：风险识别、风险评估、风险分担，本书着重梳理相关研究进展。

1）风险识别

Grimsey 和 Lewis（2002）对基础设施领域进行了风险分析，总结了九大风险：技术风险、建设风险、运营风险、收益风险、金融风险、不可抗力风险、政治风险、环境风险、违约风险，并对不同风险类型进行了对比研究。Schaufelberger 和 Wipadapisut（2003）调查和分析了 13 个案例，发现项目风险、项目条件和融资的可获得性是在选择项目融资策略时考虑的主要因素，在诸多风险中，政治风险、财务风险和市场风险被认为是影响项目融资策略选择的最重要因素。还有一些学者则通过问卷调查法收集数据，分析项目的主要风险因素，进一步研究了项目的委托代理方以及金融机构对这些风险因素的感知程度。普遍认可的主要风险类型包括政治、财务、收益、市场、宣传、采购、开发、建设完工以及运营等风险。Bing 等（2005）基于对英国 PPP/PFI（private finance initiative，私人主动融资）项目的调查，将 PPP 项目风险归类为宏观、中观和微观三个层面（PPP 模式风险分类见表 1-1）。宏观风险着重指国家或产业层面的外生风险，主要包括政治风险、宏观经济风险、法律风险、社会风险和自然风险；中观风险指项目系统边界内的风险，主要包括立项风险、融资风险、剩余风险、设计风险、建造风险及运营风险；微观风险主要存在于利益相关者间，包括合作关系风险和第三方风险。Ng 和 Loosemore（2007）基于风险与项目的相关性将 PPP 风险分为项目风险和一般风险，项目风险是项目微观环境或项目管理方式所引起的风险，如项目的选址、设计、运营、建设、收益、资产、残余及违约风险等；一般风险不与项目直接相关，而与项目的宏观环境有关，并可对项目产生重大影响，如政治、自然、金融、法律以及经济风险等。Medda（2007）在分析 PPP 交通基础设施项目的风险时，把风险分为技术风险、商业风险、政治风险以及融资风险四类。de Jesus Rock 和 Wu（2020）通过对交通运输领域 PPP 项目进行分析，将风险分为政治、经济、社会文化和技术风险。

表 1-1　PPP 模式风险分类

风险层面	风险类型	风险成因
宏观	政治风险	政治局势动荡、资产征用或国有化、公共决策流程不当、政党分歧等
	宏观经济风险	金融市场疲软、通货膨胀波动、利率波动、重大经济事件影响
	法律风险	立法变动、税收变动、行业监管变动
	社会风险	私人供给缺失、公众反对
	自然风险	不可抗力、地质条件、气候、环境
中观	立项风险	土地征用、项目需求风险
	融资风险	融资可行性、融资吸引力低，高融资成本
	剩余风险	运用了所有的风险控制和管理技术后仍未被管理的风险
	设计风险	审批延误、项目设计缺陷、技术缺陷
	建造风险	成本超支、建设拖延、原材料可得性不稳定、设计变更、工程质量、合同变更、分包商或供应商违约
	运营风险	运营成本超支、收益低于预期、低运营效率、维护成本超支
微观	合作关系风险	组织协调不当、项目经验缺失、风险分担不明、权力分配不明、组织工作不协调、契约关系不明确
	第三方风险	第三方侵权责任、职工危机

资料来源：Bing 等（2005）

国内研究方面，柯永建等（2008）提出 PPP 模式的风险指标可以分为政治、建造、经营、法律、市场、财经和其他风险七大类。邓小鹏等（2009）应用问卷调查法和因子分析法将 20 种关键风险归纳为五个主因子，即宏观管理和私营机构风险、政府监管风险、项目风险、财务风险、公私决策风险。亓霞等（2009）基于中国 PPP 项目案例详细总结了以下风险：法律变更风险、审批延误风险、政治决策风险、政治反对风险、政府信用风险、不可抗力风险、融资风险、收益风险、项目唯一性风险、设备供给风险、市场需求风险、收费变更风险、腐败风险。胡忆楠等（2019）通过对"一带一路"沿线国家 11 个典型 PPP 项目案例的整合与分析，将风险归纳为政治、法律、经济、社会和自然等五类主要风险。梁晴雪（2020）将 PPP 项目风险分为两大类：一是政治、经济、法律、环境、建设、技术等方面的显性风险；二是财政承受能力、物有所值、绩效评估、风险分担、全生命周期项目管理等隐性风险。李文鼎（2020）从不同的风险承担主体出发，采用工作结构分解法将市政道路 PPP 项目中的风险划分为政府方风险、社会资本方风险与合作关系风险。肖红玲（2021）采用生命周期理论，分别对决策阶段、项目融资阶段、建设阶段、特许经营阶段进行风险识别，通过查阅文献的方式和行业专家咨询来确定其中的共性因子，包括政策、法规、经济、财务、管理、技术、质量、合同、环境、运营等十大类共 30 个指标。张丛林等（2021）运用案例分析法甄别 PPP 项目准备、实施和合同终结三阶段存在的风险，包含 11 个关键环节、26 个主要风险因素。

常用的风险识别中的信息搜集方法包括集思广益的头脑风暴法、利用专家经验的德尔菲法等，图解技术包括系统流程图法、因果分析图法等（风险识别方法对比表见表 1-2）。

表 1-2　风险识别方法对比表

方法	优点	缺点	适用范围
专家个人判断法	在缺乏足够统计数据和原始资料的情况下，可以做出定性估计	易受心理因素的影响	适用于情况不复杂的项目
头脑风暴法	可以避免忽略不常见的风险	对各成员的要求比较高	适用于问题比较单一、目标比较明确的情况
德尔菲法	能充分发挥各位专家的作用，集思广益，准确性高；能体现各位专家的意见分歧，取各家之长，避免家之短	分析结果易受组织者、参加者的主观判断影响，易偏于保守，新思想的产生过程比较复杂，花费时间较长，费用较高	适用于大型工程
工作分解结构法	由于项目范围、进度和成本管理等方面需要使用工作分解结构法，因此在风险识别中利用该方法不会增加工作量	对于大型项目，工作分解过于复杂和烦琐	适用于中小型工程
检查表法	风险识别工作较为简单，容易掌握	对单个风险的来源描述不足，没有揭示出风险来源之间的相互依赖关系，对指明重要风险的指导力度不足	适用于常见的风险
流程图法	既可识别非技术风险，也可识别技术风险	耗费大量的时间，不能描述细节，可能遗漏一些风险，缺乏定量分析	适用于识别非技术风险及技术风险
情景分析法	通过有关数字、图表等，对项目未来的某个状态或某种情况进行详细的描绘和分析	注重某些事件出现风险的条件和因素	适用于条件明确的项目
故障树法	可以比较全面地分析所有故障原因，有利于风险管理措施的制定	当应用于大的项目时，易产生遗漏和错误	适用于经验较少时的风险识别
SWOT（strength, weakness, opportunity, threat，优势、劣势、机会、威胁）分析法	可以对项目内部优势与弱势和项目外部的机会与威胁做出综合分析	需要大量的前期类似项目的风险资料	适用于有大量成功案例的项目
因果分析图法	便于找出风险及风险因素之间的关系，不容易遗漏风险	需要管理者有丰富的工程经验，耗费时间	适用于比较大型的项目

2）风险评估

风险因素评估方面，国内外学者分析方法工具种类繁多，如德尔菲法、头脑风暴法、风险核对表、SWOT 分析法、工作分解结构法、敏感性分析、故障树法、蒙特卡罗模拟等。冯永亮和张宏国（2007）利用模糊层次分析法评价了合作投资项目的风险环境。Ebrahimnejad 等（2010）针对风险因素多的发展中国家构建风险等级结构，同时利用模糊集和理想解贴近度法对 BOT（build-operate-transfer，建设-经营-转让）项目中的风险进行评价排序。Iyer 和 Sagheer（2010）利用解释结构模型（interpretative structural modeling，ISM）构建风险的等级结构和内部关系，再利用交叉影响矩阵相乘法（matrices impacts croises-multiplication appliance classement，MICMAC）分析来确定这些风险的相关性和影响力。孙艳丽等（2012）对 PPP 融资风险因素进行了问卷调查统计，基于此建立 ISM，得出因素间的关联图，对影响 PPP 风险的主要原因进行了分析。袁义淞（2014）通过整理专家意见列出了 13 种风险要素，包括政府管理、政策法规、市场、金融、环保、社会、管理者、技术、合同、投融资、信用、运营和自然等风险，基于 ISM 和模糊综合评价法计算出各种风险的权重。丁晓欣等（2020）借助故障树模型分析影响综合管廊工程 PPP 项目的风险因素，对全生命周期阶段需要重视的基本事件的关联度大小进行排序判断，得到入廊需求及收益不稳定、融资风险、地方政府财政能力有限、法律体系不健全、技术不完备、土地征拆问题、政府信用等 7 个对项目风险影响较大的因素。刘金林等（2020）在 WSR（wuli-shili-renli，物理-事理-人理）方法论下，从物理、事理、人理三维视角识别出污水处理扩建 PPP 项目的融资风险，引入模糊网络分析和云模型等数学方法，运用德尔菲法对风险进行评估。车鲁平等（2020）从宏观、微观两个层面识别出适用于交通设施 PPP 项目风险评价的 22 个指标，利用决策试行与评价实验室（decision making trial and evaluation laboratory，DEMATEL）法建立各风险评价指标间的内部联系，运用网络层次分析（analytic network process，ANP）法确定风险评价指标权重，提出基于 DEMATEL-ANP 的风险评价模型。何楠等（2021）从风险发生概率、可发现的难易程度以及影响三个评价维度出发，采用问卷调研对识别出的我国生态水利 PPP 项目的 115 项风险因素进行评估。肖红玲（2021）综合运用最佳传递矩阵的改进层次分析法、因子分析法、熵值法修正因子分析法构建风险评价体系，通过模糊综合评价法得出了风险等级最高的六个方面。

3）风险分担

良好的风险分担机制能够实现对项目风险的有效控制，实现物有所值。关于 PPP 风险分担机制的研究最初停留在定性层面。Zhang 等（2002）基于中国香港海底隧道项目案例分析了风险分担情况，指出项目公司应承担建设风险、成本超支风险以及通货膨胀风险。Lemos 等（2004）通过对葡萄牙里斯本的桥梁项目的深入研究，认为法律风险、交通风险和利率风险应完全由私人部门承担。Bing 等（2005）将风险分担分为四个范畴，即政府部门承担的风险、私人部门承担的风险、政府与私人部门共同承担的风险及三个范畴以外的风险，通过问卷调查法对各个层面的风险分担比例进行了分析，指出政府部门应该承担选址风险和政治风险，合作关系风险、不可抗力风险和政策变动风险应由政府部门和私人部门共同承担，绝大多数项目内部风险则应由私人部门承担。Abednego 和 Ogunlana（2006）指出良好的风险分担机制应该明确所要分担的风险、风险分担的主体、分担风险的时点和风险分担策略。孟春和郭上（2018）提出风险分担三原则，即风险应由最有影响能力、最有预测能力或最有承担能力的利益相关方来承担。黄志雄和袁峰华（2021）通过与 OECD（Organisation for Economic Co-operation and Development，经济合作与发展组织）提出的最佳风险分配实践进行对比，得出中国 PPP 项目的风险实际配置更倾向于政府与社会资本共同承担，并将前期风险识别与谈判成本转嫁到了后期再协商阶段。

随着研究的深入，风险分担机制的研究逐渐由定性分析转为定量分析，主要研究方法有博弈论、社会网络分析、层次分析法、模糊综合评价法、敏感性分析法、蒙特卡罗模拟、马科维茨模型、人工神经网络等。Medda（2007）构建了一个博弈模型，风险分担的结果建立在最终报价仲裁的基础上，模型中将 PPP 项目的风险分担过程看作公共部门和私人部门相互协商的过程，分析了公共部门和私人部门在各自目标下的风险分担行为。杨秋波和侯晓文（2008）提出了改进的 PPP 风险分担框架，结合马科维茨模型进行了分析，提出存在使得项目整体风险最小的公共部门和私营机构风险分担的最佳比例。王丙亮和游锐（2009）将大型 PPP 项目的风险分配过程视作参与双方议价过程，并引入修正最终要约仲裁（amended final offer arbitration，AFOA）博弈模型，在博弈的框架下分析目的相反的博弈双方的行为。模型分析显示，修正最终要约仲裁不仅能使双方要约趋于同一，还能有效地避免商业舞弊行为，适用于解决风险分配上的纠纷。Xu 等（2010）经过两轮德尔菲法，针对国内 PPP 项目调查确定了各个风险因素的权重，通过构建基于知识的模糊推理规则集得到了风险分配准则的隶属度函数。Subramanian（2010）提出了一种新的风险分担模型，该模型建立在贝叶斯后验概率理论的基础之上，其主要用来研究如何在公司部门之间分配风险管理职责。Jin 和 Zhang（2011）利用人工神经网络（artificial neural network，ANN）模型对 PPP 项目风险分配决策进行建模并对其进行实证分析，通过与多元线性回归（multivariate linear regression，MLR）结果进行比较，验证了人工神经网络的可行性与优异性。杨宇和穆尉鹏（2008）从项目参与方的不同角度建立了项目融资风险的多层次评价指标体系，采用灰色关联分析评价了参与方的风险控制能力和风险分配偏好。程连于（2009）提出了项目风险分担评估与优化框架，并通过蒙特卡罗模拟，计算出了一定置信水平下最低可行价格，全面检验项目风险事件随机发生时风险分担的合理性。Jin（2010）引入了模糊神经网络法来研究风险分担问题。

蒙特卡罗模拟方法、敏感性分析方法等定量分析方法在使用过程中需要用到大量的 PPP 项目数据，但由于 PPP 项目数据获取渠道有限，故此类方法的应用也受到了较大限制。梁晴雪（2020）建立了基础设施 PPP 项目再谈判中的风险分担博弈模型，当再谈判发生在政府与社会资本两方时，采用二人讨价还价博弈进行风险分担；当涉及三方或更多参与方时，采用联盟博弈计算风险分担情况。梅建明和张宽（2021）通过构建 ISM，确定了 PPP 项目风险合理分担影响因素的层级关系，再运用 MICMAC 对影响因素的依赖性与驱动力进行分析，最终找出推动我国 PPP 项目风险合理分担的六个关键性驱动因素：项目属性、风险类型、项目参与程度、谈判地位、信息对称性、信任程度。王军武和余旭鹏（2020）立足于演化博弈与风险关联视角，将应分担的风险损失引入轨道交通 PPP 项目风险分担演化博弈模型中，得到不同情形下的演化稳定策略。敖慧和朱玉洁（2021）通过对农村基础设施 PPP 项目参与方的静态博弈分析，发现在初步风险分担过程中，单方承担风险和共担风险的划分主要取决于公共部门与私营方的风险偏好和风险控制能力；在讨价还价动态博弈过程中，私营方优先出价的安排在一定程度上提高了私营方的参与积极性，公私双方谈判损耗系数大小、双方地位不平等及信息不对称的程度决定了共担风险最优分担比率的大小。

2. PPP 财政支出责任管理相关研究

在 PPP 项目财政支出责任管理方面，Hammami 等（2006）指出政府综合考量相关因素后会为项目提供财政补贴，但政府承担过多风险会引致过度的财政支出责任。王玺和夏强（2016）总结了政府主要承担经济可行项目的财政补贴和风险分担两方面支出，梳理了项目财政支出的识别、评价、监管、报告与更新等全生命周期管理框架。李广宁（2021）指出 PPP 项目发展在一定程度上依赖财政政策的支持，其管理方面主要存在的问题包括支出责任预警体系有待完善、风险论证报告编制缺乏规范性、支出增长预测缺乏合理性以及财政支出管理思想缺乏有效转化等。

在 PPP 财承管理政策有效性评估方面，张牧扬等（2019）以 2010~2018 年入全国 PPP 综合信息平台管理库项目的财承论证报告为基础，以除去中央本级和省本级的其他项目所在地市级为分析对象，分别以 4%、6% 和 8% 的地区一般公共预算支出增长率估计分析超财承限额的城市数量，得出的主要结论包括：我国由 PPP 财政支出责任导致的地方政府财政压力可控、现有入库项目的财政支出责任压力高峰集中于 2023 年前后，以及西部地区的 PPP 财政支出责任压力更大。黄彩云和蒋绮雯（2019）指出 PPP 财承管理存在 PPP 项目周期与预算管理周期不匹配、预算管理权限不清、全流程预算绩效评价缺位等问题。刘穷志和张莉莎（2020）采用数据包络模型构造投入的子向量距离函数，认为财承管理可有效抑制非必要 PPP 财政支出责任的增长，但实际财政支出责任呈现边际增长率递减的增长态势。

在 PPP 模式与财政约束关系方面，政策对 PPP 功能的初始定位之一为"撬动社会资本，缓解财政支出压力"，但现有研究并未对此得出一致结论。陈世金和刘浩（2016）采用泊松估计方法对 31 个主要发展中国家 1996~2011 年的数据进行分析得出，一国的财政支出约束与 PPP 项目需求显著正相关。袁诚等（2017）以入全国 PPP 综合信息平台管理库项目中的交通运输 PPP 项目为分析对象，得出自有财力较弱的地方政府采用 PPP 模式发展交通的意愿较低的结论。蔡东方（2019）区分了 PPP 面临的短期财政约束和长期财政约束，发现广大发展中国家对 PPP 项目的需求与以税收为代表的长期财政能力呈负相关，说明财政实力越强的国家倾向于用政府传统投资方式发展公用事业。由此可判断，在忽略政府财政约束条件的情况下推进 PPP 项目，可能产生地方政府债务风险。李雯（2021）利用 2013~2019 年省级面板数据，将财政压力的一阶滞后项作为工具变量，并通过工具变量法实证研究财政压力对 PPP 项目落地的影响，结果显示 PPP 落地金额受地区财政压力的负面影响较为显著，说明财政压力过大会使该地区 PPP 落地率降低。郭慧等（2021）认为 PPP 模式由于其分期支付的模式有利于释放地方政府财政压力、缓解地方发展对公共服务建设的需求，在地方政府面对财政缺口时，官员会更为积极地推广 PPP 模式以达到化解地方政府存量债务、减少新增债务、拓宽基础设施投融资渠道等目的。

PPP 财政支出责任与政府债务关系的研究也较为丰富。Cruz 和 Marques（2013）研究认为 PPP 模式可将适量风险转移到私人部门，通过最大化政府资金效用以间接化解地方债务。谭艳艳等（2019）从政府会计管理的视角，提出政府在 PPP 项目中承担的法定义务和推定义务并界定了政府的义务边界，构建了识别我国 PPP 政府债务风险的框架。马万里（2019）、郭敏和宋寒凝（2020）将利用 PPP 违规举债形成的支出责任归为隐性债务。贾康和吴昺兵（2020）从政策规定、实践现状和法律适用性等综合视角，分析了不同行为下 PPP 项目财政支出责任的债务属性，构建了我国 PPP 项目财政支出责任的债务风险矩阵。田文瑶（2021）利用 2015~2020 年中国 28 个省份的面板数据建立系统 GMM（Gaussian mixture model，高斯混合模型），实证分析了 PPP 对地方政府显性债务和隐性债务的影响，结果显示相对于对地方政府显性债务的抑制作用，PPP 对地方政府隐性债务的增加作用更为显著，且地方政府隐性债务也会在中长期内增加。

引起 PPP 债务风险的原因在微观层面的研究主要聚焦于 PPP 本身：吉富星（2015）认为，PPP 项目多处于公共领域，当事人的有限理性和合同的不完全契约性引致了财政潜在支出责任。李丹和王郅强（2019）提出，PPP 项目隐性债务风险的生成机理包括财政制度约束与地方选择、政治激励与官员偏好、地方政府承担过多风险等。李丽珍（2021）基于 BP（back propagation，反向传播，或译为逆传播）神经网络分析法研究了地方政府或有隐性债务风险预警系统构建与应用研究，结果显示我国半数省区市政府债务风险在 2017 年始终处于中警的状态，PPP 债务融资、地方国有企业债务、商业不良贷款等一系列或有隐性债务风险的来源亟须管控。

在生成路径方面，刘方（2019）认为明股实债、保底条款等变异模式，以及项目低价中标、绩效不善等问题，是 PPP 生成隐性债务风险的主要途径。崔志娟和朱佳信（2019）在区分政府负债、政府债务概念的基础上，阐释了 PPP 项目政府隐性负债的形成过程和确认标准。方桦和徐庆阳（2019）分别从主体、程序和实质违规角度总结了可引发 PPP 隐性债务风险的七种违规行为。李丽珍（2021）认为，由于缺乏良好的设计运作机制（如社会融资机制、市场选择机制、资金跨期调度机制），PPP 项目在具体运行过程中易存在融资过度、杠杆率过高、项目规模超出地方经济承载能力等问题。

3. 小结与评价

基于上述研究成果可以得出以下结论。

第一，多数关于 PPP 项目风险的研究侧重于风险因素的识别分类、风险因素的评估、项目主体承担风险的探讨，而对 PPP 项目各利益相关者之间存在的合作关系的分析较少，利益相关者间的合作关系链条在 PPP 项目中的重要性、各利益相关者在 PPP 项目内的关键程度等问题都缺少定量的分析研究，也缺乏对 PPP 项目全生命周期各实施过程中利益相关者合作关系变化的追踪分析和局部研究。现有文献多数给出了 PPP 模式的普适性研究，对于针对不同领域的 PPP 模式研究不足，理论研究界限过于宽泛，专业性、针对性不强；在 PPP 项目利益相关者研究方面，对以下问题的论述不够充分：PPP 项目涉及了哪些利益相关者？利益相关者之间具有怎样的合作关系？哪些利益相关方对于项目实施至关重要又有着怎样的职能及作用？另外在风险研究方面，对于 PPP 模式专业领域的针对性探索较少，缺少将风险与利益相关者结合对应的分析框架，很少涉及利益相关者复杂的合作关系引发的风险传导机制。

在研究方法方面，目前关于 PPP 风险评估、风险分担的研究多停留在定性分析层面，如专家打分法、问卷调查法等，定量的模型分析相对较少，对于模型的构建也不够完善。

第二，在中央政府大力支持下，PPP 模式于 2014~2017 年进入高速发展期。同时，伴随实践开展，政策界、学术界和实务界对不规范的 PPP 财政支出行为带来的地方政府债务风险的关注也不断提升。分析我国 PPP 项目财政支出责任债务风险防控的总体情况可知，虽然在国家多举措管控政府债务风险的背景下，在财政承受能力限额管理等规定的作用下，由 PPP 引发的政府债务风险总体上得到了有效控制，但截至 2020 年底，在全国 PPP 综合信息平台管理库项目中，可行性缺口补助和政府付费项目投资额的占比超过 90%，对财政依赖度较高。此外，在实操中，PPP 项目财政支出责任与地方财政自给能力存在错配，不规范的 PPP 财政支出行为时有发生，潜在风险源不容忽视。

第三，加强 PPP 项目风险治理能力，是 PPP 模式行稳致远的关键。但我国 PPP 财政支出责任债务风险防控制度存在短板，未实现有效防控债务风险的预期目标。其一，我国 PPP 项目风险防控制度散见于各部门规章的政策规定中，多数核心文件的法律层级较低，在政策强制力弱于法律法规强制力的情况下，一旦进入司法程序，某些政策规定难以落地。其二，PPP 项目实施周期长、参与主体多，且财政支出责任是政府和社会资本核心利益的对接点和双方博弈的焦点，在 PPP 项目合同不完备的情况下，PPP 参与主体可利用制度与合同漏洞及歧义，诱导对方或双方合谋采取不规范行为，引发项目实施风险和政府债务风险。因此，应加强 PPP 项目风险管理相关理论与制度研究，为 PPP 高质量发展保驾护航。

第四，地方政府以 PPP 模式提供基础设施和公共服务的同时，在项目全生命周期中承担了较多的财政支出责任。截至 2021 年 9 月底，全国 PPP 入管理库项目的总投资中，使用者付费项目占比不到 10%，加之 PPP 模式"以时间换空间"的支付机制设计，在短期腾挪更大发展空间的同时，也容易引发"财政幻觉"，这对地方政府的 PPP 项目风险防控能力提出了更高要求。需基于地区的综合财力、发展潜力、债务负担、项目需求等，综合评估真实的 PPP 财政可负担能力，研究 PPP 财政风险传导渠道和机制，构建可标准量化的区域性 PPP 财政风险评价、管理和预警系统，为地方政府进行 PPP 项目决策、加强风险管理提供参考。

1.2.2　PPP 物有所值评价相关研究

国际范围内对物有所值评价的研究起步较早，研究结果较为成熟，我国对物有所值评价的研究发展迅速，但由于起步较晚，目前更多停留在理论层面。本节将从物有所值评价概况、驱动因素、风险度量、外部性效益等方面进行国内外文献梳理。

1. 物有所值评价的研究现状

1）国外研究方面

"物有所值"（value for money，VfM）概念最早在 20 世纪 90 年代由英国国家审计署提出，即以最低的全生命成本实现既定的功能。物有所值评价在不同国家有不同的定义和范围：美国联邦公路管理局（Federal Highway Administration）与世界银行政府和社会资本合作基础设施咨询机构（Public-Private Infrastructure Advisory Facility）大致认可英国对物有所值的界定；加拿大安大略基础设施开发局（Infrastructure Ontario）将物有所值定义为开发和比较项目总成本的过程；英属哥伦比亚市政事务部（The British Columbian Ministry of Municipal Affairs）将物有所值作为验证项目是否能够"在协议期内以最低资本及运营、维护成本满足最终用户需求"的评价；澳大利亚基础设施中心（Infrastructure Australia）将物有所值评价界定为衡量社会资本提供的公共服务质量及为政府转移风险效果的方法等。

因为任何评价方法都会面临指标无法量化的问题，物有所值评价也不例外，需要同步开展定性和定量评价。各个国家的普遍共识是物有所值定性评价方法具有非常关键的作用，但是现阶段国际上并没有形成标准的统一架构和准确、有效、可遵循的评价程序。国际上普遍采用的方法是通过一系列的分析和问答来进行判断。现阶段比较流行的占主导地位的物有所值定性评价方法有：以美国等国家为代表的专家评定法，以加拿大等国家为代表的赋值比较法，以及以英国、韩国等国家为代表的定性分析方法。

以美国为代表的诸多国家所实施的 PPP 物有所值定性评价方法主要包含四个步骤，即确立指标体系、开展研讨会、集体评议、决策。此方法相较于国际上比较流行的其他方法，更加注重专家团对物有所值评价结果的影响作用，具有较强的灵活性，这给某个项目进行有针对性的分析考察带来了便利。但这种方法也存在一定的缺陷性，比如过分地依赖主观判断，将导致评价结果过于主观。此种"美国式"物有所值定性评价方法主要是通过研讨会的形式进行物有所值评价分析，具体比较以下三个方面：财务影响、非财务影响、公众认证。这就对研讨会的主办方和参会者提出了较高的要求，即他们必须非常熟悉 PPP 项目的合同内容和机制。

以加拿大等国家为代表的物有所值定性评价方法主要包含五个步骤——确定指标体系、指标体系赋权、专家打分、综合专家意见、决策。这种"加拿大式"物有所值定性评价方法主要通过专家团对各项考察指标综合考量后进行打分，将某项目采取 PPP 模式和传统模式进行比较，以此来判断采取 PPP 模式是否能够达到相关预期，即能否增加供给、优化风险分配、提高运营效率、促进创新和竞争。对于各类不同的行业，"加拿大式"方法给出了共计 18 项指标以方便考察。

在借鉴英国物有所值定性评价方法的基础上，韩国政府对其完善后提出了符合自身国情的物有所值定性评价方法，主要包括概括性指标、指标描述及详细审核项等。韩国针对自身的国情、文化特点和经济发展情况，基于英国评价方法，在服务质量、合同执行、管理效率、风险分担及连锁效应、项目独特性等方面做出了相应完善，使该方法更加符合自身的基本情况。

现阶段，国际上各个国家对物有所值的定量评价侧重程度有所不同，但定量评价的分析框架和流程方法基本相近，都是将项目以 PPP 模式进行和以传统模式进行时全生命周期的成本净现值进行比较。而相应地，制定公共部门因素比较值、制定影子价格和计算物有所值量这三个步骤已经普遍成为国际上对物有所值定量评价的核心步骤。因此，不同于对物有所值定性评价方法的研究，国际上学术界对定量评价方法的研究主要集中在具体的计算上，例如，PSC（public sector comparator，公共部门比较值）的计算、全生命周期成本的计算、风险度量及分担、折现率确定等方面。澳大利亚政府给出的《中央指南》（*Central Guidance*）对物有所值定量评价方法具有极为重要的指导意义。该指南将 PPP 项目现金流分成两类看待：确定的现金流和不确定的现金流。顾名思义，即对现金流依据其所面临的风险和严重程度进行判断，以做出区分。同时澳大利亚政府为了将未来的收入和成本分布核算到现时阶段，提出了使用折现率的方法。这样一来可以保障物有所值定量评估的有效开展。

国外的专家学者对 PPP 物有所值评价研究起步较早，涉及范围比较广泛：Glendinning（1988）通过研究英国提出的物有所值概念，首次提出需要进一步细化评价体系，加强现有流程和体系的适用性。Demirag（2004）使用 PFI 模型对英国国家安全部的会计处理和质量价格比进行分析。Grimsey 和 Lewis（2005）选取多个国家和地区的物有所值评价体系和流程作为研究对象，将 PSC 的主观性和需求作为研究目标，通过设定多重比较维度进行研究，并基于研究结论对英国物有所值评价中的某些关键变量参数估计提出疑问。Grimsey 和 Lewis（2007）对美国、英国、加拿大等二十多个国家和地区的物有所值定量评价方法进行了对比研究，结论是：在现阶段，共存在四种主流的物有所值定量评价方法，包括整体成本效益分析法、竞标前 PPP-PSC 比较法、竞标后 PPP-PSC 比较方法和竞争性招标法。与此同时，其还指出了 PPP-PSC 比较法内在的不足，如计算 PSC 比较方法假设不严谨、不恰当的考虑因素和不确定性，过度强调财务影响和其他缺陷。Coulson（2008）对英国财政部颁布的 PFI 招标参照标准进行了整理，详细说明了定性部分和定量部分的实施过程，特别是关键变量的参数选取标准。Khadaroo（2008）通过对物有所值评价体系进行对比研究，认为定性结果偏重程度过高，受专家主观臆断影响过大，缺乏客观数据化结果，评价有失可靠性。Lamb 和 Merna（2004）通过研究定量评价折现率取值问题，指出现有基于政府支出角度的选取标准带有主观性，会受到实际参与社会资本收入波动的影响。Tsukada（2015）对所有行业 PPP 项目采用统一物有所值评价的范式提出疑问，认为应该依据不同行业特点调整评价过程和原则，并提出用影子投标定价法进行改进。Demirag 等（2004）基于英国现有 PFI 项目对物有所值评价的可靠性和可计算性进行了验证，指出现行评价需要进一步细化，为发展中国家提供参考标准。Santos 等（2021）提出综合使用定量变量和语言变量，并采用模糊逻辑对可以体现绩效评估类别重要性的语言变量进行建模，以此评估公路 PPP 项目。

2）国内研究方面

我国"物有所值"的概念由财政部首次明确提出，重点强调 PPP 与传统政府采购模式下项目全生命周期成本的对比。虽然财政部、国家发改委等部委先后出台多项政策指导 PPP 规范发展，但只有《PPP 物有所值评价指引（试行）》对物有所值评价全过程进行了明确规定。

国内专家学者在探索 PPP 物有所值评价上大多基于国外成熟评价体系进行研究，虽然起步较晚，但发展态势良好。韩传峰和台玉红（2002）在研究国外物有所值评价的基础上，提出效用最大化的理念，追求目标是高价值服务，并指出公共服务领域的项目需要进行物有所值评价。黄怿炜（2007）系统性地对物有所值评价的定义和评价思路进行了梳理，在英国 PFI 项目物有所值评价的基础上总结提炼标准评价流程。牛茵（2006）将物有所值聚焦到绩效评价，并对 PSC 等指标进行解释说明，提出构建我国绩效评价体系的策略建议。申玉玉和杜静（2008）基于国外物有所值的定义，对其内涵和计算流程进行诠释，特别是针对 PSC 和全生命周期成本指标进行说明。孙慧等（2009）采用成本效益分析法对传统政府采购模式和 PPP 模式下不同 PSC 的计算过程和原则进行总结整理。高会芹等（2011）选取英国、德国、新加坡三个国家的物有所值评价体系进行研究，充分总结三个国家的探索经验。袁竞峰等（2012）针对基础设施领域 PPP 项目的物有所值评价进行研究，并提出要将 PSC 与项目全生命周期成本进行比较。刘广生和文童（2013）对我国 PPP 项目评估报告进行归纳总结，指出国际范围 PSC 计算时假设前提过多和折现率选取不合理等问题。彭为等（2014）以美国、英国、加拿大、澳大利亚为代表，针对物有所值定量评价中包含的项目回报、社会福利、外部性、风险转移四项假设进行分析，并提出我国 PPP 项目决策体系建设思路和改进策略。崔彩云等（2016）选取英国、美国等多个国家的物有所值评价进行比较，总结不同评价体系中的关键影响因素。梁玲霞等（2018）在对比国内外关于 PPP 项目物有所值评价的基础上，分析得出我国物有所值定量评价缺乏针对项目实际进行专门的 PSC 指标构建、对风险的量化和折现率的选择缺乏科学性、忽视项目后续评价等三点不足，并提出在应用中改进 PSC 评估法和通过将物有所值评价贯穿项目的全过程来完善评价体系的建议。蔡林东（2019）在深入研究英国、加拿大等国家和地区较为成熟的物有所值评价体系的基础上，结合我国实际，提出将"离散修正值"这一概念纳入定性评价中的改进建议。叶亚三和朱永甫（2020）提出采用层次分析法和熵值法完善物有所值定性评价。何桂菊（2021）在分析美国、英国等国家物有所值评价体系的基础上，针对我国 PPP 项目，进行了评价方法的设计和评价框架的构建。

2. 物有所值评价驱动因素的研究现状

1) 国外研究方面

针对驱动因素，各国和主要国际机构都开展了大量深入的研究，得出的结果既有共性也有侧重性：世界银行政府和社会资本合作基础设施咨询机构基于整个物有所值评价体系，提出风险分配最优化、全生命周期成本最小化、全部成本规划合理化、公共服务供给标准化、项目产出创新化、项目资产利用高效化、竞争性领域开放化和政府支出绩效化等八项驱动因素；欧洲 PPP 专业中心指出提高物有所值评价结果的前提是参与双方能够合理管控风险、订立平等合同、设定公平分担、具备专业优势、采用核心技术、关注全生命周期；英国财政部认为合理的风险分担和合同期限，明确产出说明和全部成本，具备专业知识和技能，合理采购方式和移交条件等有助于改进物有所值评价；澳大利亚基础设施中心及昆士兰州基础设施和规划局分别选取风险转移机制、项目资产利用率等八项因素以及有效产出、创新能力等十项指标作为物有所值评价的驱动因素。

国际机构中，经济合作与发展组织指出，物有所值评价的六项主要指标，即界定、识别及衡量风险指标，风险转移指标，风险大小指标，风险承担意愿指标，市场竞争形势指标，参与市场竞争指标；六项附加指标，即全生命周期合同、处理成本和质量的权衡、创新的重要性、政府能力的有效性、明显而频繁的技术变迁以及必备的灵活性；三项补充指标，即需求充分性、外部性、补贴必要性，这主要是在面临纯 PPP 模式和特许经营模式之间进行选择时的考察指标。

国外专家学者针对物有所值评价的驱动因素也进行了深入研究：Nisar（2007）针对英国基础设施领域的 PFI 项目，从参与私人部门和利益分配机制进行研究，提出项目产出、移交时间、SPV（special purpose vehicle，特殊目的公司）管理能力特别是风险转移原则等因素能够直接影响物有所值评价结果。Cheung 等（2009）对多个国家和地区物有所值评价影响因素进行总结，在中国香港和澳大利亚地区选取不同领域调查对象进行问卷调研，通过结果分析指出风险分担原则和项目产出水平对整体评价结果影响程度最高。Henjewele 等（2012）选取英国 PFI 项目中进入实施阶段的部分项目进行分析，指出物有所值评价驱动因素可以分为内部因素和外部因素两种，两种因素彼此影响，且在总体结果影响程度上，内部因素大于外部因素。Ismail（2013）选取马来西亚的 PPP 项目作为研究对象，通过文献整理出 20 项物有所值评价驱动因素，结合问卷调研和焦点访谈进行排序，其中社会资本自身专业水平和风险管理能力影响程度最大。Atmo 和 Duffield（2014）从能源领域的 PPP 项目出发，总结出风险分担机制、全生命周期理念、项目资产利用率等是最关键的驱动因素。Ameyaw（2015）针对加纳 PPP 项目物有所值评价发展现状进行分析，指出参照项目选取的原则对整个物有所值评价结果具有明显的影响。Mouraviev 和 Kakabadse（2017）选取哈萨克斯坦和俄罗斯两国的 PPP 项目进行研究，指出物有所值评价驱动因素可以分为内部驱动和外部驱动两种形式。Park 等（2018）对韩国的三个 PPP 公路项目进行研究，发现贴现率和国债利率在签订合同与评估期间下降，影响了物有所值评价。Kweun 等（2018）研究了七项美国公路项目物有所值评价的案例，发现由于机构经验的驱动，PSC 模型的选择有所差异。

2）国内研究方面

在驱动因素研究领域，部门层面主要是参照财政部出台的《PPP 物有所值评价指引（试行）》，我国 PPP 物有所值评价驱动因素可以从定性和定量两个层面进行总结：定性包括基本指标和补充指标，定量包括 PSC 和 PPP 值等。

随着 PPP 模式在我国的推广运用，国内学者日益重视对物有所值评价驱动因素的研究，在驱动因素层面更多是对物有所值评价影响因素的重要度进行排序研究：姚月丽（2005）对我国 BOT 项目物有所值评价的关键要素进行整理，指出投资环境、合理回报率、政策监督能力对最终结果解释说明力度较大。孟宪海（2007）对当时国际范围内主流的关键绩效指标法（key performance indicator，KPI）进行介绍，并与我国 BOT 项目特点进行结合，得出客户满意度、项目施工进度和公共产出与成本、收益等传统绩效评价指标具有同等重要的影响。袁竞峰等（2012）认为物有所值定性评价受到风险分配、全生命周期成本等六大类驱动因素的共同作用。刘彦（2013）从我国 BOT 项目全生命周期研究视角出发，整理出 22 项关键因素，并指出 SPV 专业水平、政府治理能力和双方平等关系尤为重要。许娜（2014）通过梳理研究文献，总结出 14 项关键因素，结合问卷调研实际结果，得出重要性排在前三位的分别是政府信誉、外部政策环境、规范规章制度。崔彩云等（2016）基于相关文献梳理，将物有所值评价关键影响因素划分为合同期限、参与主体、项目产出、合作关系和成本收益等五种因素。易成等（2016）借助 Logit 模型对英国、美国等多个国家的物有所值评价进行建模，有 12 个指标回归结果显著。吴贤国等（2017）针对项目绩效关键指标进行结构方程建模，得出项目自身特征、项目内外部环境和项目参与主体是三个重要研究维度。崔彩云（2018）采用德尔菲法进行调研，并通过聚类分析和模型检验，将各类驱动因素的驱动程度由大到小排列为：成本和效益、协作环境、政府与社会资本协作、参与者能力和特征、使用者需求满足程度。陈文学（2019）分析了影响我国物有所值评价的因素，提出社会资本的创新能力、政府机构能力、绩效考核和激励机制、全生命周期整合程度、潜在竞争程度、公私之间的契约精神六个指标对项目评价影响最大。赵振宇等（2020）对案例项目进行了研究，发现生产负荷、折现率和单价对物有所值定量评价产生了影响。

3. 物有所值评价风险度量的研究现状

1) 国外研究方面

国际范围内对 PPP 项目的风险度量部分主要通过定量评价来实现，借用净现值的方法将风险造成的后果转为成本进行计算比较，对难以量化的风险主要在定性评价阶段进行初步评估。具体如下。

英国财政部在度量风险时，需要给出大量假设和估计值，同时结合以往项目数值设定调整系数，通过代入建立的 Excel 模型得出结果。美国联邦公路管理局在此基础上将风险部分细分为识别和量化两个阶段。英国、美国有关部门都将风险区分为可转移风险和自留风险。新西兰财政部国家基础设施中心除将风险划分为上述两类外，还引入额外费用用于调整比较基准点。加拿大、澳大利亚、南非等国家均沿用将风险带来的损失后果转化为成本的思路进行度量。

在实际测算过程中，各国基本对项目参考折现率的重要程度达成共识：折现率会直接影响未来各年的现金流折现值，对最终物有所值评价结果会产生重要影响，现有操作过程中，法国、韩国、智利等国家采用政府借款利率作为项目参考折现率；英国选取社会时间偏好折现率作为项目参考折现率；澳大利亚则在 PSC 与 PPP 计算时选取两种不同项目参考折现率，并对折现率的上下限进行规定，将资金的时间成本、通胀和利率变化以及其余的一些系统风险也考虑在折现率当中；爱尔兰和新西兰明确在 PSC 和 PPP 计算时要保证两次选取项目参考折现率保持一致。

国外文献对 PPP 项目的风险研究起步较早，从风险识别、分类到分配、防范等环节均开展了大量研究：Vega（1997）通过对英国、澳大利亚等国家 BOT 项目进行研究，提出风险分担机制可以更好地控制项目风险并降低风险成本。Hastak 和 Shaked（2000）选取英国、美国等国家的 PPP 项目进行研究，提出可以基于宏观、中观、微观三种不同视角对风险进行分类度量。Ozdoganm 和 Birgonul（2000）对发展中国家 BOT 项目进行研究，将影响 BOT 项目落地实施的关键因素从政治、项目、融资、法律、市场五个维度进行识别和分类。Akbiyikli 和 Eaton（2004）研究英国进行的所有 PFI 项目，指出允许私人部门尽早参与风险识别、分类与管理的全流程有助于项目风险防范与控制。Bing 等（2005）对英国、美国等多个国家的 PPP 项目风险评价进行了研究，提出可以将风险分为国家、市场和项目三个层次。Shugart（2008）重点研究了风险测算方面的折现率选取问题，提出需要进一步完善折现率选取标准供发展中国家参考。Binza（2008）总结主要发达国家 PPP 项目风险评价部分涉及的风险，进而提出可转移风险的优势。Aldrete 等（2010）提出了 PPP 项目的风险分配和风险转移的能力是有效实现"物有所值"这一 PPP 核心目标的关键因素。Ismail 等（2012）对马来西亚所有已开展的 PPP 项目进行研究，对 PSC 计算全流程进行说明，特别是项目参考折现率选取的原则和标准。Martins 等（2014）对所选取的 PPP 项目风险评价流程和结果进行多维度比较研究，并从理论和实践两个角度提出改进建议。Ameyaw 和 Chan（2015）选取给排水领域的 PPP 项目进行风险评级研究，并将所有结果对整个项目落地实施进程影响的重要程度进行排序。Melese 等（2017）运用契约理论对 PPP 项目风险分担机制进行研究，并选取基础设施领域的轨道交通项目进行验证。Fleta-Asín 和 Muñoz（2020）分析了基于 1997~2016 年在 59 个发展中国家的 6022 个 PPP 项目的多层次 Logistic 模型，结果表明社会资本承担的风险水平与 PPP 项目绩效具有显著的正相关性。

以英美为代表的西方发达国家在 PPP 模式上的探索起步较早，相关的物有所值评价体系也相对完善。无论是定性评价的指标体系还是定量评价的模式比对评估模型，均可供政府和社会资本参考。但在定性层面，现行评价体系在国际范围内基本达成一致，在定量层面各国依然处于探索阶段，且受限于风险量化的准确程度，现有评价体系中定量评价部分的权重有所差别。另外，物有所值驱动因素能够正确引导、积极推动、合理激励 PPP 项目实现预期目标，同时可以提高物有所值评价的准确性。此外，从我国实际国情出发，社会主义公有制要求我国 PPP 物有所值评价不能只考虑项目成本，还要对项目公益性进行全面考虑。

英国、美国、澳大利亚、加拿大等众多国家和地区都对物有所值定量评价进行了研究，并将重点放在对评价方法、评价时点和 VfM 值的获取的讨论上。表 1-3 对不同国家的物有所值定量评价体系进行了对比和总结。

表 1-3 国外典型国家物有所值评价方法

国家	评价方法	评价时点	VfM 值的获取
英国	PSC 评估法	事前+事后	VfM=PSC–PPP
德国	PSC 评估法	事后	VfM=PSC–PPP
美国	PSC 评估法	事前+事后	VfM=PSC–PPP
加拿大	PSC 评估法	事前+事后	VfM=PSC–PPP
澳大利亚	B/C 评估法和 PSC 评估法	事前+事后	B/C 和 VfM=PSC–PPP
新西兰	PSC 评估法	事后	VfM=PSC–PPP
南非	PSC 评估法	事后	VfM=PSC–PPP
韩国	B/C 评估法和 PSC 评估法	事前	B/C 和 VfM=PSC–PPP
新加坡	竞争性投标法	事前	竞争性投标取得

综上，定量评价方法的选择一般包括 PSC 评估法、成本效益（cost benefit，B/C）评估法和竞争性投标法，这是国际上常用的三种物有所值定量评价方法。

B/C 评估法是在确定折现率的基础上，通过计算项目全生命周期内的净现值、内部收益率等指标来衡量项目的投入产出比，从而为 PPP 项目立项决策或者物有所值定量评价提供参考。澳大利亚、韩国等国家均采用此种方法作为 PPP 项目的立项决策依据。由于城镇棚户区改造项目具有一定的福利性和公益性，能够产生较好的外部效益，并非完全以营利为目的，因此仅考虑内部收益率并不能准确判断 PPP 项目是否物有所值。

竞争性投标法是我国和新加坡常用的一种物有所值定量评价方法。它是一种通过投标人在招标过程中相互竞争，降低生产成本、提高生产效率来取得纯粹物有所值的定量评价方法。此方法的优点在于不用预估项目的成本和收益，可以节约大量的时间和评估成本；缺点在于招标程序可能会产生漏洞，若招标人和投标人之间进行不良交易，便会导致政府无法正确选择出合适的社会资本合作伙伴，进而影响项目 VfM 值的正确性。城镇棚户区改造项目的建设量巨大，从前期的迁拆安置与建设到后期的管理运营与移交，整个过程耗资巨大，为保证政府决策分析的正确性和公正性，须选取更为合理和科学的量化评价方法来测算 PPP 项目的 VfM 值。

PSC 评估法是指在假定采用 PPP 模式与传统政府建设模式的产出绩效相同的前提下，通过预估 PPP 项目全生命周期内成本值（影子报价 PPP 值）与政府传统建设模式下模拟得出的 PSC 值，对二者进行比较获得 VfM 值，以此来判断 PPP 模式能否降低项目全生命周期成本，从而达到效益与服务最佳。PSC 评估法是现阶段大部分国家和地区对 PPP 项目进行物有所值评价时采用的一种最普遍的量化评价方法。由于 PSC 评估法已较为完善，评价体系成熟，较 B/C 评估法和竞争性投标法更科学合理，考虑更全面，适用范围也更为广泛。表 1-4 对三种物有所值定量评价方法进行了比较。

表 1-4 物有所值评价方法

评价方法	评价内容	优点	缺点	适用性	原因
B/C 评估法	产出与成本比较	指标简单，评估难度小	评判指标单一且片面	适中	未考虑外部效益
竞争性投标法	降低多少成本	节约时间和评估成本	存在较大的人为因素	弱	人为因素较大，缺乏科学性
PSC 评估法	PPP 与 PSC 比较	体系成熟，考虑全面	评估难度大，存在主观因素	强	效益评估涉及面广

定量评价时点确立：物有所值定量评价时点包括事前（ex-ante）评价和事后（ex-post）评价。事前评价用于项目立项之前，其目的是决策项目是否采用 PPP 模式；而事后评价则是对已建设的准 PPP 项目进行数据更新和验证。事前评价是对不确定采用 PPP 模式的项目进行相关风险和成本分析，主要采用定性与定量评价相结合的方式；而事后评价则是对已确定采用 PPP 模式的项目的基础数据和相关信息进行实时更新，以此获取最新的 VfM 值，以定量评价为主。

VfM 值的计算与获得：采用 PSC 评估法进行量化评估首先需要获得传统政府建设模式下的预估成本 PSC 值和 PPP 模式下的预估成本影子报价 PPP 值，并将两者进行对比获得 VfM 值，以此确定项目是否物有所值。

2）国内研究方面

我国对 PPP 项目进行风险量化主要沿用国际范围内较为规范的公共部门基准比较法，主要对风险可能造成的影响进行估计，通过净现值的方法将结果转为成本进行比较。《PPP 物有所值评价指引（试行）》主要通过三种方法对风险进行计算：比例法、情景法和概率法。其中，比例法主要依靠行业平均数据和专家判断，操作简便但可靠性不足；情景法主要通过将风险分为三个情景，分别计算每个情境下风险造成后果的成本值，最终通过加总的方式得出总风险成本，该方法在现阶段被采用的程度较高；概率法相较前两种方法而言对客观数据需求更严格，主要借助计算机模拟技术，将风险发生的各种概率进行建模求解，最终得出总风险成本。

国内专家学者对 PPP 项目风险的研究起步较晚，但其一直是 PPP 研究的重要内容。近年来，PPP 项目数量增长较快，相关数据保留完整，为 PPP 项目风险研究提供了良好研究基础，国内研究热点逐步从学习借鉴国外优秀经验向基于实际国情探索创新模式进行转变，具体来看：陈敬武等（2006）运用层次分析法对英国 PFI 项目进行风险分析，并尝试利用模糊综合评价的思想来进行估计。范小军等（2007）通过拉格朗日函数计算方法对 PPP 项目宏观、中观、微观 3 个层次的具体风险分担比例进行建模曲解。柯永建等（2008）运用文献计量的方法对文献研究进行梳理，基于实际结果提出建立风险分担机制的原则和标准。杨宇和穆尉鹏（2008）基于利益相关者理论对 PPP 各参与主体进行风险分析，得出各参与主体的风险承担能力和风险分担原则。徐霞和郑志林（2009）基于国内外研究文献，从 PPP 风险分摊、资本结构、控制权 3 个层次对风险分担进行研究。胡振等（2011）通过文献整理出 15 个项目案例，重点按照 3 种付费方式来研究不同类型 PPP 项目的风险分配情况，得出风险分配方案、范式与付费方式之间存在关联性。张萍和刘月（2015）对我国基础设施领域 PPP 项目融资风险进行详细研究，并采用两级模糊综合评价法对风险进行度量。常雅楠和王松江（2016）通过引入三角模糊数来对 PPP 项目风险损失的大小及发生概率进行模糊综合评估。王罕和彭大敏（2016）在风险量化过程中引入蒙特卡罗模拟的方法对风险量进行了测算，该方法省却了大量复杂的数学公式的推理和演算，同时收敛速度不受问题维数的影响，因此在 PPP 项目风险量化分析中具有明显的优势。孟惊雷等（2017）将 Shapley（夏普利）值引入到 PPP 项目风险评价模型中，重点考虑修正后的 Shapley 值对风险分担机制的影响。颜红艳等（2019）通过识别包括政府、社会资本、金融机构、承包商以及公众等五个维度的城市轨道交通 PPP 项目主体行为风险，基于模糊集和物元理论构建了主体行为风险评价指标体系。张德刚和孙嘉泽（2020）的研究指出，城市轨道交通 PPP 项目风险因素主要包括政治、法律、融资等，并通过层次分析法计算风险因素权重及其发生的概率。王红江等（2020）研究发现在风险承担比例不同的情况下，物有所值定量评价也会出现不同的结果，因此，风险承担比例的确定需针对不同行业或项目进一步加以细化。徐晨（2021）认为由于 PPP 项目具有大量的不确定因素，而不确定性在带来风险的同时也可能蕴含期权价值，因此他基于 B-S（Black-Scholes）期权定价模型进一步完善 PPP 项目物有所值评价方法，并通过实证研究证明了期权价值的增加可使 PPP 项目经济性大幅提高以实现物有所值最大化的目标。

我国的 PPP 物有所值定量评价研究还处于探索阶段，物有所值评价指引也只是鼓励项目开展定量评价，但是这并不影响专家学者对此的研究热情，定量评价的完善有着很大的空间。主要研究成果表现在：彭为等（2014）通过分析定量评价中 PSC 计算的假设条件，发现现有的物有所值评价在政府部门承受能力和风险量化方面考虑不足，同时未考虑项目的未来收益情况以及项目带来的社会福利和公益性，通过发现不足而后结合国内实际情况对物有所值评价提出相应的优化意见，如评价过程中可结合传统财务评价方法，选择项目净成本，通过公式对风险进行量化，并根据项目类型选取类似的折现率平均值。

面对定量评价中所涉及的大量数据，一些专家学者也提出了他们的看法。董纪昌（2016）认为物有所值定量评价的下一步优化思路，是在相关数据分析和思考的基础上对 PPP 项目存在的风险进行系统化的识别。在项目运行的过程中，需要根据政府动态的数据进行实时的分析和思考，特别是针对一些重要的数据，要反复地检验其真实性。针对物有所值的定量评价，风险的量化一直都是一个棘手的问题，王罕和彭大敏（2016）在风险量化过程中引入了蒙特卡罗模拟方法来量化风险，简化了咨询过程，提高了效率和准确性；同时，对项目风险进行了敏感性分析，以获得更准确的模拟值。高华和侯晓轩（2018）采用了双视角的研究模式，针对 PPP 项目物有所值评价中的具体问题进行了深入的分析，其中最重要的是项目双方如何进行折现率的分析和识别的问题，最终其凭借社会时间偏好率（social time preference rate，STPR）法的研究得出了 PSC 值的最终折现率。

国内对 PPP 项目物有所值评价由于经验还不够丰富，信息数据不够齐全，在刚引入 PPP 模式时，对定性评价的研究比较多，且集中于对定性评价指标的选取与权重的设置，但是缺乏对评价指标体系的建立，以及对指标层级进一步划分即细化评价指标的研究。对于物有所值定量评价主要集中在定量评价中 PSC 的确认与构成、折现率的选取、不同类别项目定量评价模型的建立，但是对风险量化研究较少，纵然我国众多学者正对 PPP 项目物有所值评价已经展开了独立的分析和研究，但是受到国内经济发展因素的限制，其研究的方向更多集中在基建设施、轨道交通等项目，而对其他类型的项目的研究也同样应该引起重视。

4. 物有所值评价外部性效益的研究现状

1）国外文献总结

物有所值评价判断的主要标准是相对于成本的效果，但是效果不仅仅是公共产出的数量，更需要注重公共产出的质量，公共产出一般都是公共产品，具有较强的外部性效益，虽然国际范围内常见的公共部门基准比较法等是基于成本视角，同时受限于国际上其他国家私有制的国情，物有所值评价对外部性效益体现不足，但将外部性效益纳入考量一直都是各国和国际组织机构非常重视的举措：英国财政部在绿皮书中对 PFI 项目可能产生的间接效益特别是社会效益进行了规定，要求在定性评价中予以体现；美国联邦公路管理局也在出台的文件中对项目的外部性效益进行了说明，要求 PPP 项目公共产出要保证质量；新西兰财政部国家基础设施中心要求项目产出要能满足社会公众的长期需求；南非财政部 PPP 中心要求在进行物有所值评价时要对外部性强的项目进行单独考虑。

随着 PPP 模式在国外运用逐渐成熟，国外诸多文献基于社会福利学等理论对 PPP 项目的外部性逐步开展研究：Akintoye 等（2002）对英国 PFI 项目公共产出进行了研究，提出应在侧重成本和收益等因素的基础上，更多关注公共产出质量和政策目标等社会性因素。Leung 和 Hui（2005）对物有所值评价进行总结，提出要增加物有所值评价指标的维度，需要将社会效用纳入评价体系。Sharma（2007）对亚洲地区开展的 PPP 项目进行了研究，强调政府在思考项目是否适用 PPP 模式时要更多地考虑项目对社会公众的重要程度。Cheung 等（2009）从社会学的研究视角出发，通过社会公众满意度对物有所值评价结果进行研究，指出政府应当更多地考虑项目公共产出能否满足社会公众的需要。Ng 等（2012）选取中国香港地区的 PPP 项目作为研究对象，提出在项目可行性论证阶段充分考虑项目的外部性有助于推进项目落地实施。Kerali（2014）指出物有所值评价只考虑成本失之偏颇，应该充分考虑项目产出的各个维度，丰富物有所值评价的可靠性。Zou 等（2014）对 PPP 项目全生命周期进行研究，强调在全生命周期下不同阶段需要多次进行物有所值评价，并提出将项目产出的公益性作为评价指标。Repolho 等（2016）通过构建投资组合将项目社会外部性和社会资本逐利性进行比较研究，并基于此改进了风险分担机制。Moore 等（2017）采用社会福利学研究方法对 PPP 项目公共产出进行研究，并指出不考虑项目外部性会对风险评价造成负面影响。Hang（2017）提出一种定量的货币价值评估方法以检验 PPP 项目可行性，该方法使用结构方程建模，从财务绩效和经济环境角度分析，包括"金融利益""盈利能力""经济政策""服务需求"等方面，从技术能力和法律环境角度分析，涵盖"服务质量""合同灵活性""法律评价""法律合规"等方面。Cui 等（2019）通过问卷调查和结构方程模型等方法完善了 PPP 项目物有所值驱动框架，然后确定和验证用于 PPP 项目实施的物有所值驱动程序，确定的公私合营相互关系将有助于 PPP 项目的可持续和成功交付。Melander 和 Arvidsson（2020）、Knebel 和 Seele（2021）基于物有所值评价系统的输入、过程和输出等系统开发了将物有所值的关键元素——进行考虑的概念性框架，由此建立了物有所值评价的"输入-过程-产出"（input-process-output，IPO）的模型。

2）国内文献总结

我国物有所值评价对项目外部性效益的考虑主要体现在定性部分的指标上，受项目数据不足等客观条件的限制，在定量评价中尚未有所体现。国内专家学者对此方面的研究起步也较晚，目前仍处于积极探索阶段：邓连喜（2007）针对准经营性基础设施领域项目进行研究，指出正外部性效益较强是难以引入社会资本的根源所在，并基于案例分析，提出政府可以考虑采用转移支付等方法提高社会资本参与积极性。赖丹馨和费方域（2009）基于不完全合同框架对 PPP 模式进行分析，强调要更多考虑项目的外部性，特别是运营收益可以通过建设创新实现正外部性。徐飞和宋波（2010）对基础设施领域 PPP 项目进行研究，指出社会资本的最优努力水平、政府监督及关系契约的预期收益会影响项目产出的外部性效益。孙建强和沈浩（2013）对基础设施领域 PPP 项目融资环节进行研究，提出通过政府监管约束社会资本逐利的"败德行为"可以更好地保障项目具备正外部性。孙艳丽等（2016）采用进化博弈分析模型对政府和社会资本进行建模分析，得出双方合作过程中采取积极的态度，提出恰当的激励政策能够更好地体现项目外部性效益。徐玖玖（2017）基于法律视角对 PPP 项目外部性进行研究，提出以不同外部性为导向能够形成有效的激励和监督机制。李曜君和麦强盛（2021）认为由于物有所值评价方法无法将期权价值考虑在内，在物有所值评价基础上，利用实物期权方法可进一步弥补物有所值评价方法的局限性。张兵等（2021）基于物有所值原则，构建了公共工程招投标 IPO 效能评价指标体系，最终根据净覆盖率指标筛选出四条有效提升公共工程招投标效能的路径。

5. 现有文献研究评价

通过对上述文献整理分析可以看出，国外文献中较早出现 PPP 模式物有所值评价研究相关成果，无论是定性环节还是定量环节，均已有较为成熟的研究基础和结论。定性环节主要体现为设立评价体系，通过专家对项目指标，特别是难以量化的重要指标进行打分；定量环节主要采用公共部门比较法进行评价，大多数国家通过比较传统政府采购模式下的 PSC 值与 PPP 模式下的 PPP 值来衡量项目是否物有所值。相较之下，2005 年后才出现 PPP 物有所值中文研究成果，因 PPP 模式在我国得到大力推广，PPP 领域研究热度逐步提升，特别是物有所值评价研究势头发展迅猛，从最初学习借鉴发达国家物有所值评价的流程和方法逐渐向基于我国实际国情和发展现状探索适合的改进路径，为本书研究奠定了良好的基础。

但已有研究也存在一定的局限性：如对我国 PPP 物有所值评价驱动因素界定还不够清晰，特别是定性环节专家评分表中的基本指标和补充指标选取的维度与标准界定不够合理；定量环节风险度量的方法过于简单，现有文献主要研究如何在现有的客观条件下通过模糊综合的思想进行量化，对造成风险度量不准确或不可靠的源头缺乏研究；物有所值评价基于财务效益的比较视角，无法体现项目外部性效益，已有文献对如何开展外部性探索研究较少；我国现在正处于经济转型时期，如何合理控制 PPP 发展规模、在宏观层面实现对 PPP 进行全面物有所值评价的研究仅仅停留在理论层面。本书将从这几个方面入手，对定性环节的指标选取、定量环节的风险及外部性效益度量、宏观层面实现 PPP 对经济的物有所值进行深入研究。

6. 小节总结

第一，通过对典型国家 PPP 物有所值评价的比较分析可以看出，由于国情、金融制度等国别差异，不同国家对 PPP 物有所值评价的规定表现出多样性，并且物有所值评价的发展与 PPP 推广运用的跟随性和阶段性有直接关系。在推广运用初期，物有所值评价以定性评价为主；在大规模推广时期，物有所值评价转变为要求定性评价，鼓励定量评价；在 PPP 进入规范阶段，物有所值评价要求定性评价和定量评价相结合。从比较结果来看，国际上 PPP 物有所值评价发展更多是基于成本视角的评价。

第二，PPP 物有所值评价风险计量欠缺。现行物有所值评价中对于项目风险计量部分，仍然是以定性评价的专家判断为主，在定量评价环节中，风险量化提供比例法、情景法和概率法三种方法，但在实际应用中，大多采用比例法进行简单计量。在推广过程中，风险计量不到位而导致 PPP 违约的情况时有发生，风险不断暴露，需要政府予以重视。在现有项目风险基础数据不足的情况下，基于项目基础数据，政府和社会资本双方在信息对称与信息不对称两种情况下，合作建立的临界点有所不同，政府在选择社会资本时，要通过设置相关资质要求择优选取。通过计量项目风险成本可以发现，政府采用支付固定报酬时，不能激励社会资本任何努力水平，因此政府需要按实际绩效进行支付。

第三，PPP 物有所值评价外部性社会福利效益相较于现行的单一成本视角评价，是社会主义公有制国家更需加以考虑的因素。基建领域和基本公共服务领域作为 PPP 推广运用的重点领域，项目的外部性社会福利效益与社会公众密切相关，但现行物有所值评价并未涉及社会福利效益测算部分，单一成本视角会使部分公益性强的项目无法得到正确评价。在项目的建设期和运营期，与项目建设数据进行结合，将 PPP 模式与传统模式投资时间差的财务效益进行量化，并运用条件价值分析法对公众预期因素进行量化，实现对项目社会福利效益进行测算的目的。

第四，基于理论分析和实证测算，厘清 PPP 发展与宏观经济发展的关系，从微观层面 PPP 物有所值上升到宏观层面 PPP 行业对宏观经济的物有所值评价。总结影响 PPP 发展的内外部因素及其对宏观经济的影响，据此构建系统动力学模型，进行仿真模拟。结果发现采用 PPP 模式相较于单一传统政府采购模式，对 GDP 的拉动效果更加明显、对于降低政府债务负债率更加显著。当过度推行 PPP 模式时，PPP 对宏观经济的拉动作用会呈现下降趋势，政府债务负债率也会大幅上升，两者呈现倒"U"形关系。

第五，综合理论分析、实证分析及仿真模拟的结果，对当前我国 PPP 物有所值评价发展及整个 PPP 的发展提出策略建议。物有所值评价在推行定性与定量评价相结合的前提下，认真收集风险相关数据，完善风险发生概率，逐步规范定量评价。针对不同领域的物有所值评价，在前期市场测试过程中设定不同的社会福利衡量指标，探索符合我国 PPP 市场特点的物有所值评价方法。同时，从整个 PPP 发展角度来看，政府要严格把控 PPP 规模，提升自身治理能力。大力发展资产证券化市场和股权流通市场，注重对整个行业的风险管控，避免"泛化 PPP"对宏观经济造成负面影响。

1.3　研究目标与内容

1.3.1　研究目标

本书从财政风险管理、物有所值评价两个层面对 PPP 基础性制度建设问题进行系统性研究，以期实现以下理论、制度与实践三个层面的目标。

在理论层面，厘清 PPP 财政风险及物有所值评价的概念模型，完善 PPP 财政风险管理和物有所值评价的理论基础与研究方法体系，为我国 PPP 发展与国家治理现代化提供理论支撑。

在制度层面，优化 PPP 财政承受能力论证与物有所值评价等基础制度，探索构建适合我国国情的 PPP 长效管理体制机制，提出有效促进我国 PPP 改革实践的基础性制度建设建议，为我国 PPP 发展与国家治理现代化提供制度保障。

在实践层面，提出 PPP 财政风险管控与物有所值评价的优化策略建议与全生命周期管理工具体系，为我国 PPP 发展与国家治理现代化提供实践指导和工具支撑。

1.3.2　研究内容

围绕研究目标，本书从 PPP 财政风险管理和 PPP 物有所值评价两个角度，探讨完善 PPP 物有所值评价制度与财政可持续发展评价制度,以在保障公共资金安全的前提下实现公共资金的高效配置。

PPP 财政风险管理部分旨在识别 PPP 财政风险要素及其传导机制,构建 PPP 财政风险识别的指标体系、理论框架,结合实际数据与建模分析,检验指标设置的合理性和科学性,进而构建 PPP 财政风险监测(含财政承受能力)预警模型及线上监测系统。主要研究内容包括构建 PPP 财政风险管理理论体系,探讨财政承受能力论证相关制度如何更好地防控 PPP 财政风险、调节地区间发展需求与财力基础之间的结构性矛盾,建立 PPP 财政风险衡量指标体系和风险预警模型等研究内容(PPP 财政风险管理研究框架见图 1-1)。

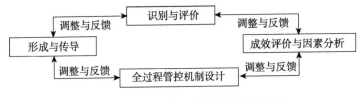

图 1-1   PPP 财政风险管理研究框架图

PPP 物有所值评价部分从工作流程、关键参数选择、风险计量等角度比较分析国际组织和国别物有所值定量评价方法,研究我国 PPP 项目物有所值评价现状,提出改进评价方法的建议,构建物有所值评价管理体系。主要包括 PPP 物有所值分析的理论基础、国际经验、实际执行情况、评价优化、系统开发等研究内容(PPP 物有所值评价研究框架见图 1-2)。

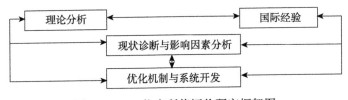

图 1-2   PPP 物有所值评价研究框架图

本书分别从公共资金安全与效率的角度探析 PPP 基础制度建设的优化路径,着力完善 PPP 财政承受能力论证与物有所值评价制度,研究问题具有时代性与重要性,在财政安全与效率切入的研究视角上具有一定的创新性。此外,PPP 项目涉及多方主体之间的利益关系,财政风险的形成受到多种风险因素的影响,并可通过多元化的渠道进行传播,其形成与传导过程具有系统性、多层次性、复杂性等特征。由此,本书创新性地引入复杂系统网络方法,构建 PPP 财政风险形成与传导的多层次复杂网络模型,分析与发掘 PPP 财政风险传导和核心渠道,在方法应用上有一定的创新之处。在应用层面,融合全国 PPP 综合信息平台项目数据、地方财政数据、宏观经济金融数据、网络大数据等多源数据，综合纳入计量经济分析、一般均衡分析、复杂科学方法、大数据分析技术等多种模型与方法，构建PPP 财政风险监测预警体系，开发 PPP 管理工具体系，为 PPP 改革提供切实有效的实践指导，在应用层面上具有一定的创新之处。

1.4　研究方法与技术路线

本书相关研究的开展需要运用质性分析、理论建模、社会调查、计量分析、复杂网络、仿真模拟等六大类方法，采用的数据包括全国 PPP 综合信息平台的项目数据、实地调研数据、典型项目跟踪数据等，结合统一数据来源和独有的特色数据来源，丰富本书的数据基础。本书的研究技术路线如图 1-3 所示。

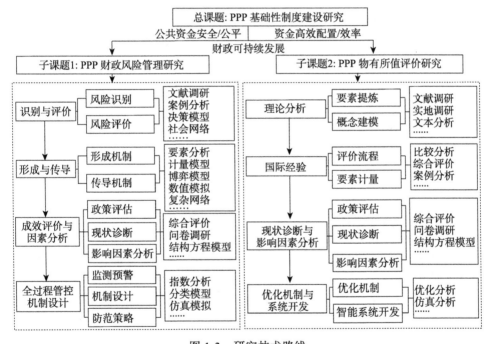

图 1-3　研究技术路线

第 《 2 》章

PPP 财政风险管理

PPP 模式鼓励社会资本与政府在公共产品和服务供给领域进行合作，旨在提高公共服务的供给质量和效率。在不增加财政风险的情况下，推广 PPP 模式可以缓解地方政府融资难的问题，保持基础设施建设的持续运作，对财政可持续性具有积极影响。但此种影响是相互的，如政府不顾及自有财力上马大量项目、项目结构不合理、前期论证不严谨等，不仅不能帮助政府卸下包袱，还将加重政府的财政负担，违背国家推行 PPP "缓解财政压力、提高财政效率" 的初衷，增加 PPP 财政风险。因此，如何防控 PPP 财政风险、保障 PPP 可持续性，充分发挥 PPP 项目的机制优势，在引进先进技术、管理、经验的同时，"以时间换空间"，逆周期腾挪财政资源以综合提升财政资源的使用效率，是学术界和政策制定者都需重点关注的问题，本章将对此问题予以重点研究。

2.1　PPP 财政风险管理的国际经验

2.1.1　国际 PPP 财政管理制度建设的主要经验

财政管理作为国家的理财活动，指的是政府在国家和社会的公共管理活动中，对财政资金的筹集、分配、调整和监督。它是一种宏观性的财政管理，是国家对财政资金运动的一种管理控制活动。由此，PPP 财政管理则是国家对 PPP 项目财政资金运动的一种管理控制活动。

PPP 本质上是一种政府采购行为，它既能充分发挥财政对社会资本的撬动作用，拓宽公共产品和服务供给渠道，又可以分配风险、优化管理和提高财政资金的使用效率。然而，PPP 实则又是把双刃剑，如果监管不力，PPP 会产生隐性债务，引发潜在财政风险，也会导致公共产品价格高昂，难以保障公益性。因此，应重视 PPP 财政管理，完善相关制度建设。我国财政部于 2016 年 9 月 24 日印发了《政府和社会资本合作项目财政管理暂行办法》（财金〔2016〕92 号）用以规范 PPP 项目财政管理，防范风险、促进发展。本节将重点介绍 PPP 项目财政支出责任债务风险防控的国际管理经验，以期为国内相关制度建设提供启发与思考。

1. 国际多边机构相关制度建设的主要经验

1）联合国国际贸易法委员会——《PPP 立法指南》

联合国国际贸易法委员会（United Nations Commission on International Trade Law，UNCITRAL；简称贸法会）是联合国大会于 1966 年为协调国际间贸易法规、消除国际贸易法律壁垒设立的专门机构。自 1997 年起，贸法会就已启动 PPP 相关立法活动，并于 2000 年和 2003 年相继通过《贸易法委员会私人融资基础设施项目立法指南》（简称《PFIP 立法指南》）和《贸易法委员会私人融资基础设施项目示范立法条文》（简称《PFIP 示范条文》）。自颁布以来，《PFIP 立法指南》和《PFIP 示范条文》对统一 PPP 领域国际标准、促进各国 PPP 立法产生了重要影响。但随着 PPP 领域的实践不断丰富，各方认识到这两份以鼓励私人投资为中心的法律文件亟待与时俱进，将其升级为综合性 PPP 法。经过 7 年的准备时间，2019 年贸法会组织了 PPP 立法会，将《PFIP 立法指南》和《PFIP 示范条文》正式更名为《PPP 立法指南》及《PPP 示范立法条文》，逐条审议了案文并广泛听取各国代表团意见，以期让主要经济体在建立国内 PPP 法律制度框架时融入国际治理经验，实现可持续发展。上述文件中涉及的有助于直接或间接防控 PPP 项目财政支出责任债务风险的条款如下。

（1）完善 PPP 法律政策框架，维护各方合法权益。《PPP 立法指南》提出了以下 PPP 立法的指导原则：一是规则透明，提供监管 PPP 项目的制度条件，以提高公共部门决策的公开性，稳定发展信心。二是规则公平，平衡好社会资本获取合适商业利益、公众获取充足公共服务和政府履行公共服务供给责任的关系。三是规则稳定，这有助于社会资本预测和评估各种风险与可能性，以合理分配资源、恰当应对风险。上述原则虽然没有对防控 PPP 财政风险起到直接作用，但防控财政风险所要求的制度环境需具备规则统一、约束力强、信息公开、公平稳定的特质，与上述制度建设原则高度一致。

（2）完善物有所值和财政承受能力评估制度，推动实现 PPP 财政可持续性。一方面，在项目前期论证阶段，通过物有所值评估实现风险在政府与社会资本之间的合理分担，可减少由合同约定存在漏洞、歧义等引发的不规范 PPP 财政支出行为，同时通过定量分析项目的结构化成本，提升财政通过 PPP 模式提供公共服务的效率和效果，压缩不必要的财政支出。另一方面，完善项目的财政承受能力论证流程，细化分析政府对项目提供的各种财政支持方式及每种方式产生的财政影响，综合评估项目风险可能引致的财政风险。

（3）实现多领域协同完善的 PPP 发展环境，更好防控财政风险。一是完善产权制度，保障社会资本在 PPP 合同期内购买、出售、转让资产产权的合法权益，不断提升公共服务供给效率。二是恰当定位 PPP 合同性质。基于不同国家的法律体系和司法管理背景，PPP 合同可归于行政法或民法管理，前者倾向于维护公共权益和政府权威，后者倾向于将政府和社会资本置于平等合作伙伴位置，但政府权力的不当使用对合作双方均会产生不利影响。基于此，应完善限制政府权力的机制与措施。三是建立标准的 PPP 项目预算管理、会计核算和审计制度，提供项目全生命周期的财政可持续保障。合同应明确约定政府具有及时、足额履行财政付费的责任，同时，建立统一且合理的 PPP 项目合同会计核算和审计制度，通过监管项目财务信息分析项目运营情况，增强其对现实和潜在风险因素的应对能力。以上制度的建立与完善在推动项目风险合理分配的同时，维护了政府和社会资本的公平合作环境，通过建立政府履约保障机制降低了政府或有债务风险，也降低了社会资本将过度承担的风险隐性传导给政府，进而增加隐性财政支出和或有财政支出的行为动机。

2) 世界银行 PPP 财政风险评估模型

PPP 财政风险评估模型（public fiscal risk assessment model，PFRAM）由国际货币基金组织和世界银行共同开发，是分析 PPP 项目财政风险和成本的一种工具。2016 年 4 月推出 PFRAM 1.0，以更好地预测与分析 PPP 中长期财政风险；在第一版的基础上，2019 年开发了 PFRAM 2.0，在实现评估过程和结果标准化的基础上，提高了评估结果的可理解性。PFRAM 2.0 可分析单体项目或系列项目（一次分析系列项目的上限为 30 个）的现实和潜在财政后果对财政赤字与政府债务的影响，将财政承受能力和可持续性作为政府是否实施 PPP 项目的决策因素，提高 PPP 相关财政信息的透明度，通过下列设计，可达到防控 PPP 财政风险的目标。

第一，明确 PPP 项目产生直接政府债务和或有政府债务的划分标准。一方面，PFRAM 2.0 依据国际公共部门会计准则（International Public Sector Accounting Standard，IPSAS）32 号准则确定 PPP 相关资产负债是否纳入政府资产负债表进行管理。依 IPSAS 32 号准则的要求，对于满足"双控制"原则的政府与社会资本合作完成的资产应视为公共资产，纳入政府资产负债表进行管理，并将纳入表内管理的资产所产生的债务归为政府直接债务，统计到公共部门债务数据中，解决 PPP 资产负债没有会计核算与管理主体，或政府过度转移给社会资本、弱化相关资产负债对财政影响的问题。结合 PPP 实践，在"双控制"原则下，绝大部分 PPP 项目资产负债应纳入政府资产负债表进行管理。但如果 PPP 资产不在政府控制范围内，除了政府对社会资本的常规付费外，项目资产负债应体现在社会资本的资产负债表中。另一方面，PFRAM 2.0 将财政支持 PPP 的方式分为提供政府担保、财政补贴、股权投资、税收减免和实物捐赠五类，并将政府担保、股权投资、税收减免产生的财政支出责任纳入政府或有债务范围范畴。只有在明确直接债务和或有债务的基础上，才能对相关事项、财政作用渠道和影响进行分类管理，预防财政风险的发生。

第二，设计标准化的风险评估步骤与分析结果。PFRAM 2.0 的核心评估工具是计算评估对象（包括单体项目和系列项目）的 PPP 财政风险矩阵，并认为 PPP

财政风险来自合同没有清晰识别或分配的风险因素，包括在合同周期内由政府方引起的项目变化或政府变化导致的财政成本，以及由技术革命、人口迁徙、消费者偏好变化等外在因素引发的财政成本，具体分为识别和评估风险因素、量化风险因素的财政成本、根据财政成本的高低对风险因素进行重要性评级、总结应对不同风险因素的举措、结合风险因素的财政后果及应对风险因素的措施成熟度制定优先行动指南六个步骤。上述过程能为 PPP 财政风险管理提供依据，有利于实现风险管理的精准性与及时性。

第三，建立多指标体现、多渠道公布的 PPP 财政信息公开系统。PFRAM 2.0 提出以下建议：其一，通过财政预算、政府资产负债表和政府财政统计数据三种具有不同财政周期的方式，分别从预算管理、会计管理和统计管理的角度评估与公布 PPP 项目对财政赤字和政府债务的影响，以期实现 PPP 财政信息报告与披露规则的国际统一。其二，理想状态下，在预算管理、政府账户和财政统计数据中所反映的与 PPP 项目相关的财政信息应是逻辑自洽的，可通过不同方式所得结果的联合校验与对比分析，找寻 PPP 财政管理制度现有的问题，夯实风险管理的制度依据。

3）国际货币基金组织 PPP 财政风险行动纲要

国际货币基金组织总结了 PPP 财政风险的三大主要来源。

第一，PPP 模式的固有特征和目前通行的财政管理方式可引发"PPP 财政幻觉"。对 PPP 项目而言，社会资本承担融资、建设、运营责任，政府无须发行债券或使用存量公共资源新建基础设施项目，且政府付费延至运营期，因而在建设期最容易产生"财政幻觉"。同时，从管理实务角度，政府未能将 PPP 资产负债纳入政府账户管理，以及在新建基础设施时政府未能及时评估 PPP 的财政影响，均可产生"财政幻觉"。

第二，PPP 合同的不完备性，或可引发政府债务风险。一方面，因合同无法穷尽合作期内未来事项的发生，合同提前终止下因回购核心资产、补偿社会资本导致的财政成本的增加等，均可产生政府或有债务。另一方面，在项目全生命周期中可能产生未在合同中体现而实际存在的财政支出事项，且超出了财政承受能力，由此产生政府隐性债务。在政府承担公共服务最终供给责任的前提下，若政府实施了不具备财务可行性的项目，或社会资本凭借政府的救助心理产生机会主义行为等，均将导致超出政府法定支付义务的财政成本。

第三，基础设施项目的治理能力短板亦是产生 PPP 财政风险的原因。因能力有限、制度不健全等，公共部门在规划决策、分配资源和实施项目等方面可能出现问题；更进一步，若 PPP 项目脱离预算管理，政府将在没有法律审查或监管的情况下承担不合理的财政支出责任，以上情况将加剧 PPP 财政风险。

基于上述背景，国际货币基金组织提出防控风险的建议，包括完善 PPP 论证和采购过程、健全政府对 PPP 财政风险管理的功能、提高 PPP 财政信息透明度、构建清晰且稳定的 PPP 法治框架等，为强化 PPP 财政风险管理提供了有益参考。

2. 加纳相关制度建设的主要经验[①]

为实现 PPP 模式在加纳的稳健发展，非洲融资与私营发展部门（the Financial and Private Sector Development Department, Africa Region）基于加纳的财政制度与实践，向加纳政府提交了如何管理 PPP 财政承诺的研究报告。该报告认识到管理 PPP 财政承诺面临支付的长期性、不能明确界定或有债务等诸多挑战，因而构建了关于财政承诺的全生命周期管理系统，在防控 PPP 财政风险方面提出了许多合理化建议。

1）建立健全 PPP 财政承诺管理机构

PPP 财政承诺管理涉及多个政府部门，需明确各自职责分工，做好相互间的协调配合。为此，加纳政府成立了财政承诺技术委员会（Fiscal Commitment Technical Committee，FCTC），负责 PPP 财政承诺管理的分工与协调（部门分工见表 2-1）。

表 2-1　PPP 财政承诺管理部门分工

部门	在 PPP 项目准备、审批过程中的职责	在 PPP 项目执行过程中的职责
PPP 合同缔约方（Contracting Authority，CA）	识别和评估 PPP 财政承诺（可向专业顾问咨询）	①定期获取项目财政承诺信息；②监督和反馈与财政承诺相关的风险；③向政府申请将财政承诺纳入预算
财政与经济计划部所属的公共投资部门		
项目咨询部门（Project Advisory Unit，PAU）	①对项目准备、审批程序进行支持和质量控制；②协助制定财政承诺的标准合同条款和其他指导材料	—
项目和融资分析（Project and Financial Analysis，PFA）部门	①协调 PPP 项目的评估审批程序，包括财政承诺相关工作；②是 FCTC 的秘书处	①监督合同缔约方实施的 PPP 项目；②报告更新的财政承诺信息
国有企业（State-Owned Enterprise）管理部门	评估国有企业的财务状况；披露国有企业承担的 PPP 财政承诺信息	①监督国有企业的绩效表现，包括所执行的 PPP 项目；②评估对财政支出的影响及是否需要预算支持
财政与经济计划部所属的其他部门		
债务管理部门（Debt Management Division，DMD）	作为 FCTC 成员，从债务管理角度对财政承诺进行评估，提出建议	①从债务管理角度，监管 PPP 财政承诺（尤其是或有债务）的影响；②将更新的财政承诺纳入债务分析与报告
预算部门（Budget Division，BD）	作为 FCTC 成员，从财政可持续性角度对财政承诺进行评估，提出建议	①将财政承诺纳入相关报告予以分析；②对直接财政承诺与已经实现的或有债务分配和执行预算；③将或有债务纳入应急预算管理
经济研究和预测部门（Economic Research and Forecasting Division，ERFD）	作为 FCTC 成员，从宏观经济管理角度对财政承诺进行评估，提出建议	将更新的财政承诺纳入宏观经济或财政预测

———————————

① 本节所述内容及图表信息均来源于 Shendy 等（2013）的报告内容。

上述部门中，合同缔约方主要负责项目执行、开发和管理；项目咨询部门为合同缔约方提供技术支持，协助其恰当识别和评估财政承诺，将对 PPP 财政承诺决策产生影响；项目和融资分析部门负责协调 PPP 相关审批工作，确保项目的财政影响得到审慎评估；债务管理部门负责评估 PPP 项目财政承诺对政府债务的影响；预算管理部门将重点评估 PPP 财政承诺与政府预算资源分配重点和预算约束的一致性，考虑财政承诺对年度预算和中长期财政预算的影响。此外，加纳的国有企业会参与实施大量 PPP 项目，由此产生长期支付责任，而加纳政府为这些国有企业在 PPP 项目上的投融资提供担保将对财政产生影响，在此背景下，公共投资部门成立国有企业管理部门，其负责监管国有企业实施 PPP 项目的情况，债务管理部门也会对债权融资获得政府担保的国有企业的情况进行分析，评估相关政府债务风险水平。

2）建立 PPP 财政承诺全生命周期管理框架

建立 PPP 财政承诺全生命周期管理框架的主要目标是提高 PPP 财政承诺管理透明度、缓解政府财政与债务风险，此过程包含三个关键因素：明确 PPP 财政承诺的定位、分类与责任，将相关管理要求纳入 PPP 法律及政策，实施全面预算管理和信息披露（管理框架见图 2-1）。

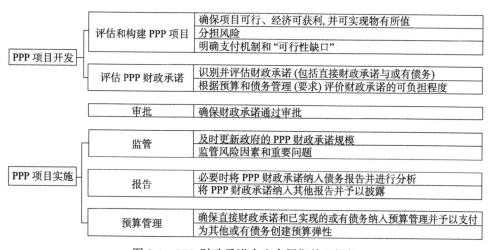

图 2-1 PPP 财政承诺全生命周期管理框架

在项目决策和开发阶段，通过对项目进行全面的经济社会效应分析，评估项目实施的必要性和优先顺序，形成拟实施项目清单；通过物有所值评价决定是否采用 PPP 模式；通过合理分担项目风险构建稳定优质的 PPP 结构。评估财政承诺时，在明确政府提供的 PPP 财政支出方式的基础上，区分直接财政承诺和或有财政承诺并进行分类管理，为准确识别相关债务属性提供依据。

在项目财政承诺论证和审批阶段，相关决策和审批部门依据项目的初步可行性研究报告、可行性研究报告、招标文件与评估报告、项目合同与管理计划等文件，评估 PPP 财政承诺的影响，在完成合同审批前，应根据招标结果的变化和重大事项的发生及时调整财政承诺评估结果，为最终决策提供即时依据。此外，应区分 PPP 财政承诺中的直接财政承诺和或有债务，并采用不同的评估方法，以提高估算精度。

在项目执行阶段，财政与经济计划部要求 PPP 项目及时更新、披露财政承诺信息，并明确了各部门分工：实施机构因与私人部门存在直接合同关系，需了解和收集项目的市场需求量、绩效考核结果等直接关系 PPP 财政承诺的信息，并上报项目和融资分析部门，再由其上报财政与经济计划部；公共投资部门负责监管合同执行情况，从中识别可能引发财政风险的潜在事项，必要时对实施机构进行风险预警并要求其采取应对措施。此外，债务管理、预算管理及经济研究和预测等部门也需定期获取 PPP 财政承诺监管信息，以多角度监控 PPP 财政风险。

3）完善 PPP 项目财政支出责任债务风险管理体系

加纳政府通过以下方面完善相关 PPP 项目财政支出责任债务风险管理体系。

第一，明确可能产生政府债务的 PPP 财政承诺类型。加纳政府将 PPP 财政承诺分为直接财政承诺和政府或有债务，通过情景分析法或概率分析法评估或有债务发生的可能性、导致的财政后果等，方便各级政府和相关财政承诺管理部门在统一规则下准确识别财政承诺的债务属性，予以重点监管。此外，因政府负有公共服务的最终供给责任，而 PPP 合同在风险分担时不能穷尽所有不确定性，并详尽明确政府和社会资本的职责分工，PPP 项目也会产生不在合同约定范围的财政法定支出责任的政府隐性债务，政府为国有企业实施 PPP 项目提供的债权融资隐性担保承诺在一定程度上也属于隐性债务。

第二，完善 PPP 财政承诺的预算管理和债务管理的指标与流程。为准确评估政府对 PPP 财政承诺的可负担性，加纳政府采取了以下措施：一是预算管理部门评估预算影响。通过对比 PPP 财政承诺和所属项目的合同缔约方的年度预算，评估财政承诺的短期影响；以宏观经济的总体增长率为基准测算合同缔约方在中期支出框架（medium term expenditure framework，MTEF）周期以外的部门支出增长率，评估财政承诺的长期影响。二是债务管理部门评估债务影响。在识别 PPP 财政承诺中属于政府债务部分的基础上，以国外长期贷款利率为折现率计算 PPP 政府债务现值，将其纳入政府债务进行管理，评估财政承诺对政府债务可持续的影响。三是强化政府履约保障。在将 PPP 财政承诺纳入预算管理的基础上，为避免政府延迟支付风险，预算管理部门可通过一个集中控制账户向 PPP 项目公司进行支付；同时，为 PPP 政府或有债务建立"应急预算线"，预留小部分年度预算资源以满足无法预料的财政承诺支出需求。

第三，优化 PPP 财政承诺和相关政府债务信息的报告与披露。PPP 财政承诺具有长期性，因而相关信息的定期报告与披露极为重要，这可使政府在全面考虑财政承受能力和债务可持续性后再布局公共项目投资，也可提高政府对私人部门和融资机构的主体信用。加纳政府依据 IPSAS 32 号准则记录 PPP 资产负债信息，依据 IPSAS 19 号准则和国际货币基金组织《政府财政统计 2001》(Government Finance Statistics 2001, GFS 2001) 核算 PPP 政府或有债务 (政府或有债务的确认和披露的主要国际规定见表 2-2)，并将其纳入政府债务进行管理和信息披露。PPP 直接财政承诺及被认定为政府或有债务的支出责任等信息也应在预算报告和国民经济统计说明中进行公布。伴随 PPP 模式的发展，加纳政府考虑在未来发布 PPP 财政承诺专项报告。

表 2-2　政府或有债务确认和披露的主要国际规定

规定		确认	披露
收付实现制	IPSAS 19 号准则	只有当或有债务成为现时义务并需要进行货币支付时，才要求确认相关债务	鼓励披露
权责发生制		①或有事件的发生概率超过 50%；②支付责任可被可靠计量。不满足上述条件的或有债务无须被确认	除非或有事件的发生概率极低，否则要求披露仍存在的或有债务
统计报告	GFS 2001	只有当或有债务成为现时义务并需要进行货币支付时，才要求确认相关债务	要求在资产负债表中的"备忘录"部分予以披露

从上述分析可看出，加纳政府在借鉴国际标准和经验的基础上，通过制定 PPP 专项法律和制度、完善组织机构、提高管理能力等方式强化对 PPP 财政承诺的预算管理和债务管理，在机构设置与分工配合、实施全生命周期动态管理、加强对财政可持续的影响分析等方面对我国相关制度建设具有较大的借鉴意义。

3. 日本相关制度建设的主要经验

日本于 20 世纪末引入诞生于英国的 PFI 模式，并推动 PFI 模式在国内取得较快发展，即 PFI 模式是日本以制度形式固定下来的 PPP 模式，发展至今，日本 PFI 项目领域已覆盖文化教育、健康环保、城市建设等多方面，取得了良好的社会效益和经济效益。在 PPP 财政风险管理方面，日本的制度建设与实践呈现出符合日本国情的特点。

1）将评估项目的财政可负担性置于重要位置

日本 PFI 项目的回报机制分为由公共部门付费的服务购买型、由使用者付费的独立核算型及兼具公共部门付费和使用者付费的混合型模式。在管理机构方面，负责制定 PFI 制度、方针、指南的唯一官方机构是 PFI 推进委员会，其与负责推广、培训、咨询的非营利性组织 PFI 协会，以及主要从事政府研究与人才培养的亚洲 PPP 政策研究会等机构分工明确、各司其职，建立了完善的管理组织体系。

在决策流程方面，具体项目的决策主体及政府付费的预算安排和财政资源支持主体由公共设施的规划、实施主体共同组成，在 PFI 财政可负担评估管理方面遵循以下原则：第一，对项目的财政负担能力评估是进行项目实施决策的必要前置性条件。日本在对项目进行可行性研究论证并确定实施的优先顺序后，首先测算需财政负担的金额，若在财政负担能力范围内，则再进行物有所值评价以确定项目的实施模式；若超出财政负担能力，则需要对项目进行调整，直到财政可承受为止，否则只能研究其他选项。由此可看出，不仅对 PFI 项目，对可产生政府付费的所有项目，日本政府都在正式实施前慎重评估财政可负担性，这体现了公共投资项目以财政约束力为决策前提（日本 PFI 项目决策流程见图 2-2）。第二，地方政府的自主财政来源占本级财政来源的比例与实施 PFI 的积极性成正比。通过对日本已实施的 PFI 项目所在地区的财政情况进行分析可以发现，当地方政府的自主财政来源比例较高时，其更倾向于采用 PFI 模式；反之，当地方政府的财政能力较弱时，其对实施 PFI 项目将更为谨慎。由此说明，日本引进 PFI 模式兴办公共事业，在缓解财政支出压力的同时，更看重模式优势带来的公共服务供给效率的提升。

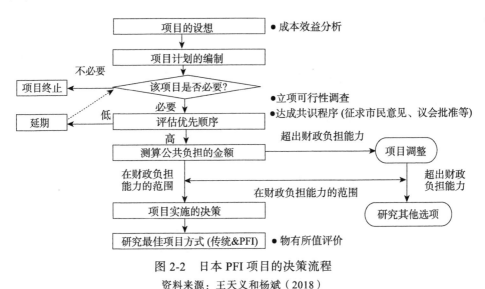

图 2-2　日本 PFI 项目的决策流程
资料来源：王天义和杨斌（2018）

2）具有坚实的法律基础和完善的监管体系

日本大多以成文法形式管理 PFI 模式，在中央集权国家的行政管理特点下，政府对 PFI 项目的所有权和控制权保持高度集权，政府必须在与私营部门成立的项目公司中持股 50%以上，因而呈现明显的政府主导特点，且 PFI 合同通常属于行政合同。日本 PFI 立法强调两点：一是保障 PFI 项目流程的公平与公开；二是减少政府干预，提高民间资本的自主性。这两点原则能减少政府在推进 PFI 项目过程中的行政自由裁量权，保障民间资本的独立性和自主性，最大限度地发挥民间资本在经营和技术能力上的比较优势，旨在通过公共部门与民间资本的合作，实现公共领域的产出最大化与共赢发展。根据《PFI 推进法》的规定，要严格遴选项目，提高项目资金使用效率和保障项目资金安全；要公平遴选私营部门合作方，在透明竞争的基础上激发私营部门的自主创新能力；要严格按照相关制度规定，政府给予必要的财政支援。以《PFI 推进法》为核心，日本相继出台了《PFI项目实施程序指南》《PFI 项目风险分担指南》《物有所值指南》《PFI 项目合同指南》和《监督指南》等，形成完整的 PFI 法治框架体系，评估、管理 PFI 财政可负担作为政策重点，分散于各指南中。地方政府可在相关基本方针的指导下结合地方管理特点与发展需求，采取支持地区 PFI 发展的配套措施。

因为政府在决策阶段已充分评估项目的财政可负担性，在项目实施过程中，政府的管理重点是监督私营部门履约，以提高投资于 PFI 项目的财政资金的绩效管理水平。为此，《监督指南》规定，公共设施管理者在最低限度干预的情况下应监管私营部门的行为，具体步骤为：一是政府设定产品和服务的内容与质量；二是监管部门对私营部门提供的服务进行测量和评价，中标的私营部门有义务在项目实施过程中完善质量管理程序，若项目实施出现重大负面影响，还需提交第三方调查报告，供公共设施管理者评估项目可能引发的政府或有和隐性债务风险，政府可在财政可负担范围内采取必要的救济措施；三是公共设施管理者以管理人员随机检查、第三方检查、客户满意度调查等方式进行绩效评估，在此基础上向私营部门支付对价。

为督促私营部门履约，政府采取了扣减服务对价支付、设定改进期限和保留支付等措施，扣减服务对价支付表示当私营部门未能按合同约定提供服务时，政府可推迟或减免部分费用的支付，但应把握好扣减程度，平衡惩罚私营部门和实施惩罚对私营部门财务状况产生不利影响的关系；设定改进期限是指私营部门未履行义务时，在政府采取扣减服务对价支付之前给私营部门预留的改进期限，若私营部门在期限内达到标准，可不被扣费；保留支付是指若私营部门提供的产品不符合要求，则政府可采取暂停或延期支付的方式敦促其尽快改进。对于不产生政府付费的独立核算型项目，公共设施管理者可采取罚款的方式督促私营部门履约。完善项目全生命周期的监管机制，有助于强化政府和私营部门执行合同、降低违规行为的发生概率、提高财政付费的绩效管理，进而防控 PFI 项目产生的政府债务风险。

3）形成多元化的 PFI 项目融资方式

经过多年建设与发展，日本 PFI 项目融资手段日趋多元化，金融机构与社会资本的积极参与为 PFI 项目提供了多渠道融资途径，可有效缓解 PFI 项目对财政资金的压力。其主要融资渠道如下。

第一，日本政策投资银行（Development Bank of Japan，DBJ）。此银行提供的贷款是日本PFI项目融资的主力，其于1999年创建私人融资计划，目前已积累了丰富的项目融资资源，优势明显，为客户提供的服务包括但不限于以下几方面：一是贷款咨询服务，根据客户提供的项目概述与计划，向客户提供项目管理计划及资金运营成本咨询，形成适合于客户的最优贷款方案；二是检查和评估商业计划，即在收到贷款申请时，DBJ通过检查申请人的项目和商业计划的利润确定相应条款，推动建立贷款契约；三是向客户提供中长期融资，基于项目的价值确定贷款条件，且未设置贷款上限，贷款利率取决于特定项目和客户的信贷实力；四是提供抵押或担保服务。由此可见，DBJ的PFI项目贷款服务具有较大弹性和灵活度，为项目提供了强有力的融资支持，但这也对银行的鉴别能力、定价能力、风险管控能力等提出了更高要求。

第二，区域综合整治基金。区域综合整治基金会于1988年在都道府县层级成立，主要职责是为私营部门提供免息贷款，其业务范围主要涉及城市发展建设、各种生产设备的维修、区域中心医院和福利设施的维护等。区域综合整治基金会在推动民间合作和区域振兴、推动地方产业发展等方面发挥了支撑性作用，在筛选融资对象时，重点考虑的条件包括：从企业盈利的角度出发从事公益事业的私营部门；项目工程必须满足都道府县PFI项目的就业人数在10人以上，市町村项目就业人数在1人以上的要求；贷款利息支出在千万日元以上（不包括土地购置费）等。该基金提供的贷款额度需保持在贷款主体工程造价总额（扣除补助金）的35%以内，但对于人口稀少地区的项目和受灾区项目的贷款条件可以放松。区域综合整治基金会自身主要通过地方政府发行市政债券的方式筹集资金，其利息的一部分被交付给地方政府形成税收收入。通过为具有法人资格的私营部门提供贷款，该基金支持了很多日本交通和通信基础设施建设、城市基础设施建设、区域产业振兴、度假旅游推介以及文化、交通、福利和医疗等领域的PFI项目。

第三，城市发展促进组织。日本于1987年成立了属于一般财团法人组织的城市发展促进组织，目前开展了多元化的PFI相关业务，包括PFI型免息贷款业务、土地征用转让业务、融通业务、贷款担保业务等。为了更好地支持PFI项目的发展，城市发展促进组织专门制定了《民间事业者利用城镇发展基金的选择标准》，规范了支持的对象范围，以公平、公开和透明原则筛选项目，兼顾了项目的公益性、发展性、地域性、必要性和示范性等。城市发展促进组织在项目开发实施阶段需负担部分费用，同时与私营部门共同实施项目任务，主要支持对象为城市规划、港口和临港地区项目，通常以项目土地、建筑物等作为抵押物提供贷款。对于20年以内的资金支持项目，偿还方式采用等额本息等，每半年支付一次；10年以内的项目，采用到期一次支付本息的偿还方式。通过为城市发展项目提供稳定的资金支持，建设和维护地方公共设施，城市发展促进组织在日本城市建设中发挥了重要作用。

第四，产业投资基金。日本政府以"官民合作基金"的名义广泛应用产业投资基金，以推广 PFI 项目，产业投资基金的主要资金获取途径为政府和金融机构出资，截至 2016 年 3 月，共有 70 家金融机构为该基金出资，已完成融资 100 亿日元的目标。产业投资基金不限投资地域，对行业亦无过多限制，并广泛参与道路交通、住宅、医疗卫生、教育文化、社会福利等公共服务领域。但该基金只能投资于独立核算型项目，因为此类项目有稳定的现金流，有利于降低产业投资基金的风险。在运作方式上，产业投资基金试行母子基金两级架构的模式，母基金不仅可以直接投资于 PFI 项目，也可通过参股子基金的方式参与项目融资，该基金提供融资的方式包括直接放贷给特殊目的公司等进行直接投资，以及通过设立民间基础设施基金等方式间接支持特殊目的公司。产业投资基金的特点主要包括：一是重视国外基金管理平台的引进；二是重视新能源领域（包括低碳、可再生能源）中的 PFI 项目。此外，日本政府自 2015 年开放了基础设施基金上市的交易市场，使基础设施建设投资形式的发展迈上了新台阶，上市渠道的开放不仅完善和丰富了基金的退出渠道，也提高了私营部门参与 PFI 项目的积极性，有助于机构投资者或个人投资者以更规范透明的方式参与 PPP 项目建设。

日本通过完善以法律为基础的 PFI 制度框架、强化政府监管，以正式规则形式引导了国内 PFI 模式的规范发展，已构建出具有日本特色的、完善且灵活的、多主体参与共治的 PFI 模式发展格局，对我国完善相关制度具有重要启发。

2.1.2　国际经验的总结与借鉴

经分析部分国际多边机构和国家在防控 PPP 财政风险制度建设方面的做法，可得出以下结论。

1. 明确 PPP 财政风险防控的关键点

一是通过物有所值评估和财政承受能力论证，重视 PPP 项目财政影响的前期评估。《PPP 立法指南》已将物有所值评价和财政承受能力论证纳入 PPP 项目前期论证的法定程序，英国、日本、澳大利亚等国家的 PPP 法律做出了相关要求。相比之下，我国已出台了 PPP 项目物有所值和财政承受能力论证的专项指引文件，但存在论证参数有待细化、结果精准有待提高等问题，无法为 PPP 合同的制定提供完整准确的依据，需借鉴国际有益经验，完善前期论证对 PPP 财政影响评估的程序和方法。

二是设计标准化的管理流程与评估工具，实现经济体内部管理 PPP 财政及政府债务风险的规则统一。世界银行推出的 PFRAM 不一定适合所有经济体对 PPP 模式的管理需求，但在评估思路和方法上提供了借鉴，即识别 PPP 财政支出责任债务属性，采用恰当的方式对风险后果予以量化，增加其与可用财政资源的匹配度，进而降低发生政府债务风险的可能。同时，标准的量化评估方法可为经济体做出 PPP 相关决策提供直接依据，可及时判断地区或行业增加 PPP 项目是否会产生政府债务，在财政支出总量控制的基础上，实现对财政支出的结构化管理。

三是注重完善配套制度，合理实现 PPP 财政可持续的目标。《PPP 立法指南》指出要实现 PPP 财政可持续的目标，不能仅靠财政预算和政府债务制度的约束，配套制度的建立健全同等重要，这既是 PPP 模式涉及融资、法律、行业规范等多个专业的内在特点决定的，也是完善 PPP 财政管理的必然要求。这也要求 PPP 主管部门需了解配套制度建设情况，加强与相关主管部门的沟通协商，完善 PPP 项目实施的综合制度环境，形成防控 PPP 财政风险的合力。

四是形成政府和社会资本间科学合理的激励约束机制，实现双方的平等合作和良好的 PPP 营商环境。透明、公平、稳定和可预期的 PPP 立法原则，体现了构建 PPP 良好伙伴关系的要求，可在根本上降低政府或社会资本的违规动机，这虽不会对防控债务风险起到立竿见影的效果，但却是实现 PPP 财政可持续的治本之策。构建有效合理的激励约束机制，一方面可降低社会资本将风险不当转移回政府的概率，压缩不合理的财政支出水分；另一方面，可提升政府决策的审慎度和依合同履约的自觉性，实现财政资源的合理配置和有效利用，增加政府主体信用和社会资本的合作意愿，让 PPP 财政支出责任置于政府能力可控的范围内。

2. 完善 PPP 财政风险防控的法治框架和监管体系

一方面，多数经济体已构建了以 PPP 法律为核心的制度体系，对 PPP 财政支出行为的约束多有法律依据。世界银行发布的 2020 年《PPP 基础设施采购报告》显示，在统计的 140 个经济体中，有单独 PPP 法律法规的经济体占比已达到 75%，其中，81% 的大陆法系和 72% 的普通法系经济体出台了独立的 PPP 法，这一数据相比 2018 年的采购报告，分别提升了 9% 和 3%，说明更多的经济体重视推进 PPP 管理的法治化进程，PPP 财政管理程序和多数财政支出行为具有法律依据。PPP 财政支出责任的法治化管理和集中、正式审批有助于减少打政策擦边球的行为，降低政府承担非法定支出的可能性。

另一方面，构建完善的 PPP 监管框架有助于持续防控 PPP 项目财政风险。在项目准备阶段，进行项目的融资可行性、财务可行性和财政可持续性论证，构建合理的风险分担和交易结构已成为全球 PPP 实践共识，上述论证要点也成为监管重点；在项目采购阶段，一些国家采取的举措，可减少政府和社会资本合谋违规、将市场风险不当转为财政风险、增加财政负担的行为；在项目执行阶段，要求动态更新 PPP 财政支出信息，坚持以按效付费原则提升财政支出的绩效管理水平，持续评估和披露单个及整体项目的财政支出责任对财政预算和政府债务的影响。这些良好实践有助于形成 PPP 财政支出责任在全生命周期的管理闭环，增加政府对相关财政风险的监控能力。

3. 合理构建 PPP 财政支出责任的综合管理体系

经分析国际经验可知，PPP 财政支出管理责任并非仅由财政部门承担，需在财政系统内进行细化的分工，加强配合，只有这样才能更好地防控潜在风险。在部门职能分工方面，作为 PPP 项目主要实施主体的行业主管部门需要和财政部门密切配合，完成项目全生命周期财政支出行为的动态监管、更新与执行；同时，财政系统内部的 PPP 主管部门、预算管理部门和债务管理部门等，需在 PPP 财政支出责任与政府债务关系的判别标准、监管标准、职责分工与配合等关键问题上达成共识，实现有效管理。在监管标准方面，应在本国财政管理体制、PPP 管理需求及相关配套制度要求的基础上，建立 PPP 项目财政支出责任的综合管理体系，一方面构建 PPP 财政支出责任的综合分析与报告系统，准确评估 PPP 项目的财政影响；另一方面通过各体系间的内在勾稽关系，校验 PPP 项目财政支出信息的真实性，增加检查出潜在风险源的可能性。

我国已成为世界上 PPP 项目数量和投资规模最大的国家，做到对每个项目精细化管理相较于其他经济体而言难度更大，因此构建系统、健全的机构职能，加强人才培养与输出，对平衡好管理程序的周严与制度成本的压缩、形成统一规则与提升规则的地区适应性等方面的关系至关重要。上文总结了防控 PPP 项目财政风险的一些代表性的国际做法，为我国相关制度建设提供了有益借鉴，也为下文的研究提供了参考。

2.2　PPP 财政风险管理成效评价及影响因素分析

基于全国 PPP 综合信息平台大数据与对云南、广西两省区的调研资料，综合大数据分析、专家综合评价等方法，从政策现状、实施成效、典型案例剖析等角度，分析诊断各区域 PPP 财政风险管理成效以及已入库项目财政承受能力评价的规范性，并进一步分析影响 PPP 财政风险管理成效的关键因素。

2.2.1　PPP 财政风险管理成效评价

本节基于文献调研及理论分析，从政策指导、监管组织、管理能力、公众参与度等方面，梳理 PPP 财政风险管理成效的关键影响因素，构建实证计量模型。并结合云南、广西两省区 350 份问卷调查，对我国 PPP 财政风险管理成效进行实证分析。共收到 319 份问卷，有效回收率为 91.14%。从样本人员分布的地区来看，广西壮族自治区共收到 115 份、占比 36.05%，云南省共收到 204 份、占比 63.95%。从样本人员涉及的 PPP 项目利益相关方情况来看，地方政府人员共 198 人、占比 62%，社会资本人员共 121 人、占比 38%。从样本人员基本信息情况来看，样本人员对地方 PPP 发展的相关问题较为了解，能够保证调查问卷填写的真实性和准确性。

探索型因子分析目的是测量问卷的因子结构，以此检验问卷与理论预期的适配度。为了保障数据质量，首先利用 SPSS 软件对数据进行信度与效度检验。总克龙巴赫 α（Cronbach's α）系数为 0.978，大于 0.7，表明现有问卷的可靠性和稳定性较好。KMO（Kaiser-Meyer-Olkin）统计量为 0.956，根据评判标准可知，非常适合进行因子分析；Bartlett 球形检验的卡方为 0，达到了 0.001 的显著性水平，适合进行因子分析。

为降低 PPP 财政满意度的 13 个因素间的多重共线性，并删除影响小的因素，运用因子分析法进行降维。本节采用主成分分析法，采取具有 Kaiser 标准化的正交旋转，按照 4 个主因子进行提取，累计贡献率为 89.563%。根据各变量含义，4 个主因子分别为政策指导（A）、监管组织（B）、管理能力（C）、公众参与度（D）（表 2-3）。

表 2-3　因子分析结果

主因子	权重	因子	因子得分系数	综合权重
政策指导（A）	0.244	国家 PPP 政策体系的完备性（$A1$）	0.244	0.077
		当地 PPP 政策体系的完备性（$A2$）	0.264	0.083
		国家 PPP 的政策执行性评价（$A3$）	0.268	0.084
监管组织（B）	0.302	PPP 管理机构设置合理性（$B1$）	0.244	0.077
		PPP 管理机构人员充足性（$B2$）	0.232	0.073
		PPP 管理人员结构合理性（$B3$）	0.231	0.073
		PPP 工作的本级党政领导重视程度（$B4$）	0.252	0.079
管理能力（C）	0.228	PPP 工作的部门协同程度（$C1$）	0.249	0.078
		PPP 工作人员的稳定程度（$C2$）	0.235	0.074
		PPP 管理人员专业素质与业务实操能力（$C3$）	0.240	0.075
		PPP 专业培训与政策宣传效果（$C4$）	0.240	0.076
公众参与度（D）	0.150	PPP 管理监督吸纳的公众参与力度（$D1$）	0.243	0.077
		PPP 项目的公众投诉量（$D2$）	0.233	0.073

如图 2-3 所示，横坐标为各指标满意度评价值，纵坐标为各指标综合权重系数。横纵坐标交叉点(4.105,0.077)分别代表 PPP 财政风险管理满意度评价值的均值和综合权重系数的均值。将 13 个指标打点落在不同的象限中。

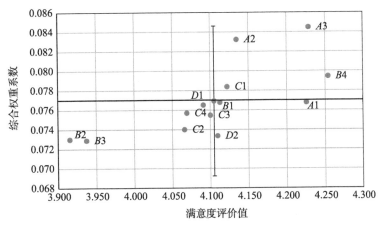

图 2-3 象限法分析图

（1）落在第一象限的点，分别为当地 PPP 政策体系的完备性（A2）、国家 PPP 的政策执行性评价（A3）、PPP 工作的本级党政领导重视程度（B4）、PPP 工作的部门协同程度（C1），上述指标的满意度评价值高，综合权重系数也大，是 PPP 财政风险管理的优势指标，这种被广泛认可的满意度应予以保持。

（2）落在第三象限的点，分别是 PPP 管理机构人员充足性（B2）、PPP 管理人员结构合理性（B3）、PPP 工作人员的稳定程度（C2）、PPP 管理人员专业素质与业务实操能力（C3）、PPP 专业培训与政策宣传效果（C4）、PPP 管理监督吸纳的公众参与力度（D1），上述指标的满意度评价值低，综合权重系数也小。其中，PPP 管理机构人员充足性（B2）、PPP 管理人员结构合理性（B3）满意度评价值尤其低，应予以重视，以提高 PPP 财政风险管理满意度。

（3）落在第四象限的点，分别是 PPP 管理机构设置合理性（B1）、国家 PPP 政策体系的完备性（A1）、PPP 项目的公众投诉量（D2），上述指标的满意度评价值高，综合权重系数小，说明上述指标治理效果较好，相关部门未来工作的重点是保持。

2.2.2 PPP 财政风险管理成效的影响因素分析

基于以上评价模型，运用结构方程模型对地方 PPP 财政风险管理成效的影响因素进行实证分析。利用验证性因子对探索性因子分析得出的因子稳定性进行验证，即运用结构方程模型进行确定。构建地方 PPP 管理成效的结构方程模型，具体包括政策指导（A）、监管组织（B）、管理能力（C）、公众参与度（D）四个潜变量。针对模型进行参数估计，确定模型中相关系数、因子负荷、观测误差等，将样本观测到的方差、协方差与模型估计的方差、协方差进行对比，差异越小表明模型的拟合程度越高，先前的假设越合理。利用 AMOS 软件处理问卷中得到的数据，得到地方 PPP 管理成效模型各潜变量与观察变量之间的路径系数与误差。如图 2-4 所示。

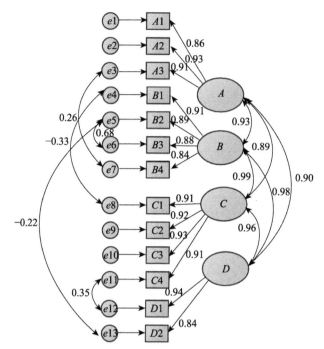

图 2-4 PPP 财政风险管理成效结构方程模型路径标准化结果图
本图中的数值为表 2-5 中标准化回归系数保留两位小数的结果

通过拟合度检验发现部分拟合指数未达到理想值，因而需要对测量模型进行修正。根据 AMOS 输出的修正指数报表可发现，增加 $e3$ 与 $e7$、$e4$ 与 $e8$、$e5$ 与 $e6$、$e5$ 与 $e13$、$e11$ 与 $e12$ 之间的共生关系可分别显著减小卡方值，同时增加 p 值，从而加强上述变量之间的联系。按照一次释放一个的原则逐次对模型进行修正，结果显示利用 χ^2/df、GFI、AGFI、IFI、CFI、RMSEA 六个指标（具体的指标解释见表 2-4）对模型的有效性进行评价，样本数据得到的主要结果为：$\chi^2/df=3.509$、IFI=0.976、CFI=0.976、RMSEA=0.08。基于此分析，政策指导（A）、监管组织（B）、管理能力（C）、公众参与度（D）四个潜变量与对应的观察指标的路径系数和误差都在可接受的范围内，均能够有效地反映其所代表的真实含义。

表 2-4 结构方程模型适配度指标及标准

适配指标	含义	适配标准
χ^2/df	卡方值/自由度	<2 良好，<5 可接受
GFI	拟合优度指数	>0.90，越接近 1 越好
AGFI	调整拟合指数	>0.90，越接近 1 越好
IFI	增值拟合指数	>0.90，越接近 1 越好
CFI	相对拟合指数	>0.90，越接近 1 越好
RMSEA	近似误差均方根	<0.05 适配良好，<0.08 适配合理

综上，政策指导（A）、监管组织（B）、管理能力（C）、公众参与度（D）所构成的 PPP 财政风险管理成效评价体系有效且合理。总体来说（表 2-5），监管组织和

PPP 管理机构的管理能力之间，以及 PPP 管理机构的管理能力与公众参与度之间都有着紧密联系，特别是 PPP 管理机构的管理能力与监管组织之间，相关系数达到了0.992。未来，为了提高 PPP 管理机构的管理能力需要更好地提高 PPP 管理机构的设置合理性、机构人员充足性、结构合理性和本级党政领导对 PPP 工作的重视程度。从各子因素来看，对于政策指导而言，更需要注意当地 PPP 政策体系的完备性和国家 PPP 的政策执行性评价，对于监管组织而言，则更需要注重 PPP 管理机构设置合理性；对于管理能力而言，更需要注重 PPP 管理人员专业素质与业务实操能力；对于公众参与度而言，更需要关注相关监管监督机构吸纳的公众参与力度的能力。

表 2-5　结构方程模型路径关系

路径关系	标准化回归系数	标准误差估计值	临界比	p
A↔C	0.893	0.044	10.778	***
A↔B	0.929	0.039	10.242	***
C↔D	0.962	0.050	10.750	***
B↔D	0.976	0.043	10.402	***
B↔C	0.992	0.047	10.910	***
A↔D	0.898	0.041	10.315	***
A1←A	0.862	0.041	22.876	***
A2←A	0.933	0.041	27.485	***
A3←A	0.911			
B1←B	0.907	0.052	21.900	***
B2←B	0.894	0.063	21.363	***
B3←B	0.883	0.062	20.935	***
B4←B	0.839			
C1←C	0.911	0.036	26.960	***
C2←C	0.916	0.038	27.519	***
C3←C	0.934	0.036	29.484	***
C4←C	0.909			
D1←D	0.941	0.049	23.250	***
D2←D	0.843			

注：检验统计量，临界比（critical ratio）为 t 检验的 t 值，此值如果大于 1.96 表示达到 0.05 显著性水平；p 值为显著性，如果 $p<0.01$，则用***表示，此时表示回归系数达到了显著性水平

2.3　宏观层面的财政风险识别与评价

本节主要以我国的经济、财政、债务、PPP 项目数据为依据，梳理地方财政发展特点、地方财政的债务特征和地方财政与宏观经济的关系，基于现实和现有的相关研究基础提出一套较为合理的财政风险综合评价指标体系，从多个维度构建相应的风险矩阵；最后对形成我国地方财政高风险和低风险的共性指标进行梳理归纳，评估财政风险要素可能产生的后果，提出对地方财政风险管理的政策建议。需要说明的是，本节建立的地方财政风险预警体系仅作为前瞻性研究，侧重于分析包括财政收入风险、财政支出风险、赤字风险等在内的地方财政总体风险

和地方财政的可持续性，为后文物有所值定量评价等提供研究基础。

2.3.1   我国地方财政的发展特点

地方财政风险是指地方政府在组织和安排财政收支的过程中，各种经济因素、财政手段和财政制度等原因导致财政收支总量失衡或财政结构失衡，最终对经济运行造成损失和困难的可能性（刘尚希等，2003）。

地方财政风险涵盖了财政收入风险、财政支出风险、赤字风险以及债务风险等形式（李振和王秀芝，2020；饶友玲，2004；丛树海和李生祥，2004），因综合性强、隐蔽性高而识别困难（王国平和李永刚，2020；郑洁和訾志涛，2019；吉富星，2018；张守凯和李森，2003），呈现出动态性、系统性、复杂性和反馈性等特点。

改革开放以来，我国的经济发展日新月异，我国地方政府的自主能力也日益提升，地方财政在全国经济发展中占据了越来越重要的地位，其发展呈现出以下几个特征。

（1）地方财政支出比重越来越大。从 1995 年至 2020 年我国中央和地方的财政收支发展历程来看，中央政府和地方政府财权、事权的划分以及支出责任的不断下移，导致地方财政支出占的比重越来越大，远远超过了中央财政支出。据统计，地方财政支出从 1995 年的 0.48 万亿元剧增到 2020 年的 21.06 万亿元，增加了近 43 倍。与此同时，中央财政支出增长趋势相对平稳，从 1995 年的 0.2 万亿元增长到 2020 年的 3.51 万亿元，仅增加了 16.6 倍。2020 年地方财政支出是中央财政支出的 6 倍。在地方财政支出不断攀升的发展历程中，地方财政收入与中央财政收入差距较小，以 2011 年为界，前期中央财政收入大部分时候高于地方财政收入，后期地方高于中央，且差距有增大趋势。但地方财政支出一直数倍于地方财政收入，2020 年已超过 2 倍，较大的地方财政收支差额增加了地方财政压力。1995~2020 年我国中央和地方财政收支发展对比见图 2-5。

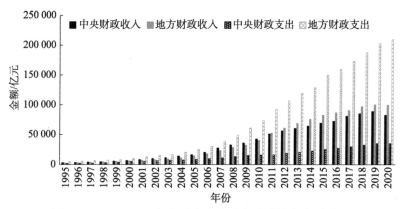

图 2-5   1995~2020 年我国中央和地方财政收支发展对比
本图中中央财政收支和地方财政收支均指本级财政收支，即地方财政收入不包含中央对地方转移支付和从预算稳定调节基金调入及使用结转结余的部分

（2）地方财政缺口对全国财政缺口的影响较大。根据图 2-6 和图 2-7，自 1995 年以来，中央财政保持盈余，但地方财政因事权较多，财政支出压力大，而地方税体系尚未完善，地方财政收支缺口呈扩大态势，从 1995 年的 3%一直升到 2020 年的 10%以上，地方财政承受着持续性的压力。综合中央与地方财政收支缺口情况，在 1995~2020 年，全国财政除 2007 年略有结余外，大多时期存在缺口，为应对 2008 年全球经济危机，财政政策发力，全国财政缺口逐步扩大。在一定程度上，全国财政缺口与地方财政缺口同向变化，且地方财政缺口自 2008 年以后不断扩大，推高了同时期的全国财政缺口。

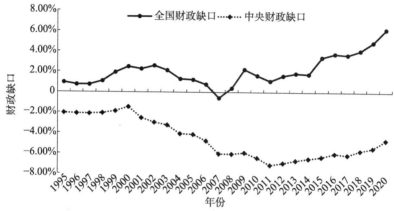

图 2-6　1995~2020 年我国全国和中央财政缺口发展趋势

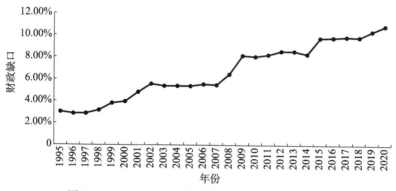

图 2-7　1995~2020 年我国地方财政缺口发展趋势

（3）发行政府债券是地方政府融资的重要方式。在全国财政支出总额中，地方财政支出占比持续增加，伴随着支出压力的不断增加，债务资金成了地方政府发展建设的重要资金来源。按照《国务院关于加强地方政府性债务管理的意见》（国发〔2014〕43 号）[①]，地方政府融资应当通过发行一般债券和专项债券开展，

---

① 国务院关于加强地方政府性债务管理的意见[EB/OL]. http://www.gov.cn/zhengce/content/2014-10/02/content_9111.htm[2014-10-02].

其中一般债券主要用于公益性资本支出,专项债券主要用于有一定收益的公益性资本支出。我国对地方政府债务实行限额管理,地方政府债务限额等于上年地方政府限额加上当年新增债务限额,具体分为一般债务限额和专项债务限额。从债务余额数据来看,我国地方政府债务余额呈增加趋势,承担的还本付息额随着债务余额的增长而增加。至 2020 年,除了甘肃、西藏、山西、河南、北京、上海、广东等 7 个省区市的债务余额低于地方公共财政支出,全国超过 2/3 的省区市债务余额大于地方公共财政支出 (图 2-8)。由地方政府的发债行为倾向可以看出,其内部存在较大的财政压力。而地方公共财政支出越大,地方政府发行债券的意愿越大,实际新增债务余额也越大,承担的还本付息额随新增债务的增长而增长。

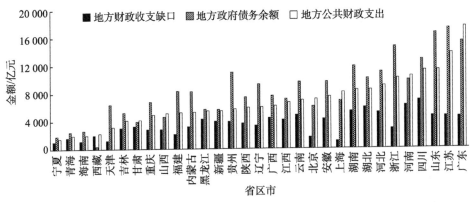

图 2-8　2020 年我国地方财政收支缺口、债务余额和公共财政支出

地方政府债务与经济增长之间的关系存在多种解释,普遍认为一旦债务水平突破合理范围,资金使用效率将因为投资过度而下降,对经济增长造成损害。通过发债缓解财政收支缺口已逐渐成为全球主要经济体熨平年度间财政收支波动的主要财政工具,但国家只允许联邦政府或中央政府举借外债,地方政府通常只能举借内债。我国自 2009 年以来,为实施积极的财政政策、增强地方安排配套基础设施和政府投资的能力,地方政府债务规模持续扩大,地方政府债务累积的潜在风险进一步增加。

（4）土地财政依赖度高。地方政府倾向选择土地财政来缓解财政压力（张双长和李稻葵,2010）,重要原因是土地出让收入按现行财政制度全部划归地方,不与中央共享。2020 年我国地方财政支出和债务对比如图 2-9 所示。在财政收入的部分,2020 年我国地方土地出让收入占地方财政收入的比重达到 80% 以上（图 2-10）,预期风险在不断增加。土地财政受发展规划、宏观经济形势等影响,稳定性欠缺,具有不可持续性。伴随着国家对房地产市场的调控,土地价格、土地市场活跃度均遭受影响，造成地方政府收入波动，加之土地面积有限的制约，其不可持续性并非地方政府的稳定财源，由此可能诱发地方政府债务违约风险。

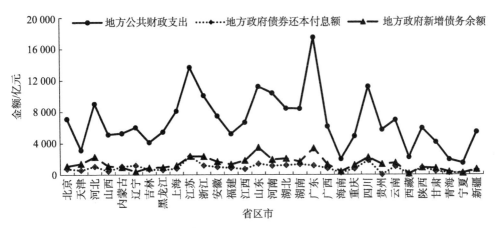

图 2-9　2020 年我国地方财政支出和债务对比

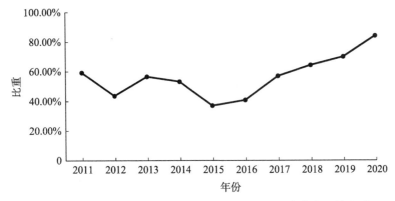

图 2-10　2011~2020 年我国土地出让收入占地方财政收入的比重

2.3.2　地方财政与宏观经济的关系

　　财政活动的基础是宏观经济运行，财政收入是宏观经济运行成果的分配和分享，宏观经济是地方财政的晴雨表。我国地方财政受到宏观经济各种因素的影响，具有综合性特征，与整体社会经济互为依存。地方财政与宏观经济不是简单的一一对应关系。宏观经济的产业结构、消费结构、政府的债务特征都会对地方财政造成或大或小的影响，成为影响地方财政风险的客观属性。

　　从全国角度看，地方财政与宏观经济呈现以下特征。

　　（1）我国地方总体经济水平差别大。财政规模的持续扩张需要依靠宏观经济产出的持续增长。我国各省区市的生产总值差别较大，2020 年全国 GDP 总量为

101.6万亿元，地区生产总值最高的为广东省，为11.1万亿元，占全国总额的10.9%；地区生产总值最低的为西藏，为 0.2 万亿元，占全国总额的 0.2%。高于平均值的省市有 13 个，按由高到低顺序排列有广东、江苏、山东、浙江、河南、四川、福建、湖北、湖南、上海、安徽、河北、北京；低于平均值的省区市有 18 个，按由低到高顺序排列为西藏、青海、宁夏、海南、甘肃、吉林、黑龙江、新疆、天津、内蒙古、山西、贵州、广西、云南、重庆、辽宁、江西、陕西（图 2-11）。地区生产总值和增长率都偏低的省区市有青海、黑龙江、天津和内蒙古；地区生产总值和增长率都较高的省市有江苏、山东和浙江等。由此表现出来的地区经济规模和地方财政收支状况存在明显差异（图 2-12）。

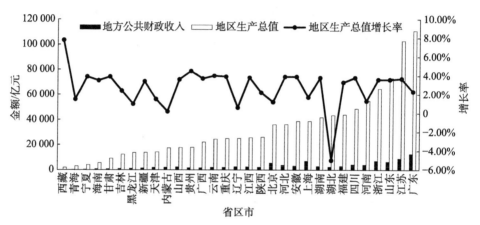

图 2-11　2020 年我国地方财政收入与经济发展对比

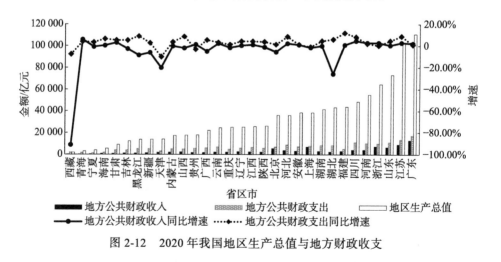

图 2-12　2020 年我国地区生产总值与地方财政收支

（2）整体上，我国地方产业结构和人均地区生产总值呈现偏态分布特征。产业结构代表了经济发展的阶段水平和经济发展的可持续性，产业升级表现为生产要素改进、结构优化、生产效率与产品质量提高、产业链升级。在我国目前的税收体制下，第二产业、第三产业是税收收入的主要来源产业，产业结构升级也代表了地区财政收入来源的稳定性。人均地区生产总值水平展现出不同地区经济发展的阶段特征，在很大程度上影响了消费和产业结构，进而影响一个地区财政收入和财政支出结构。一般来讲，人均地区生产总值水平较高的地区也是产业结构较为优化的地区，比如北京、上海；而人均地区生产总值水平较低的地区也是产业结构优化水平相对较低的地区，比如黑龙江、广西（图 2-13）。

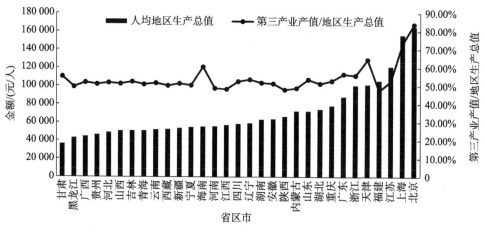

图 2-13　2020 年各省区市人均地区生产总值和产业结构升级

（3）我国地方失业率和居民消费价格增长率大体呈反向走势。失业率是财政支出刚性压力的衡量指标，反映了财政在保障就业、稳定地区经济领域的责任范围。居民消费价格增长率反映了地区通货膨胀状况和货币购买力变动，其变动直接影响到城乡居民的生活支出和地方财政收入，影响市场供需平衡以及消费和储蓄的比例。居民消费价格增长率与失业率呈相反方向变动，印证了菲利普斯曲线中失业率和通货膨胀率存在替代关系的理论。一般而言，失业率低的地区居民消费价格增长率反而高，反映了地区的物价水平和通货膨胀程度在上升，也就是财政支出的货币购买力在下降。两者通过反向作用间接地调节地方财政风险的波动。比如，2020 年广东的失业率较低，但居民消费价格增长率居于全国前列；而辽宁、重庆和宁夏的失业率较高，但居民消费价格增长率均不高（图 2-14）。但也有特殊情况，比如北京的失业率低，其居民消费价格增长率也排名末位。

（4）我国土地财政依赖度和财政困难程度系数大致呈现"剪刀形"规律。土地财政依赖度是指土地财政收入（即纳入政府性基金预算的土地出让金收入）占地方财政收入的比重。从地方财政收入的来源来看，土地出让金收入所占的比重很大，2019 年数据显示最高在 128%以上。但不是地方财政收入越高，土地出

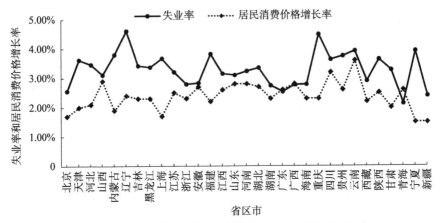

图 2-14   2020 年各省区市失业率和居民消费价格增长率

让金收入的贡献就越大，两者之间不是简单的对应关系。2019 年我国土地财政依赖系数在 80% 以上的省区市有 11 个，从 82.58% 到 97.02%，按顺序排列分别为河南、广西、湖南、四川、山东、江西、贵州、福建、江苏、湖北、安徽。土地财政依赖系数在 40% 以下的省区市只有 7 个，从 22.55% 到 39.48%，按顺序排列分别为内蒙古、浙江、黑龙江、宁夏、上海、北京、海南（图 2-15）。从整体上看，全国地方的土地财政依赖度和财政困难程度系数呈现此高彼低"剪刀形"规律。土地财政依赖度较高和较低的省区市既有东部发达地区，也有中部内陆地区。综合来看，土地财政依赖度和财政困难程度系数都相对较低的地区是上海、北京、广东和天津等发达地区（图 2-16）。土地财政依赖度增加并不必然带来财政困难程度系数的增加或减少，通过单一指标无法确认财政困难和财政风险[①]。

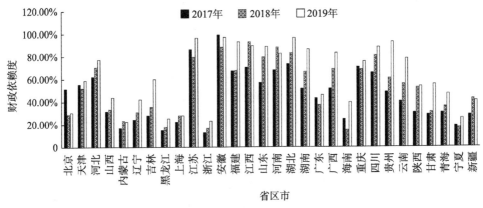

图 2-15   2017~2019 年我国各省区市土地财政依赖度

———————————

① 截至作者写作，2020 年财政困难程度系数和土地财政依赖度这两个指标在很多省区市存在缺失，故图 2-15 和图 2-16 仅更新到 2019 年的数据。

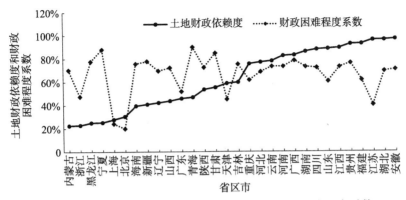

图 2-16　2019 年各省区市土地财政依赖度和财政困难程度系数

2.3.3　风险识别与评价

地方财政风险的识别具有复杂性和多样性，仅靠单一指标和简单区划不能全面、及时、准确地反映财政风险及其发展趋势。合理识别与评价地方财政风险需要基于地区生产总值增长率、城镇化水平、人口规模、就业形势、财政收支规模与结构、公共资源禀赋及利用状况等社会经济发展情况和地方政府负债情况、偿债准备情况及其他因素，进行相应的定性与定量分析，并建立地方财政风险预警体系，从而为地方政府监控财政运行和制定风险应对政策提供科学依据。

1. 风险矩阵建立

世界银行的高级经济学家 Brixi（1998）提出的"财政风险矩阵"，是国内外学者进行地方财政风险研究的重要理论基础，依据风险暴露程度，把政府所面临的财政风险分为四类：直接显性风险、直接隐性风险、或有显性风险和或有隐性风险。每一类财政风险均具有以下四个特征中的两个：显性的与隐性的、直接的与或有的。显性风险是指由特定法律或合同确认的政府债务带来的风险，其各种风险因素明显暴露，损失或损能够较为准确地测算，如财政赤字、财政欠账、财政运行难度、财政职能实现程度等；隐性风险是指政府道义上的责任，主要反映公众期望以及利益集团压力，其各种风险因素尚处于隐蔽状态，不易被察觉，如财政账面空转造成的虚收实支、非登记外债等；直接风险是指任何情况下都会产生的责任，因而相对来说比较确定，根据某些特定因素可对直接风险进行预测；或有风险是指基于某一项可能发生的不连续事件而产生的责任，或有事项发生的可能性以及履行未来责任所需的政府支出规模都难以预测。

同时依据公共债务的冰山理论（图 2-17），四大风险中除直接显性风险相对透明外，其他三类风险因其信息的隐匿性与不完备性，地方政府在进行宏观调控时较难进行把控，易发生"触礁"从而引发系统性风险，因此需要建立全面有效的地方财政风险预警体系，为管控隐性债务问题和预防系统性风险提供参考。

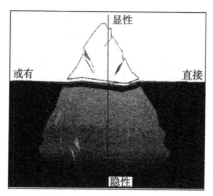

图 2-17　风险冰山理论

资料来源：刘尚希等（2017）

基于国内外现有研究基础，结合前文分析的我国地方财政发展特点、地方财政的债务特征和地方财政与宏观经济的关系，并综合考虑财政收支的综合性和可取性，本节选取了 16 个评价指标构成地方财政风险预警指标体系（表 2-6），根据课题总报告研究成果同时参考学术界和国内外权威机构，对每个评价指标设定"轻警""中警""重警"三个风险区间，最后对全国各省区市的财政风险做了排序和分类，为我国实行区域财政风险识别和管理提供参考依据。各类风险类型所选取的指标如表 2-6 所示。

表 2-6　地方财政风险矩阵

财政风险类型	直接风险	或有风险
显性风险	R_1 X_1：债务负担率，债务负担率=政府债务余额/地区生产总值 X_2：债务支出率，债务支出率=政府新增债务/地方公共财政支出 X_3：债务偿还率，债务偿还率=还本付息额/财政收入 X_4：财政困难程度系数，采用财政部公布的数据	R_2 X_5：经济增长率，经济增长率=地区生产总值增速 X_6：城乡居民人均可支配收入增速，采用国家统计局公布的数据 X_7：失业率，失业率=失业人数/劳动者总人数 X_8：金融余额风险系数，金融余额风险系数=(金融部门贷款余额–金融部门存款余额)/财政收入
隐性风险	R_3 X_9：财政支出对财政收入的弹性，财政支出对财政收入的弹性=财政支出增长率/财政收入增长率 X_{10}：财政赤字率，财政赤字率=财政赤字/地区生产总值 X_{11}：固定资产投资速度，固定资产投资速度=固定资产投资增长率/地区生产总值增速 X_{12}：PPP 投资规模，PPP 投资规模=PPP 投资总额/地区生产总值	R_4 X_{13}：土地财政依赖度，土地财政依赖度=土地财政收入/财政收入 X_{14}：财政集中率，财政集中率=财政收入/地区生产总值 X_{15}：税收收入占财政收入的比重，税收收入占财政收入的比重=税收收入/财政收入 X_{16}：地方财政收支平衡系数，地方财政收支平衡系数=(地方财政支出/全国财政支出)/(地方财政收入/全国财政收入)

注：中国政府文件是不列财政赤字率的，此财政风险矩阵主要根据经济数据进行宏观风险测量，X_{10} 财政赤字率表征的是财政收支缺口的程度

直接显性风险（R_1）：选取的指标有债务负担率（X_1）、债务支出率（X_2）、债务偿还率（X_3）和财政困难程度系数（X_4）。其中，债务负担率和债务支出率都属于债务规模风险指标，债务偿还率为债务偿还风险指标，财政困难程度系数为财政运行风险指标，四个指标都对应特定法律所确认的、在任何情况下都可能发生的风险。

或有显性风险（R_2）：选取的指标有经济增长率（X_5）、城乡居民人均可支配收入增速（X_6）、失业率（X_7）和金融余额风险系数（X_8）。其中，经济增长率和失业率都是宏观经济运行风险指标，在特定经济环境下分别会从财政收入和财政支出两方面引发财政风险；城乡居民人均可支配收入增速属于居民应债能力指标，其会间接影响地方政府融资能力；金融余额风险系数指标反映金融机构存贷平衡和资金安全情况，金融风险在特定情况下会因高度传导性而给财政和民生带来严重影响。

直接隐性风险（R_3）：选取的指标有财政支出对财政收入的弹性（X_9）、财政赤字率（X_{10}）、固定资产投资速度（X_{11}）和 PPP 投资规模（X_{12}）。前两者都反映了财政收入对财政支出的保障情况，若这两项指标恶化，则意味着地方政府资金缺口将逐步扩大，政府性债务的违约风险将逐步扩大；后两者则体现了政府债务资金的流向，在一定程度上能体现政府隐性债务规模。故上述指标均能作为政府潜在财政风险的预警指标。

或有隐性风险（R_4）：选取的指标有土地财政依赖度（X_{13}）、财政集中率（X_{14}）、税收收入占财政收入的比重（X_{15}）和地方财政收支平衡系数（X_{16}）。土地财政依赖度与土地抵押贷款和土地价格紧密相关，能体现地方政府融资的合理性；财政集中率和税收收入占财政收入的比重则反映了财政收入与地方经济发展的联动性，也体现了公共政策的实施效果；地方财政收支平衡系数则体现出不同省区市财政实力和经济发展的差别，区域差异性也是考察财政风险的重要因素。

2. 评价指标说明

1）直接显性风险指标（R_1）

（1）X_1：债务负担率=政府债务余额/地区生产总值。

债务负担率是国际上公认的政府债务警戒线，是衡量经济总规模对政府债务的承载能力或经济增长对政府举债依赖程度的指标。由于地区生产总值能够反映一个地区最终的偿债能力，因此可以用来衡量政府债务的负担能力。该项指标表示政府债务存量规模与国民经济活动规模的关系，反映政府举债对国民经济的影响程度。债务负担率较高说明政府的借债行为对国民经济活动的影响较大，增发公债的潜力有限；而债务负担率较低，则说明社会应债能力较强，公债规模可以适当扩大。警戒线按计算的细节设定不一，国际上《马斯特里赫特条约》设定为

60%，美国设定为 13%~16%，加拿大设定为 25%，我国浙江出台的《浙江省地方政府性债务管理实施暂行办法》设定为 10%。本书设定债务负担率不高于 16% 为轻警，高于 16% 但不高于 25% 为中警，高于 25% 为重警。

（2）X_2：债务支出率=政府新增债务/地方公共财政支出。

债务支出率的概念类似于债务依存度概念，该指标用以表示在地方公共财政支出中政府新增债务所占的比重，反映了地方公共财政支出对债务的依赖程度。债务支出率越大，表示该地区的财政支出过分依赖债务发行，财政脆弱程度相对较高。国际公认警戒线为 20%，日本设定为 30%，俄罗斯设定为 15%，参照以上国际标准及裴育和欧阳华生（2006）的研究，本书将轻警设定为小于或等于 20%，重警设定为大于 40%，中间数值为中警。

（3）X_3：债务偿还率=还本付息额/财政收入。

债务偿还率反映了地方政府发债规模和财政收入的匹配程度，还本付息额相对财政收入越大表明政府在偿还债务时存在的压力越大，政府偿债能力越弱。国际上对警戒线的划分有细微差别，巴西设定偿债成本不得超过经常性净收入的 13%，意大利和西班牙设定为债务本息与收入比值要小于 25%，日本设定为小于 20%，世界银行对中国的标准划定为地方债务总额（地方政府融资平台贷款当年偿还本息金额[①]+地方政府债券当年还本付息金额+地方政府外债当年的还本付息金额）与当年地方政府公共财政预算收入之比应小于 15%，同时参考王振宇等（2013）、李敏和常涛（2016）的研究，本书将轻警设定为小于或等于 15%，中警设定为 15%~30%，重警设定为大于 30%。

（4）X_4：财政困难程度系数。

财政困难程度系数是中央对地方一般性转移支付中调节均衡性转移支付的重要参考。财政困难程度系数可根据地方基本公共服务必保支出占标准财政收入比重及缺口率计算确定，计算公式为：财政困难程度系数=标准化处理后（基本公共服务必保支出÷地方标准财政收入）×55%+标准化处理后（标准财政收支缺口÷标准财政支出）×45%，其中标准财政收支是考虑各省差异后对财政收支进行标准化处理的结果。财政困难程度系数反映一般公共预算内的财政收支不平衡程度，在一定程度上显示出地方政府对中央转移支付的依赖性。各省财政困难程度系数与本省本级财政支出差额占财政收入比重、中央对本级转移支付占本级财政收入比重显著正相关，可以较好地反映财政预算内支出压力及对转移支付的依赖性。另外，基本公共服务必保支出（简称"必保支出"）占地方财政收入比重，是财政困

---

① 国内已将地方政府融资平台债务剥离政府债务体系，地方政府及其所属部门不得干预融资平台公司日常运营和市场化融资，地方政府不得将公益性资产、储备土地注入融资平台公司，不得承诺将储备土地预期出让收入作为融资平台公司偿债资金来源，不得利用政府性资源干预金融机构的正常经营行为，因而依国内政策口径，地方政府融资平台债务不属于地方政府法定债务。

难程度系数的重要考量因素，在政策积极布局保障"必保支出"的背景下，财政困难程度系数实际反映了各省财政收入无法满足"非必保支出"的困难程度。华泰证券研究所把大于 70 设为重警界线，根据数据统计特征，本书设定 31 个省区市 2017~2019 年的财政困难程度系数均值在 65.24 以下为轻警，大于均值加一个标准差的值 82.76 为重警，中间数值为中警。

2）或有显性风险指标（R_2）

（1）X_5：经济增长率=地区生产总值增速。

宏观经济指标的变化会引起财政收支的变化，进一步引起政府财政指标变化和财政赤字问题。国民收入是政府税收的基础，经济增长率反映了国民收入增长的波动对财政的影响。该指标反映当年的地区生产总值比上一年的增长幅度，是衡量国民经济发展的关键性指标，能够通过这一指标评价一个地区的经济发展的总态势。地区生产总值增速标准需结合地区差异和历史阶段进行具体划分，过快和过慢的地区生产总值增速都会对整体经济发展造成冲击，基于国内外学者研究成果和我国经济发展态势，本书将经济增长率按四分位法进行如下划分：6%~12%为轻警，4%~6%和12%~14%为中警，低于 4%和高于 14%为重警。

（2）X_6：城乡居民人均可支配收入增速。

城乡居民人均可支配收入反映的是家庭总收入扣除缴纳的所得税、个人缴纳的社会保障费以及调查户的记账补贴后的收入。它是衡量居民收入水平和生活水平的最重要和最常用的指标。城乡居民人均可支配收入增速能反映城乡居民收入和生活水平的动态特征，也能反映城乡居民收入对未来新增债务的保障情况。国内外学者较少就居民人均可支配收入增速警戒线进行探讨，但党的十八大报告首次提出"居民收入增长和经济发展同步"[1]，2019 年政府工作报告再次提出"国内生产总值增长 6%~6.5%……居民收入增长与经济增长基本同步"[2]，反映出政策对我国居民收入增长的要求。坚持可持续发展原则，需在经济长期持续健康发展的基础上，保持居民收入的长期持续增长，故而根据我国近几年政府工作报告中所提出的经济增长目标，本书对城乡居民人均可支配收入增速做出如下区间划分：7%以上为轻警，5%~7%为中警，5%以下为重警。

（3）X_7：失业率=失业人数/劳动者总人数。

失业率是衡量经济社会发展的十分重要的指标之一，能够反映一个国家的就业情况。失业率指标与失业保险支出规模、政府社会援助支出规模直接相关，一旦失业率上升，财政支出压力的刚性也显著提升，失业率低则财政支出压力相对较小。国内外学者多将失业率警戒线设置在 7%左右，而近年来政府工作报告将失

---

① 引自 2012 年 11 月 18 日《人民日报》第 1 版文章：《坚定不移沿着中国特色社会主义道路前进　为全面建成小康社会而奋斗》。

② 2019 年政府工作报告. http://www.gov.cn/guowuyuan/2019zfgzbg.htm[2021-09-20].

业率目标定在 4.5% 以内，鉴于此，本书就失业率进行如下区间划分：4.2% 以内为轻警，4.2%~7% 为中警，超过 7% 为重警。

（4）X_8：金融余额风险系数=(金融部门贷款余额–金融部门存款余额)/财政收入。

一方面，金融机构的存贷差可以反映其存贷款的平衡情况，也可以说明地方金融机构对所吸收存款的利用情况，即将储蓄转化为投资的情况；另一方面，金融机构存贷差也反映了金融机构资金安全程度，若贷款规模过大，则金融体系易产生呆账、坏账从而诱发金融机构支付危机，继而影响地方财政安全。地方财政收入能够反映地区综合经济实力和发展状况，金融部门存贷差与财政收入之比这一指标可以作为金融风险引致财政风险的预警指标。目前国内外学者关于这项指标预警值的相关研究较少，结合我国金融行业发展态势和各省区市近年相关统计信息，本书将金融余额风险系数进行如下区间划分：5% 以上为轻警，2%~5% 为中警，低于 2% 为重警。

3）直接隐性风险指标（R_3）

（1）X_9：财政支出对财政收入的弹性=财政支出增长率/财政收入增长率。

财政支出对财政收入的弹性是指财政支出增长率对财政收入增长率的敏感程度。财政支出与财政收入构成财政体系的重要组成部分，财政支出是财政收入的归宿，反映了政府政策的选择。弹性系数越接近于 1，说明财政收入和财政支出的增幅越同步，财政风险较小；弹性系数显著大于 1，说明财政支出的增长速度明显高于财政收入的增长速度，蕴藏着潜在的财政风险。基于国内外学者研究成果和我国经济发展态势，本书将财政支出对财政收入的弹性进行如下区间划分：低于 1.4 为轻警，1.4~1.5 为中警，高于 1.5 为重警。

（2）X_{10}：财政赤字率=财政赤字/地区生产总值。

财政赤字率反映了地方财政对债务的承受能力以及地方政府当年以"提前预支"的方式动员了多大比例的社会资源，同时也体现了收支状况及财政管理水平，是衡量财政风险的重要指标之一。在国际上，3% 为赤字率的警戒线，世界上大多数国家均将赤字率当作对政府的负债风险进行考察的重要指标之一。按照《马斯特里赫特条约》中的相关规定，赤字率超过 3% 的欧洲国家不得加入欧洲经济与货币联盟。国际公认的政府债务警戒线财政赤字率以 3% 为参照系，最高不要高于 5%，而国外财政学者认为国家财政赤字率的临界值为 2%（徐佳，2008）。类比国家财政赤字率的临界值，可将地方政府财政收支缺口率进行如下划分：3% 以内为轻警，3%~5% 为中警，高于 5% 为重警。

（3）X_{11}：固定资产投资速度=固定资产投资增长率/地区生产总值增速。

固定资产投资速度衡量了地方政府辖区内经济增长潜力；依据我国审计署及各省区市审计厅（局）的政府债务审计报告，政府举债资金主要投向基础设施，因此选择固定资产投资增长率与地区生产总值增速之比这一指标，其在一定程度上能间接反映某一地方政府举债的原因以及一个地区的社会经济环境风险。沈雨婷和金洪飞（2019）认为固定资产投资速度参考警戒线为 6.5%，固定资产投资速度若下降至低于 6.5%，则被认为是潜在增长能力放缓。甘泉和向妍（2020）将固定资产投资速度大于 8%划分为绿色预警区域，3%到 8%划分为黄色预警区域，低于 3%划分为红色预警区域。本书就固定资产投资速度进行如下划分：0.8 以上为轻警，0.6~0.8 为中警，0.6 以下为重警。

（4）X_{12}：PPP 投资规模=PPP 投资总额/地区生产总值。

PPP 项目财政支出责任是政府债务的组成部分，规范的 PPP 项目财政支出责任在超过预算当期的未来支出周期中表现出政府显性债务特征。在匈牙利，PPP 投资总额不得超过当年财政收入的 3%。我国财政部 2015 年 4 月印发了《政府和社会资本合作项目财政承受能力论证指引》，要求"每一年度全部 PPP 项目需要从预算中安排的支出责任，占一般公共预算支出比例应当不超过 10%"。从项目规模上规范 PPP 的投资额，避免由 PPP 项目的数量过多、规模过大而导致地方财政支出的较大压力，从而在一定程度上有利于控制政府债务风险。目前国内外学者关于这项指标预警值的相关研究较少，基于国内外学者研究成果和我国经济发展态势，将 PPP 投资规模进行如下区间划分：10%以内为轻警，10%~15%为中警，高于 15%为重警。

4）或有隐性风险指标（R_4）

（1）X_{13}：土地财政依赖度=土地财政收入/财政收入。

土地财政依赖度衡量地方财政收入对土地财政收入的依赖程度，即多少比例的地方财政收入来源于土地出让收入。地方财政对土地财政的依赖度有狭义和广义两种度量：狭义的土地财政依赖度是指狭义土地财政收入（即纳入政府性基金预算的土地出让金收入）与地方财政收入之比，广义的土地财政依赖度是指广义的土地财政收入（包含土地出让金收入和房地产业税收收入）与地方财政收入之比。从数据的可获得性出发，为了更好地保证统计口径的统一，本书选用的是狭义的土地财政依赖度。地方政府利用土地财政进行融资的行为模式，其融资规模容易失控，尤其是当土地财政依赖度较高时，会导致较大的土地储备贷款额度，一旦土地价格出现起伏就可能造成财政风险，加上融资杠杆的存在，一旦受到冲击，其损失可能会放大，从而进一步加剧宏观经济运行的不稳定。由于目前对土地财政依赖度划分并无共识，在参考柴铎等（2018）的分段方法，在总体呈正态分布的条件下，再根据国内的现实情况，本书将警戒程度划分为了三个档次：0~50%为轻警，50%~100%为中警，大于或等于 100%为重警。

（2）X_{14}：财政集中率=财政收入/地区生产总值。

财政集中率反映政府对一定时期内新创造的社会产品价值总量的集中程度。

税收收入是我国财政收入的主要来源，在我国目前的税收体制下，第二产业、第三产业是税收收入的主要来源产业。财政收入占地区生产总值的比重大，即财政集中率较高，也就是每万元地区生产总值提供的财政收入多，说明在创造财富的同时获得的收益大，地区生产总值的增长是高质量的。参考许涤龙和何达之（2007）发表的《财政风险指数预警系统的构建与分析》中的分级结果，结合当前国内的现实情况，本书将该指标警戒程度划分为了三个档次：25%~30%为轻警，15%~25%为中警，0~15%为重警。

（3）X_{15}：税收收入占财政收入的比重=税收收入/财政收入。

财政收入结构的合理性反映了一国政府制定公共政策、提供公共服务的能力，税收收入占财政收入的比重大，说明第二产业、第三产业发展较好，能够推动经济的持续发展。参考许涤龙和何达之（2007）发表的《财政风险指数预警系统的构建与分析》，结合当前数据的现实情况，本书将该指标进行如下划分：86%~95%为轻警，77%~86%为中警，0~77%为重警。

（4）X_{16}：地方财政收支平衡系数=(地方财政支出/全国财政支出)/(地方财政收入/全国财政收入)。

地方财政收支平衡系数从全国收支角度衡量地方财政收入和支出在全国的比重，并比较两者的比值。其中，地方财政收入占全国财政收入的比重能够反映不同省区市区域发展水平和财政实力的差异；另外，地方财政支出占全国财政支出的比重能够反映地方财政的负担程度。地方财政收支平衡系数能够反映地方财政收支的匹配程度，该平衡系数大于 1，说明地方财政支出比重偏大，地方财政易于紧张；反之，则说明地方财政开支比收入少，地方财政易于宽裕。本书将地方财政收支平衡系数进行如下划分：0~1 为轻警，1~1.5 为中警，1.5 以上为重警。

3. 数据收集说明

本章通过同花顺 iFinD 获取土地财政收入、地区生产总值、地方财政支出和收入、全国财政支出和收入、财政赤字率等一系列的指标数据，通过 Wind 经济数据库获取政府新增债务、还本付息额等数据；通过国家统计局获取城乡居民人均可支配收入、失业率等相关指标数据；通过同花顺数据库结合国家统计局的数据，获取固定资产投资速度、地方债务余额数据等。其他数据具体如下：PPP 投资规模来源于全国 PPP 综合信息平台，计算方式为 PPP 投资总额/地区生产总值。

特别说明：①由于地方财政数据部分涉密，故本节所有指标的计算口径均为基于已有文献研究和公开数据设定，仅用于风险矩阵的计算，具体计算口径和数值以官方为准。②由于西藏的部分数据缺失，地方财政风险体系的 X_2、X_3、X_{13}、X_{14}、X_{15}、X_{16} 的西藏指标无法计算得出，因此 31 个省区市排名中不包含西藏。全国整体数据如全国 GDP、全国财政收入和支出等则包含了西藏。

4. 风险评定标准

风险评定标准按重警指标个数、中警指标个数和轻警指标个数排序，如果以上三个指标数目相同，依次按照直接显性风险（R_1）、或有显性风险（R_2）、直接隐性风险（R_3）、或有隐性风险（R_4）的个数进行排序。为便于排序，把重警赋值为 1，中警赋值 0.1，轻警赋值为 0。风险等级划分为两类：一是四分位分析法，数值小于或等于 4 的归为低风险区，大于 4 和小于 9 的归为中风险区，大于或等于 9 的归为高风险区。二是风险审慎原则法，依据四分位分析法和风险谨慎原则法，保留低风险指标值，将区分中风险指标和高风险指标的临界值降低 2，即把数值小于或等于 4 的归为低风险区，大于 4 和小于 7 的归为中风险区，大于或等于 7 的归为高风险区（表 2-7）。

表 2-7　地方财政风险矩阵评定标准

情景分析	低风险	中风险	高风险
四分位分析法	≤4	4~9	≥9
风险审慎原则法	≤4	4~7	≥7

5. 指标汇总结果

根据上述地方财政风险矩阵模型，得到 2017~2019 年全国 31 个省区市的地方财政风险矩阵结果，并对其进行汇总和分析。

考虑到 2016 年以前各地方发布的财政数据的口径和时间不统一，不好统计分析，因此此前数据不计入矩阵模型。时间截取在 2017 年及以后，是由于在"十三五"规划启动的 2016 年，全球经济面临较大的下行压力，国内产业转型升级方兴未艾，在不确定因素持续增加大的背景下，财政部全面落实稳中求进的基本要求，全面推动供给侧结构性改革的发展理念，依托于国内市场而激发总需求，较好地展示了社会经济发展的稳定性和持续性。本书认为来自 2017~2019 年的较完整的数据所得出的地方财政风险矩阵结果，能较好地反映我国地方财政的状况和发展趋势。

计算汇总 2017~2019 年地方财政风险矩阵指标如表 2-8 所示。

表 2-8　2017~2019 年各省区市财政风险预警指标数值特征表

	指标名称	轻警	中警	重警	2017~2019 年全国平均数	最低值	最高值
R_1	X_1：债务负担率	≤16%	16%~25%	>25%	26.1%	7.52%	70.87%
	X_2：债务支出率	≤20%	20%~40%	>40%	87.0%	13.79%	203.77%
	X_3：债务偿还率	≤15%	15%~30%	>30%	16.3%	0.30%	61.78%
	X_4：财政困难程度系数	≤65.24	65.24~82.76	>82.76	65.24	20.00	90.00

续表

指标名称		轻警	中警	重警	2017~2019 年全国平均数	最低值	最高值
	X_5：经济增长率	6%~12%	4%~6%与12%~14%	<4%与>14%	6.83%	2.95%	10.20%
R_2	X_6：城乡居民人均可支配收入增速	>7%	5%~7%	<5%	8.90%	6.69%	13.33%
	X_7：失业率	0~4.2%	4.2%~7%	>7%	3.10%	1.40%	4.21%
	X_8：金融余额风险系数	>5%	2%~5%	<2%	3.20%	-3.17%	16.19%
	X_9：财政支出对财政收入的弹性	<1.4	1.4~1.5	>1.5	1.60	-10.84	10.36
R_3	X_{10}：财政赤字率	<3%	3%~5%	>5%	-16.7%	-5.92%	114.13%
	X_{11}：固定资产投资速度	>0.8	0.6~0.8	<0.6	0.70	-11.32	3.85
	X_{12}：PPP 投资规模	<10%	10%~15%	>15%	17.40%	1.80%	73.01%
	X_{13}：土地财政依赖度	0~50%	50%~100%	≥100%	58.0%	15.04%	128.91%
	X_{14}：财政集中率	25%~30%	15%~25%	0~15%	10.70%	5.52%	21.68%
R_4	X_{15}：税收收入占财政收入的比重	86%~95%	77%~86%	0~77%	70.70%	11.90%	122.66%
	X_{16}：地方财政收支平衡系数	0~1	1~1.5	>1.5	2.26	0.36	5.40
分值区间		0~25	50~75	75~100			

注：X_2、X_3、X_{13}、X_{14}、X_{15}、X_{16}由于数据缺失，计算中未包含西藏

本节的地方财政风险矩阵得出的结论趋势与其他学者的研究结论基本一致。中国财政科学研究院（刘尚希等，2017）发布的调查研究报告显示，国内地方财政自给能力呈现显著的地域差异，东部地区的财政自给能力远远高于西部地区，并且由于财政收入质量不稳定、财政收支刚性扩大和金融风险上升等，地方财政风险近年来有所增加。这两大趋势从本节 2017~2019 年的风险矩阵结果也可以看出，地方财政风险不容忽视。从个别省份的结果来看，本节得出贵州省的地方财政风险从中风险级别发展为高风险级别，这和学者杨光凯（2020）指出的 2019 年贵州省整体上财政支出面临较大的刚性增长压力相一致。

在分析地方财政风险的原因、策略和未来趋势中，土地财政的因素是众多学者的研究重点。国务院发展研究中心课题组在 2005 年就提出土地财政在地方财政和城市化过程中存在较大的隐患（国务院发展研究中心课题组，2005）。土地财政影响着财政体制变迁和产业结构的调整（陈志勇和陈莉莉，2011）。宏观经济的稳定性和金融系统的安全性会因为土地财政而受到影响。经济增长过程中内生扩大的土地财政和地方债务，会引致金融风险和财政风险（刘楠楠等，2017）。因此，下文将分年份进一步分析地方财政风险的具体情况。

6. 2017~2019 年地方财政风险情况分析

基于财政风险矩阵,本书分析了 2017~2019 年地方财政风险情况和变化趋势。

1) 2017 年地方财政风险评价分析

A. 总体特征

2017 年各省区市风险情况和风险指标情况分布详见表 2-9、表 2-10、图 2-18。

表 2-9 2017 年各省区市财政风险评价结果汇总

省区市	低风险	中风险	高风险	分值	四分位分析法	风险审慎原则法
上海	12	3	1	1.3	低风险	低风险
广东	12	3	1	1.3	低风险	低风险
北京	10	5	1	1.5	低风险	低风险
山西	11	2	3	3.2	低风险	低风险
江苏	10	3	3	3.3	低风险	低风险
浙江	8	5	3	3.5	低风险	低风险
山东	8	5	3	3.5	低风险	低风险
河北	8	3	5	5.3	中风险	中风险
河南	7	4	5	5.4	中风险	中风险
湖北	7	4	5	5.4	中风险	中风险
海南	7	4	5	5.4	中风险	中风险
陕西	7	4	5	5.4	中风险	中风险
黑龙江	6	5	5	5.5	中风险	中风险
广西	6	5	5	5.5	中风险	中风险
安徽	5	6	5	5.6	中风险	中风险
福建	8	2	6	6.2	中风险	中风险
天津	7	3	6	6.3	中风险	中风险
重庆	7	3	6	6.3	中风险	中风险
辽宁	6	4	6	6.4	中风险	中风险
江西	6	4	6	6.4	中风险	中风险
四川	5	5	6	6.5	中风险	中风险
湖南	6	3	7	7.3	中风险	高风险
云南	6	3	7	7.3	中风险	高风险
新疆	6	3	7	7.3	中风险	高风险
吉林	5	4	7	7.4	中风险	高风险
青海	7	1	8	8.1	中风险	高风险
内蒙古	5	3	8	8.3	中风险	高风险
贵州	5	3	8	8.3	中风险	高风险
宁夏	6	0	10	10	高风险	高风险
甘肃	4	1	11	11.1	高风险	高风险

表 2-10 2017 年各省区市财政风险评价分布汇总

省区市	低风险	中风险	高风险
北京	10($X_1,X_4,X_5,X_6,X_7,X_8,X_9,X_{11},X_{12},X_{15}$)	5($X_2,X_{10},X_{13},X_{14},X_{16}$)	1(X_3)
天津	7($X_4,X_6,X_7,X_9,X_{11},X_{12},X_{16}$)	3(X_1,X_3,X_{13})	6($X_2,X_5,X_8,X_{10},X_{14}\ X_{15}$)
河北	8($X_3,X_4,X_5,X_6,X_7,X_8,X_9,X_{11}$)	3(X_1,X_{12},X_{13})	5($X_2,X_{10},X_{14},X_{15},X_{16}$)
山西	11($X_3,X_5,X_6,X_7,X_8,X_9,X_{10},X_{11},X_{12},X_{13},X_{16}$)	2(X_1,X_4)	3(X_2,X_{14},X_{15})
内蒙古	5(X_3,X_6,X_7,X_9,X_{13})	3(X_4,X_5,X_{15})	8($X_1,X_2,X_8,X_{10},X_{11},X_{12},X_{14},X_{16}$)
辽宁	6($X_3,X_7,X_8,X_9,X_{12},X_{13}$)	4(X_4,X_5,X_6,X_{16})	6($X_1,X_2,X_{10},X_{11},X_{14},X_{15}$)
吉林	5(X_3,X_6,X_7,X_9,X_{13})	4(X_1,X_4,X_5,X_8)	7($X_2,X_{10},X_{11},X_{12},X_{14},X_{15},X_{16}$)
黑龙江	6($X_3,X_5,X_9,X_{11},X_{12},X_{13}$)	5(X_1,X_4,X_6,X_7,X_8)	5($X_2,X_{10},X_{14},X_{15},X_{16}$)
上海	12($X_1,X_3,X_4,X_5,X_6,X_7,X_8,X_{10},X_{11},X_{12},X_{13},X_{15}$)	3(X_2,X_{14},X_{16})	1(X_9)
江苏	10($X_1,X_3,X_4,X_5,X_6,X_7,X_{10},X_{11},X_{12},X_{16}$)	3(X_8,X_{13},X_{15})	3(X_2,X_9,X_{14})
浙江	8($X_3,X_4,X_5,X_6,X_7,X_9,X_{11},X_{16}$)	5($X_1,X_8,X_{10},X_{12},X_{15}$)	3(X_2,X_{13},X_{14})
安徽	5(X_3,X_5,X_6,X_7,X_{11})	6($X_1,X_4,X_8,X_{12},X_{13},X_{16}$)	5($X_2,X_9,X_{10},X_{14},X_{15}$)
福建	8($X_3,X_4,X_5,X_6,X_7,X_{11},X_{12},X_{15}$)	2(X_1,X_{13})	6($X_2,X_8,X_9,X_{10},X_{14},X_{16}$)
江西	6($X_3,X_5,X_6,X_7,X_{11},X_{12}$)	4(X_1,X_4,X_8,X_{13})	6($X_2,X_9,X_{10},X_{14},X_{15},X_{16}$)
山东	8($X_1,X_3,X_4,X_5,X_6,X_7,X_{11},X_{12}$)	5($X_8,X_9,X_{10},X_{13},X_{16}$)	3(X_2,X_{14},X_{15})
河南	7($X_1,X_5,X_6,X_7,X_8,X_9,X_{11}$)	4(X_3,X_4,X_{13},X_{16})	5($X_2,X_{10},X_{12},X_{14},X_{15}$)
湖北	7($X_3,X_5,X_6,X_7,X_9,X_{11},X_{15}$)	4(X_1,X_4,X_8,X_{12})	5($X_2,X_{10},X_{13},X_{14},X_{16}$)
湖南	6($X_3,X_5,X_6,X_7,X_8,X_{11}$)	3(X_1,X_4,X_{13})	7($X_2,X_9,X_{10},X_{12},X_{14},X_{15},X_{16}$)
广东	12($X_1,X_3,X_4,X_5,X_6,X_7,X_8,X_9,X_{11},X_{12},X_{13},X_{16}$)	3(X_2,X_{10},X_{15})	1(X_{14})
广西	6($X_5,X_6,X_7,X_{11},X_{12},X_{16}$)	5(X_1,X_3,X_4,X_8,X_{13})	5($X_2,X_9,X_{10},X_{14},X_{15}$)
海南	7($X_3,X_5,X_6,X_7,X_9,X_{11},X_{13}$)	4(X_4,X_8,X_{14},X_{15})	5($X_1,X_2,X_{10},X_{12},X_{16}$)
重庆	7($X_3,X_4,X_5,X_6,X_7,X_{11},X_{12}$)	3(X_1,X_8,X_{13})	6($X_2,X_9,X_{10},X_{14},X_{15},X_{16}$)
四川	5(X_5,X_6,X_7,X_8,X_{11})	5($X_1,X_3,X_4,X_{13},X_{16}$)	6($X_2,X_9,X_{10},X_{12},X_{14},X_{15}$)
贵州	5($X_5,X_6,X_7,X_{11},X_{13}$)	3(X_3,X_4,X_8)	8($X_1,X_2,X_9,X_{10},X_{12},X_{14},X_{15},X_{16}$)
云南	6($X_5,X_6,X_7,X_{11},X_{13},X_{16}$)	3(X_3,X_4,X_8)	7($X_1,X_2,X_9,X_{10},X_{12},X_{14},X_{15}$)
陕西	7($X_5,X_6,X_7,X_8,X_9,X_{11},X_{13}$)	4(X_1,X_3,X_4,X_{12})	5($X_2,X_{10},X_{14},X_{15},X_{16}$)
甘肃	4(X_6,X_7,X_9,X_{13})	1(X_3)	11($X_1,X_2,X_4,X_5,X_8,X_{10},X_{11},X_{12},X_{14},$ X_{15},X_{16})
青海	7($X_3,X_5,X_6,X_7,X_9,X_{11},X_{13}$)	1(X_{12})	8($X_1,X_2,X_4,X_8,X_{10},X_{14},X_{15},X_{16}$)
宁夏	6($X_3,X_5,X_6,X_7,X_9,X_{13}$)	0	10($X_1,X_2,X_4,X_8,X_{10},X_{11},X_{12},X_{14},$ X_{15},X_{16})
新疆	6($X_5,X_6,X_7,X_9,X_{11},X_{13}$)	3(X_3,X_4,X_8)	7($X_1,X_2,X_{10},X_{12},X_{14},X_{15},X_{16}$)

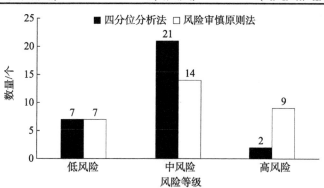

图 2-18 2017 年各省区市财政风险评价结果汇总

（1）各省区市财政风险高低与地区经济发展情况密切相关。从分布区域来看，低风险区主要分布于东南沿海经济发达省市，如上海、广东、江苏、浙江、山东等省市的高风险指标个数都控制在 3 个及 3 个以内，体现了良好的经济发展态势对地区财政安全运行的有力保障，且这些地区出现高风险的指标多属于或有隐性风险范畴，多为财政收入结构和收入质量问题。高风险区主要分布于西北、西南和东北等经济发展相对落后的地区，其中甘肃、宁夏、贵州、内蒙古和青海等地区的财政风险尤为显著。这些地区普遍呈现出资源匮乏、资金短缺、经济发展动力不足的特征。并且它们的财政风险大多表现为直接显性风险、直接隐性风险和或有隐性风险，除了财政收入风险外，还存在显著的地方债务问题和财政赤字问题，存在较大的财政风险隐患。除此之外，值得注意的是，山西在财政风险上表现良好，除了收入质量与结构欠佳外，其债务风险总体可控，收支矛盾相对较小。

（2）债务风险和收入风险是地方财政风险的重要来源。按照风险审慎原则法，结合各省区市各指标表现情况，不难发现各省区市高风险指标主要集中于债务支出率（X_2）、财政集中率（X_{14}），具体情况如表 2-11 所示。

表 2-11   2017 年主要高风险指标省区市分布情况

指标	省区市
债务支出率（X_2）	天津、河北、山西、内蒙古、辽宁、吉林、黑龙江、江苏、浙江、安徽、福建、江西、山东、河南、湖北、湖南、广西、海南、重庆、四川、贵州、云南、陕西、甘肃、青海、宁夏、新疆（27 个省区市）
财政集中率（X_{14}）	天津、河北、山西、内蒙古、辽宁、吉林、黑龙江、江苏、浙江、安徽、福建、江西、山东、河南、湖北、湖南、广东、广西、重庆、四川、贵州、云南、陕西、甘肃、青海、宁夏、新疆（27 个省区市）

由表 2-11 可以看出，各省区市普遍在债务支出率（X_2）和财政集中率（X_{14}）上表现不佳，可见不论是发达地区还是欠发达地区，债务风险与收入风险都需受到重视。债务支出率能够反映地方政府在进行财政支出的过程中对于债务的依存度，这一指标越高，说明地方政府在财政支出方面越依赖于举债，财政脆弱性越高。我国 27 个省区市债务支出率均高于 40%警戒线，且 2017 年 30 个省区市债务支出率平均值达到 87%，显著高于警戒线，表明我国地方政府财政支出过度依赖发行债务，这对未来财政的发展构成严重的潜在威胁。而财政集中率又称宏观税负，一方面，宏观税负过低，不仅会严重削弱政府财政的宏观调控能力，也会导致财政工具的运用缺乏回旋余地；另一方面，宏观税负过高，尽管从短期来看财政收入有保障，但从长远看，宏观税负过高必然导致经济活力降低甚至对税基造成侵害。我国地方财政集中率在 2017~2019 年的平均值仅为 10.7%，各省区市普遍存在财政集中率过低的情况，这表明我国地方财政收入相对不足，地方财政在

应对财政风险问题方面的能力较为有限。

B. 高风险区指标分析

按照四分位分析法，2017 年地方财政风险处于高风险区的省区仅有甘肃和宁夏，但按照风险审慎原则法，地方财政风险处于高风险区的省区有：甘肃、宁夏、贵州、内蒙古、青海、吉林、新疆、云南和湖南，各省区高风险指标情况具体如表 2-12 所示。

表 2-12　2017 年高风险区省区指标情况

省区	高风险指标
湖南*	债务支出率（X_2），财政支出对财政收入的弹性（X_9），财政赤字率（X_{10}），PPP 投资规模（X_{12}），财政集中率（X_{14}），税收收入占财政收入的比重（X_{15}），地方财政收支平衡系数（X_{16}）
云南*	债务负担率（X_1），债务支出率（X_2），财政支出对财政收入的弹性（X_9），财政赤字率（X_{10}），PPP 投资规模（X_{12}），财政集中率（X_{14}），税收收入占财政收入的比重（X_{15}）
新疆*	债务负担率（X_1），债务支出率（X_2），财政赤字率（X_{10}），PPP 投资规模（X_{12}），财政集中率（X_{14}），税收收入占财政收入的比重（X_{15}），地方财政收支平衡系数（X_{16}）
吉林*	债务支出率（X_2），财政赤字率（X_{10}），固定资产投资速度（X_{11}），PPP 投资规模（X_{12}），财政集中率（X_{14}），税收收入占财政收入的比重（X_{15}），地方财政收支平衡系数（X_{16}）
青海*	债务负担率（X_1），债务支出率（X_2），财政困难程度系数（X_4），金融余额风险系数（X_8），财政赤字率（X_{10}），财政集中率（X_{14}），税收收入占财政收入的比重（X_{15}），地方财政收支平衡系数（X_{16}）
内蒙古*	债务负担率（X_1），债务支出率（X_2），金融余额风险系数（X_8），财政赤字率（X_{10}），固定资产投资速度（X_{11}），PPP 投资规模（X_{12}），财政集中率（X_{14}），地方财政收支平衡系数（X_{16}）
贵州*	债务负担率（X_1），债务支出率（X_2），财政支出对财政收入的弹性（X_9），财政赤字率（X_{10}），PPP 投资规模（X_{12}），财政集中率（X_{14}），税收收入占财政收入的比重（X_{15}），地方财政收支平衡系数（X_{16}）
宁夏	债务负担率（X_1），债务支出率（X_2），财政困难程度系数（X_4），金融余额风险系数（X_8），财政赤字率（X_{10}），固定资产投资速度（X_{11}），PPP 投资规模（X_{12}），财政集中率（X_{14}），税收收入占财政收入的比重（X_{15}），地方财政收支平衡系数（X_{16}）
甘肃	债务负担率（X_1），债务支出率（X_2），财政困难程度系数（X_4），经济增长率（X_5），金融余额风险系数（X_8），财政赤字率（X_{10}），固定资产投资速度（X_{11}），PPP 投资规模（X_{12}），财政集中率（X_{14}），税收收入占财政收入的比重（X_{15}），地方财政收支平衡系数（X_{16}）

*为在风险审慎原则法下新增的高风险省区

除了前文所述普遍存在于大多数省区市的两项高风险指标，高风险地区的主要问题集中于以下几个方面。

（1）财政收入不足，结构不合理：主要体现在财政困难程度系数（X_4）、财政支出对财政收入的弹性（X_9）、财政赤字率（X_{10}）、税收收入占财政收入的比重（X_{15}）、地方财政收支平衡系数（X_{16}）等指标上。其中，财政困难程度系数（X_4）较高的省区有青海、宁夏和甘肃，青海达到了 90.00，超过了 82.76 警戒线；财政支出对财政收入的弹性（X_9）上较大的有湖南、云南和贵州；财政赤字率（X_{10}）较高的省区有青海、甘肃和新疆；税收收入占财政收入的比重（X_{15}）较低的有贵州、湖南和新疆；地方财政收支平衡系数（X_{16}）较高的有青海、湖南和甘肃。一方面，这些地区可用资金与资源相对匮乏，财政收入增长不足，赤字率较高，财政运转难度较大；另一方面，这些地区财政收入结构不合理，税收管理水平较低，财政收入应该主要来自税收，由于税收有法律保障，所以相对稳定，较低的税收收入占比造成地方财政的潜在收入风险。

（2）债务负担过重：主要体现在债务负担率（X_1）指标上，该指标能够反映政府应债水平和债务干预经济的程度，还能够反映政府对于债务融资的限度以及余留的空间。在此方面，贵州、青海和云南的财政对债务的负担能力表现吃力。这些省份地方政府债务负担过重，逐步逼近偿还能力极限，将会影响地方政府财政职能的实现，给地方经济正常运行留下隐患。

（3）财政资金收入需求大：主要体现在 PPP 投资规模（X_{12}）指标上，PPP 规模与地方资金、资源实力不相匹配，说明地方政府项目建设需求较大，地方财政收入不足以满足项目建设需求。地方政府需要规范其实施与运营过程，以防范地方政府债务风险和缓解地方政府支出压力。

（4）存在金融风险隐患：主要体现在金融余额风险系数（X_8）指标上，青海、宁夏和甘肃的金融余额风险系数较低。金融市场风险具有全局性和高度传导性，地方金融机构存贷差与财政收入的比值能够在一定程度上反映地方金融市场风险状况，需要加以关注，以免产生系统性金融风险。

（5）经济增长动力不足：主要体现在经济增长率（X_5）和固定资产投资速度（X_{11}）指标上。甘肃的经济增长率（X_5）处于低位，其指标均显著低于 4%警戒值；甘肃、内蒙古和吉林的固定资产投资速度（X_{11}）较低。前者能较为直观地反映地方经济增长态势，后者作为经济输入型指标则反映政府资金的流向以及政府调控和财政刺激效果。这两项指标表现不佳体现出了部分地区经济增长乏力和经济运行效率低下的情况。

C. 低风险区指标分析

2017 年地方财政风险处于低风险区的省市有：上海、广东、北京、山西、江苏、浙江和山东等，其表现良好的指标具体如表 2-13 所示。

表 2-13　2017 年低风险区省市指标情况

省市	低风险指标
上海	债务负担率（X_1），债务偿还率（X_3），财政困难程度系数（X_4），经济增长率（X_5），城乡居民人均可支配收入增速（X_6），失业率（X_7），金融余额风险系数（X_8），财政赤字率（X_{10}），固定资产投资速度（X_{11}），PPP 投资规模（X_{12}），土地财政依赖度（X_{13}），税收收入占财政收入的比重（X_{15}）
广东	债务负担率（X_1），债务偿还率（X_3），财政困难程度系数（X_4），经济增长率（X_5），城乡居民人均可支配收入增速（X_6），失业率（X_7），金融余额风险系数（X_8），财政支出对财政收入的弹性（X_9），固定资产投资速度（X_{11}），PPP 投资规模（X_{12}），土地财政依赖度（X_{13}），地方财政收支平衡系数（X_{16}）

省市	低风险指标
北京	债务负担率（X_1），财政困难程度系数（X_4），经济增长率（X_5），城乡居民人均可支配收入增速（X_6），失业率（X_7），金融余额风险系数（X_8），财政支出对财政收入的弹性（X_9），固定资产投资速度（X_{11}），PPP 投资规模（X_{12}），税收收入占财政收入的比重（X_{15}）
山西	债务偿还率（X_3），经济增长率（X_5），城乡居民人均可支配收入增速（X_6），失业率（X_7），金融余额风险系数（X_8），财政支出对财政收入的弹性（X_9），财政赤字率（X_{10}），固定资产投资速度（X_{11}），PPP 投资规模（X_{12}），土地财政依赖度（X_{13}），地方财政收支平衡系数（X_{16}）
江苏	债务负担率（X_1），债务偿还率（X_3），财政困难程度系数（X_4），经济增长率（X_5），城乡居民人均可支配收入增速（X_6），失业率（X_7），财政赤字率（X_{10}），固定资产投资速度（X_{11}），PPP 投资规模（X_{12}），地方财政收支平衡系数（X_{16}）
浙江	债务偿还率（X_3），财政困难程度系数（X_4），经济增长率（X_5），城乡居民人均可支配收入增速（X_6），失业率（X_7），财政支出对财政收入的弹性（X_9），固定资产投资速度（X_{11}），地方财政收支平衡系数（X_{16}）
山东	债务负担率（X_1），债务偿还率（X_3），财政困难程度系数（X_4），经济增长率（X_5），城乡居民人均可支配收入增速（X_6），失业率（X_7），固定资产投资速度（X_{11}），PPP 投资规模（X_{12}）

通过对这些省市的具体指标进行分析，可得出以下有关防范地方财政风险的政策建议。

（1）重视地区经济合理增长和产业结构调整。推进第三产业发展，逐步提高第三产业在地区生产总值中的比重，这是"十三五"规划中的一个重点内容。低风险地区省市产业结构升级较快，第三产业占比逐步上升，从而获取了经济增长的新潜力和新空间。高风险地区的第三产业发展相对滞后，经济发展速度也相应受限，这些省区市应结合地区发展特点，加快从工业主导型经济向服务主导型经济发展的进程，以缓解地区资源匮乏导致的经济增长压力，寻求新的经济增长动力。

（2）健全地方政府债务风险管理与约束机制。债务风险是我国大多数省区市面临的问题，高财政风险地区形势十分严峻，必须完善相关法律规定，建立起与地方政府债务融资相应的各种风险约束机制。通过地方政府债务信息公开披露制度，接受公民的监督，以减少地方官员道德风险；实行严格规范的债务投资决策责任制，对地方政府的举债行为实行问责制。

（3）加大对地区 PPP 项目规范化的管理。"十三五"规划鼓励创新公共服务方式，能够通过政府购买服务提供的，不再直接承办，能够由政府和社会资本合作提供的，广泛吸引社会资本参与，非基本需求主要靠市场解决。但 PPP 项目规模要与经济增长和财政可负担能力相匹配，盲目地进行扩张会带来较大的地方债务风险隐患。一方面，要严厉杜绝 PPP 项目中各类虚假出资和"明股实债"现象，以及地方政府在 PPP 项目中的违规担保行为；另一方面，PPP 项目财政支出责任需与地方政府综合财力相匹配，以免扩大地方财政支出风险。

（4）进一步完善税收体系，合理加大转移支付力度。一方面，合理分配中央和地方税收，加强直接税建设，积极培育地方税体系，对于具有明显受益性、区域性特征以及对宏观经济运行不产生直接重大影响的税种，适当提高地方的分成比例；另一方面，完善一般转移支付和专项转移支付的制度规定，提高地方使用转移支付资金的效率，最大限度地发挥转移支付对地方资源匮乏的支持作用，降低由地方财政支出压力大造成的财政风险。

2）2018 年地方财政风险评价分析

A. 总体特征

2018 年各省区市风险情况和风险指标情况分布详见表 2-14、表 2-15、图 2-19。

表 2-14　2018 年各省区市财政风险评价结果汇总

省区市	低风险	中风险	高风险	分值	四分位分析法	风险审慎原则法
广东	12	3	1	1.3	低风险	低风险
上海	11	4	1	1.4	低风险	低风险
江苏	8	5	3	3.5	低风险	低风险
山东	6	7	3	3.7	低风险	低风险
北京	8	4	4	4.4	中风险	中风险
安徽	6	6	4	4.6	中风险	中风险
福建	8	3	5	5.3	中风险	中风险
浙江	7	4	5	5.4	中风险	中风险
河南	6	5	5	5.5	中风险	中风险
四川	6	5	5	5.5	中风险	中风险
天津	5	6	5	5.6	中风险	中风险
辽宁	5	6	5	5.6	中风险	中风险
河北	7	3	6	6.3	中风险	中风险
黑龙江	5	5	6	6.5	中风险	中风险
陕西	5	5	6	6.5	中风险	中风险
海南	4	6	6	6.6	中风险	中风险
云南	7	2	7	7.2	中风险	高风险
山西	6	3	7	7.3	中风险	高风险
湖北	6	3	7	7.3	中风险	高风险
重庆	6	3	7	7.3	中风险	高风险
江西	5	4	7	7.4	中风险	高风险
吉林	4	5	7	7.5	中风险	高风险
湖南	4	5	7	7.5	中风险	高风险
贵州	6	2	8	8.2	中风险	高风险
内蒙古	5	3	8	8.3	中风险	高风险
广西	5	3	8	8.3	中风险	高风险
青海	7	0	9	9	高风险	高风险
宁夏	6	1	9	9.1	高风险	高风险
新疆	5	2	9	9.2	高风险	高风险
甘肃	4	2	10	10.2	高风险	高风险

表 2-15　2018 年各省区市财政风险评价分布汇总

省区市	低风险	中风险	高风险
北京	$8(X_1,X_4,X_5,X_6,X_7,X_8,X_{12},X_{13})$	$4(X_9,X_{14},X_{15},X_{16})$	$4(X_2,X_3,X_{10},X_{11})$
天津	$5(X_4,X_7,X_9,X_{11},X_{12})$	$6(X_1,X_6,X_{13},X_{14},X_{15},X_{16})$	$5(X_2,X_3,X_5,X_8,X_{10})$
河北	$7(X_3,X_4,X_5,X_6,X_7,X_8,X_{11})$	$3(X_1,X_{12},X_{13})$	$6(X_2,X_9,X_{10},X_{14},X_{15},X_{16})$
山西	$6(X_3,X_5,X_6,X_7,X_{11},X_{13})$	$3(X_1,X_4,X_8)$	$7(X_2,X_9,X_{10},X_{12},X_{14},X_{15},X_{16})$
内蒙古	$5(X_3,X_6,X_7,X_9,X_{13})$	$3(X_4,X_5,X_{15})$	$8(X_1,X_2,X_8,X_{10},X_{11},X_{12},X_{14},X_{16})$
辽宁	$5(X_7,X_8,X_9,X_{12},X_{13})$	$6(X_3,X_4,X_5,X_6,X_{11},X_{16})$	$5(X_1,X_2,X_{10},X_{14},X_{15})$
吉林	$4(X_3,X_7,X_9,X_{13})$	$5(X_1,X_4,X_5,X_6,X_8)$	$7(X_2,X_{10},X_{11},X_{12},X_{14},X_{15},X_{16})$
黑龙江	$5(X_6,X_7,X_9,X_{12},X_{13})$	$5(X_3,X_4,X_5,X_8,X_{11})$	$6(X_1,X_2,X_{10},X_{14},X_{15},X_{16})$
上海	$11(X_1,X_3,X_4,X_5,X_6,X_7,X_8,X_{11},X_{12},X_{13},X_{15})$	$4(X_2,X_{10},X_{14},X_{16})$	$1(X_9)$
江苏	$8(X_1,X_4,X_5,X_6,X_7,X_{11},X_{12},X_{16})$	$5(X_3,X_8,X_{10},X_{13},X_{15})$	$3(X_2,X_9,X_{14})$
浙江	$7(X_4,X_5,X_6,X_7,X_9,X_{11},X_{16})$	$4(X_1,X_3,X_{10},X_{15})$	$5(X_2,X_8,X_{12},X_{13},X_{14})$
安徽	$6(X_3,X_5,X_6,X_7,X_9,X_{11})$	$6(X_1,X_4,X_8,X_{12},X_{13},X_{16})$	$4(X_2,X_{10},X_{14},X_{15})$
福建	$8(X_3,X_4,X_5,X_6,X_7,X_9,X_{11},X_{15})$	$3(X_1,X_{12},X_{13})$	$5(X_2,X_8,X_{10},X_{14},X_{16})$
江西	$5(X_3,X_5,X_6,X_7,X_{11})$	$4(X_1,X_4,X_{12},X_{13})$	$7(X_2,X_8,X_9,X_{10},X_{14},X_{15},X_{16})$
山东	$6(X_1,X_3,X_4,X_5,X_6,X_7)$	$7(X_8,X_9,X_{10},X_{11},X_{12},X_{13},X_{16})$	$3(X_2,X_{14},X_{15})$
河南	$6(X_1,X_5,X_6,X_7,X_9,X_{11})$	$5(X_3,X_4,X_8,X_{13},X_{16})$	$5(X_2,X_{10},X_{12},X_{14},X_{15})$
湖北	$6(X_3,X_5,X_6,X_7,X_{11},X_{15})$	$3(X_1,X_4,X_8)$	$7(X_2,X_9,X_{10},X_{12},X_{13},X_{14},X_{16})$
湖南	$4(X_5,X_6,X_7,X_{11})$	$5(X_1,X_3,X_4,X_8,X_{13})$	$7(X_2,X_9,X_{10},X_{12},X_{14},X_{15},X_{16})$
广东	$12(X_1,X_3,X_4,X_5,X_6,X_7,X_8,X_9,X_{11},X_{12},X_{13},X_{16})$	$3(X_2,X_{10},X_{15})$	$1(X_{14})$
广西	$5(X_5,X_6,X_7,X_{11},X_{16})$	$3(X_4,X_{12},X_{13})$	$8(X_1,X_2,X_3,X_8,X_9,X_{10},X_{14},X_{15})$
海南	$4(X_3,X_6,X_7,X_{13})$	$6(X_4,X_5,X_8,X_9,X_{14},X_{15})$	$6(X_1,X_2,X_{10},X_{11},X_{12},X_{16})$
重庆	$6(X_4,X_5,X_6,X_7,X_{11},X_{12})$	$3(X_1,X_3,X_{13})$	$7(X_2,X_8,X_9,X_{10},X_{14},X_{15},X_{16})$
四川	$6(X_5,X_6,X_7,X_8,X_9,X_{11})$	$5(X_1,X_3,X_4,X_{13},X_{16})$	$5(X_2,X_{10},X_{12},X_{14},X_{15})$
贵州	$6(X_3,X_5,X_6,X_7,X_9,X_{11})$	$2(X_4,X_{13})$	$8(X_1,X_2,X_8,X_{10},X_{12},X_{14},X_{15},X_{16})$
云南	$7(X_3,X_5,X_6,X_7,X_9,X_{11},X_{16})$	$2(X_4,X_{13})$	$7(X_1,X_2,X_8,X_{10},X_{12},X_{14},X_{15})$
陕西	$5(X_5,X_6,X_7,X_9,X_{11})$	$5(X_1,X_4,X_8,X_{13},X_{15})$	$6(X_2,X_3,X_{10},X_{12},X_{14},X_{16})$
甘肃	$4(X_5,X_6,X_7,X_{13})$	$2(X_3,X_{11})$	$10(X_1,X_2,X_4,X_8,X_9,X_{10},X_{12},X_{14},X_{15},X_{16})$
青海	$7(X_3,X_5,X_6,X_7,X_9,X_{11},X_{13})$	0	$9(X_1,X_2,X_4,X_8,X_{10},X_{12},X_{14},X_{15},X_{16})$
宁夏	$6(X_3,X_5,X_6,X_7,X_9,X_{13})$	$1(X_{12})$	$9(X_1,X_2,X_4,X_8,X_{10},X_{11},X_{14},X_{15},X_{16})$
新疆	$5(X_5,X_6,X_7,X_{11},X_{13})$	$2(X_4,X_8)$	$9(X_1,X_2,X_3,X_9,X_{10},X_{12},X_{14},X_{15},X_{16})$

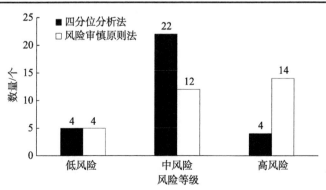

图 2-19　2018 年各省区市财政风险评价结果汇总

从横向比较看，地方政府债务风险呈现较明显的区域及省份差异。2018 年东北部地区的吉林为高风险地区，其多数直接隐性风险指标（R_3）和或有隐性风险指标（R_4）都超过了高风险临界值，相对债务水平较高。西部地区多为高风险地区，如内蒙古、宁夏、甘肃和青海等省区，其直接显性风险指标（R_1）、直接隐性风险指标（R_3）和或有隐性风险指标（R_4）都超过了高风险临界值。

中部地区多为中风险地区，如陕西、安徽、河南。部分中部省份如山西、湖北、江西、湖南等按照四分位评定等级分值，其处于中风险层次，但在风险审慎原则评定中处于高风险水平，说明这些地区具有超过临界点的压力，但由于其经济发展较为稳定、偿债空间较大，整体政府债务风险较西部地区低。

东部地区的上海、江苏等省市得益于可靠的经济发展水平、稳定的地区生产总值增长率以及良好的外部环境带来的相对宽松的财政支配能力，保障了偿债能力的可持续性，使得债务风险总体可控，主要为低风险地区。

由表 2-16 可以看出，2018 年各省区市普遍在债务支出率（X_2）、财政赤字率（X_{10}）和财政集中率（X_{14}）具有高风险。债务支出率越高，说明地方政府在财政支出方面越依赖于举债，财政脆弱性越高。我国多数省区市财政支出率均高于 40% 警戒线，且 2018 年 30 个省区市（不考虑西藏）债务支出率平均值仍达 84%，大幅高于警戒线，且由于财政支出过度依赖于发行债务，未来财政的可持续性存在严重隐患。财政赤字率反映了地方财政对债务的承受能力以及地方政府当年以赤字支出方式动员了多大比例的社会资源。2018 年我国多数省区市财政赤字率高过 5% 警戒线，且平均值高达 14%，反映出财政支出压力较大。此外，我国地方财政集中率在 2018 年平均值仅为 10.8%，多数省区市存在财政集中率较低的问题，这表明我国地方财政收入不足，制约了地方政府应对财政风险的能力。相比 2017 年，我国各省区市的主要高风险指标新增财政赤字率，地方财政困难进一步加剧。

表 2-16　2018 年主要高风险指标省区市分布情况

指标	省区市
债务支出率（X_2）	北京、天津、河北、山西、内蒙古、辽宁、吉林、黑龙江、江苏、浙江、安徽、福建、江西、山东、河南、湖北、湖南、广西、海南、重庆、四川、贵州、云南、陕西、甘肃、青海、宁夏、新疆（28 个省区市）
财政赤字率（X_{10}）（较 2017 年新增高风险指标）	北京、天津、河北、山西、内蒙古、辽宁、吉林、黑龙江、安徽、福建、江西、河南、湖北、湖南、广西、海南、重庆、四川、贵州、云南、陕西、甘肃、青海、宁夏、新疆（25 个省区市）
财政集中率（X_{14}）	河北、山西、内蒙古、辽宁、吉林、黑龙江、江苏、浙江、安徽、福建、江西、山东、河南、湖北、湖南、广东、广西、重庆、四川、贵州、云南、陕西、甘肃、青海、宁夏、新疆（26 个省区市）

B. 高风险区指标分析

a）2018 年高风险区省区市指标分析

2018 年地方财政风险按照四分位分析法划分处于高风险区的省区有：青海、

宁夏、新疆和甘肃。但是按照风险审慎原则法，云南、山西、湖北、重庆、江西、吉林、湖南、贵州、内蒙古、广西等省区市的风险情况也不容忽视。其中，各省区市高风险指标情况具体如表 2-17 所示。

表 2-17 2018 年高风险区省区市指标情况

省区市	高风险指标
青海	债务负担率（X_1），债务支出率（X_2），财政困难程度系数（X_4），金融余额风险系数（X_8），财政赤字率（X_{10}），PPP 投资规模（X_{12}），财政集中率（X_{14}），税收收入占财政收入的比重（X_{15}），地方财政收支平衡系数（X_{16}）
宁夏	债务负担率（X_1），债务支出率（X_2），财政困难程度系数（X_4），金融余额风险系数（X_8），财政赤字率（X_{10}），固定资产投资速度（X_{11}），财政集中率（X_{14}），税收收入占财政收入的比重（X_{15}），地方财政收支平衡系数（X_{16}）
新疆	债务负担率（X_1），债务支出率（X_2），债务偿还率（X_3），财政支出对财政收入的弹性（X_9），财政赤字率（X_{10}），PPP 投资规模（X_{12}），财政集中率（X_{14}），税收收入占财政收入的比重（X_{15}），地方财政收支平衡系数（X_{16}）
甘肃	债务负担率（X_1），债务支出率（X_2），财政困难程度系数（X_4），金融余额风险系数（X_8），财政支出对财政收入的弹性（X_9），财政赤字率（X_{10}），PPP 投资规模（X_{12}），财政集中率（X_{14}），税收收入占财政收入的比重（X_{15}），地方财政收支平衡系数（X_{16}）
湖北*	债务支出率（X_2），财政支出对财政收入的弹性（X_9），财政赤字率（X_{10}），PPP 投资规模（X_{12}），土地财政依赖度（X_{13}），财政集中率（X_{14}），地方财政收支平衡系数（X_{16}）
山西*	债务支出率（X_2），财政支出对财政收入的弹性（X_9），财政赤字率（X_{10}），PPP 投资规模（X_{12}），财政集中率（X_{14}），税收收入占财政收入的比重（X_{15}），地方财政收支平衡系数（X_{16}）
江西*	债务支出率（X_2），金融余额风险系数（X_8），财政支出对财政收入的弹性（X_9），财政赤字率（X_{10}），财政集中率（X_{14}），税收收入占财政收入的比重（X_{15}），地方财政收支平衡系数（X_{16}）
湖南*	债务支出率（X_2），财政支出对财政收入的弹性（X_9），财政赤字率（X_{10}），PPP 投资规模（X_{12}），财政集中率（X_{14}），税收收入占财政收入的比重（X_{15}），地方财政收支平衡系数（X_{16}）
重庆*	债务支出率（X_2），金融余额风险系数（X_8），财政支出对财政收入的弹性（X_9），财政赤字率（X_{10}），财政集中率（X_{14}），税收收入占财政收入的比重（X_{15}），地方财政收支平衡系数（X_{16}）
内蒙古*	债务负担率（X_1），债务支出率（X_2），金融余额风险系数（X_8），财政赤字率（X_{10}），固定资产投资速度（X_{11}），PPP 投资规模（X_{12}），财政集中率（X_{14}），地方财政收支平衡系数（X_{16}）
贵州*	债务负担率（X_1），债务支出率（X_2），金融余额风险系数（X_8），财政赤字率（X_{10}），PPP 投资规模（X_{12}），财政集中率（X_{14}），税收收入占财政收入的比重（X_{15}），地方财政收支平衡系数（X_{16}）
云南*	债务负担率（X_1），债务支出率（X_2），金融余额风险系数（X_8），财政赤字率（X_{10}），PPP 投资规模（X_{12}），财政集中率（X_{14}），税收收入占财政收入的比重（X_{15}）
吉林*	债务支出率（X_2），财政赤字率（X_{10}），固定资产投资速度（X_{11}），PPP 投资规模（X_{12}），财政集中率（X_{14}），税收收入占财政收入的比重（X_{15}），地方财政收支平衡系数（X_{16}）
广西*	债务负担率（X_1），债务支出率（X_2），债务偿还率（X_3），金融余额风险系数（X_8），财政支出对财政收入的弹性（X_9），财政赤字率（X_{10}），财政集中率（X_{14}），税收收入占财政收入的比重（X_{15}）

*为在风险审慎原则法下新增的高风险省区市

　　除了前文所述普遍存在于大多数省区市的三项高风险指标,2018 年高风险地区的主要问题集中于以下几个方面。

　　(1)财政收入结构单一:主要体现在财政困难程度系数(X_4)、土地财政依赖度(X_{13})、地方财政收支平衡系数(X_{16})等指标上。湖北省的土地财政依赖度为全国各省区市的最大值。土地财政依赖度较高会导致较大的土地储备贷款额度,土地价格出现起伏就可能造成财政风险,加上融资杠杆的存在,一旦受到冲击,其损失可能会被放大,从而进一步加剧宏观经济运行的不稳定。所以这种较为单一的财政收入结构会加剧地方财政风险,不利于其健康稳定发展。青海省的财政困难程度系数最高,反映该省的财政汲取能力有限,对中央转移支付的依赖度较高。

　　(2)部分地区存在过度负债风险:主要体现在财政支出对财政收入的弹性(X_9)、财政赤字率(X_{10})、固定资产投资速度(X_{11})等指标上。财政赤字率反映了地方财政对债务的承受能力以及地方政府当年以赤字支出方式动员了多大比例的社会资源,指标值越高,地方财政风险程度越高。在偿债机制和债务管理制度不完善的情况下,部分地方政府通过非正规渠道直接或间接地举债,积累了沉重的债务负担。

　　(3)存在金融风险隐患:主要体现在金融余额风险系数(X_8)指标上。青海、宁夏在此方面的风险较为突出,在一定程度上反映出当地金融市场风险状况不佳,金融机构资金安全程度受到威胁。若贷款规模过大,则金融体系易产生坏账从而诱发金融机构支付危机,影响地方宏观经济的稳定性和财政安全。此外,在新兴市场国家,地方政府债务往往以商业银行认购政府债券,或直接通过政府隶属企业向商业银行借款的方式累积。当局部地区陷入偿债困境时,若中央政府拒绝兜底,作为债权方的商业银行将被迫采取展期操作缓释地方偿债压力,使不良贷款持续在表内累积存压,扰乱金融系统正常秩序,危及金融安全。

　　b)2018 年较 2017 年的纵向对比分析

　　按时间趋势看,多数省份政府债务风险平均水平上升,主要表现为:高风险省区市数量增加。如图 2-20 所示,在风险审慎原则法下 2018 年新增的 5 个高风险地区中,高风险指标数量均有所增加。从 2018 年第一季度审计署调查了解到,重庆、江西、湖北、贵州、青海、云南等地通过向企业借款等方式违规举借政府性债务,加大了地方债务风险。另外,由于 2018 年的财政政策主要是支持打好三大攻坚战、深化供给侧结构性改革、支持实施乡村振兴战略、推动区域协调发展,中央财政补助地方专项扶贫资金比上年增长 30.3%,1289 万农村贫困人口实现脱贫,得益于扶贫政策扶持,少数地区如宁夏、甘肃的高风险指标数量有所下降。

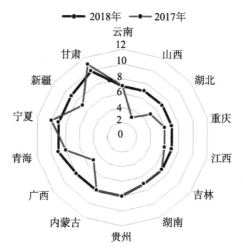

图 2-20　2017 年、2018 年高风险指标数量对比

C. 低风险区指标分析

a）2018 年低风险区省市指标分析

2018 年地方财政风险处于低风险区的省市有广东、上海、江苏和山东（表 2-18）。通过对这些省市的具体指标进行分析，可得出以下有关防范地方财政风险的政策建议。

表 2-18　2018 年低风险区省市指标情况

省市	低风险指标
广东	债务负担率（X_1），债务偿还率（X_3），财政困难程度系数（X_4），经济增长率（X_5），城乡居民人均可支配收入增速（X_6），失业率（X_7），金融余额风险系数（X_8），财政支出对财政收入的弹性（X_9），固定资产投资速度（X_{11}），PPP 投资规模（X_{12}），土地财政依赖度（X_{13}），地方财政收支平衡系数（X_{16}）
上海	债务负担率（X_1），债务偿还率（X_3），财政困难程度系数（X_4），经济增长率（X_5），城乡居民人均可支配收入增速（X_6），失业率（X_7），金融余额风险系数（X_8），固定资产投资速度（X_{11}），PPP 投资规模（X_{12}），土地财政依赖度（X_{13}），税收收入占财政收入的比重（X_{15}）
江苏	债务负担率（X_1），财政困难程度系数（X_4），经济增长率（X_5），城乡居民人均可支配收入增速（X_6），失业率（X_7），固定资产投资速度（X_{11}），PPP 投资规模（X_{12}），地方财政收支平衡系数（X_{16}）
山东	债务负担率（X_1），债务偿还率（X_3），财政困难程度系数（X_4），经济增长率（X_5），城乡居民人均可支配收入增速（X_6），失业率（X_7）

一是我国地方政府债务风险的发生概率和地方政府的偿债能力高度相关。政府的偿债能力越弱，爆发政府债务危机的可能性就越大。当政府举债规模过大，而偿债能力不足时，政府债务就会处于高度风险预警区域。而地方政府偿债能力较强，如广东、江苏和上海，虽然其债务规模较大，但是政府综合财力能够负担

得起高额债务，其发生债务风险的可能性较小。这说明地区经济发展水平和债务风险高度相关，要想控制地方政府债务风险，关键在于提高地方政府的偿债能力。所以，要结合各地方政府的实际情况，建立合理的债务规模控制和风险预警机制。各级地方政府要优化投资，结合各地区资源禀赋，大力发展区域经济，提高政府综合财力，优化地方财政支出结构，切实保障民生等重点支出，为政府债务如期偿还提供可靠保障。

二是合理的债务规模是有利于地区经济增长的，各地方政府要结合自身的偿债能力合理规划政府性债务的规模，确保债务规模与地区经济发展水平相适应，要严格控制新增债务规模，不能盲目举债，更不能过度依赖政府举债来推动地区经济发展。

三是债务信息透明有利于加强预算约束。目前对地方政府性债务统计口径不一致和隐性债务信息未完全公开，造成地方政府债务风险数据收集困难，阻碍了对地方政府性债务的管理和研究。各地政府在以后的工作中要统一指标口径，贯彻全口径预算管理要求，保证各债务指标和预算编制能够真实反映政府的经济行为和实际的政府性债务情况。此外，还要完善政府预算管理制度和债务信息披露制度，及时定期对外公布政府的债务情况。对于风险较高的省份，在严格控制政府债务规模的同时，还要开源节流，化解债务存量，加强预算约束，从根源上控制政府债务风险。

b）2018 年较 2017 年的纵向对比分析

按时间趋势看，2018 年低风险省市数量较 2017 年减少（图 2-21），原低风险地区的低风险指标数量也有所下降。上海、广东作为我国经济金融最为发达的区域代表，具有可靠的经济发展水平与地区生产总值增速，并且良好的外部环境带

图 2-21　2017 年、2018 年低风险指标数量对比

*为 2018 年低风险地区

来了相对宽松的财政支配能力，保障了偿债能力的可持续性与债务风险的总体可控。而北京、浙江等地由低风险上升为中风险，应该着重调整和优化政府债务结构，从而达到控制债务风险的目的。如果地方政府债务规模较大，且没有相应的偿债能力和合理的债务结构作为保障，自然就会伴随着政府债务危机的发生。

3）2019 年地方财政风险评价分析

A. 总体特征

2019 年各省区市风险情况和风险指标情况分布详见表 2-19、表 2-20、图 2-22。

表 2-19 2019 年各省区市财政风险评价结果汇总

省区市	低风险	中风险	高风险	分值	四分位分析法	风险审慎原则法
上海	12	4	0	0.4	低风险	低风险
广东	10	4	2	2.4	低风险	低风险
北京	10	3	3	3.3	低风险	低风险
江苏	8	4	4	4.4	中风险	中风险
福建	8	4	4	4.4	中风险	中风险
河南	6	5	5	5.5	中风险	中风险
安徽	5	6	5	5.6	中风险	中风险
河北	7	3	6	6.3	中风险	中风险
黑龙江	7	3	6	6.3	中风险	中风险
内蒙古	6	4	6	6.4	中风险	中风险
浙江	6	4	6	6.4	中风险	中风险
重庆	6	4	6	6.4	中风险	中风险
湖北	5	5	6	6.5	中风险	中风险
四川	5	5	6	6.5	中风险	中风险
山东	4	6	6	6.6	中风险	中风险
山西	6	3	7	7.3	中风险	高风险
天津	5	4	7	7.4	中风险	高风险
辽宁	5	4	7	7.4	中风险	高风险
广西	5	4	7	7.4	中风险	高风险
海南	5	4	7	7.4	中风险	高风险
江西	4	5	7	7.5	中风险	高风险
湖南	4	5	7	7.5	中风险	高风险
云南	5	3	8	8.3	中风险	高风险
青海	6	1	9	9.1	高风险	高风险
吉林	5	2	9	9.2	高风险	高风险
贵州	5	2	9	9.2	高风险	高风险
宁夏	5	2	9	9.2	高风险	高风险
新疆	4	3	9	9.3	高风险	高风险
陕西	2	5	9	9.5	高风险	高风险
甘肃	4	2	10	10.2	高风险	高风险

表 2-20　2019 年各省区市财政风险评价分布汇总

省区市	低风险	中风险	高风险
北京	$10(X_1,X_4,X_5,X_6,X_7,X_8,X_9,X_{12},X_{13},X_{16})$	$3(X_{10},X_{14},X_{15})$	$3(X_2,X_3,X_{11})$
天津	$5(X_4,X_6,X_7,X_9,X_{11})$	$4(X_5,X_{13},X_{14},X_{16})$	$7(X_1,X_2,X_3,X_8,X_{10},X_{12},X_{15})$
河北	$7(X_3,X_5,X_6,X_7,X_8,X_9,X_{11})$	$3(X_1,X_4,X_{13})$	$6(X_2,X_{10},X_{12},X_{14},X_{15},X_{16})$
山西	$6(X_3,X_5,X_6,X_7,X_{11},X_{13})$	$3(X_1,X_4,X_8)$	$7(X_2,X_9,X_{10},X_{12},X_{14},X_{15},X_{16})$
内蒙古	$6(X_3,X_6,X_7,X_9,X_{11},X_{13})$	$4(X_4,X_5,X_{12},X_{15})$	$6(X_1,X_2,X_8,X_{10},X_{14},X_{16})$
辽宁	$5(X_6,X_7,X_8,X_{12},X_{13})$	$4(X_3,X_4,X_5,X_{16})$	$7(X_1,X_2,X_9,X_{10},X_{11},X_{14},X_{15})$
吉林	$5(X_3,X_6,X_7,X_9,X_{13})$	$2(X_4,X_8)$	$9(X_1,X_2,X_5,X_{10},X_{11},X_{12},X_{14},X_{15},X_{16})$
黑龙江	$7(X_3,X_7,X_8,X_9,X_{11},X_{12},X_{13})$	$3(X_4,X_5,X_6)$	$6(X_1,X_2,X_{10},X_{14},X_{15},X_{16})$
上海	$12(X_1,X_3,X_4,X_6,X_7,X_8,X_9,X_{10},X_{11},X_{12},X_{13},X_{15})$	$4(X_2,X_5,X_{14},X_{16})$	0
江苏	$8(X_1,X_4,X_5,X_6,X_7,X_{11},X_{12},X_{16})$	$4(X_8,X_{10},X_{13},X_{15})$	$4(X_2,X_3,X_9,X_{14})$
浙江	$6(X_4,X_5,X_6,X_7,X_{11},X_{16})$	$4(X_1,X_3,X_{10},X_{15})$	$6(X_2,X_8,X_9,X_{12},X_{13},X_{14})$
安徽	$5(X_3,X_5,X_6,X_7,X_{11})$	$6(X_1,X_4,X_8,X_{12},X_{13},X_{16})$	$5(X_2,X_9,X_{10},X_{14},X_{15})$
福建	$8(X_3,X_4,X_5,X_6,X_7,X_9,X_{12},X_{15})$	$4(X_1,X_{10},X_{11},X_{13})$	$4(X_2,X_8,X_{14},X_{16})$
江西	$4(X_5,X_6,X_7,X_{11})$	$5(X_1,X_3,X_4,X_{12},X_{13})$	$7(X_2,X_8,X_9,X_{10},X_{14},X_{15},X_{16})$
山东	$4(X_3,X_4,X_6,X_7)$	$6(X_1,X_5,X_8,X_{12},X_{13},X_{16})$	$6(X_2,X_9,X_{10},X_{11},X_{14},X_{15})$
河南	$6(X_1,X_5,X_6,X_7,X_9,X_{11})$	$5(X_3,X_4,X_8,X_{13},X_{16})$	$5(X_2,X_{10},X_{12},X_{14},X_{15})$
湖北	$5(X_5,X_6,X_7,X_{11},X_{15})$	$5(X_1,X_3,X_4,X_8,X_{12})$	$6(X_2,X_9,X_{10},X_{13},X_{14},X_{16})$
湖南	$4(X_5,X_6,X_7,X_{11})$	$5(X_4,X_8,X_9,X_{12},X_{13})$	$7(X_1,X_2,X_3,X_{10},X_{14},X_{15},X_{16})$
广东	$10(X_1,X_3,X_4,X_5,X_6,X_7,X_{11},X_{12},X_{13},X_{16})$	$4(X_2,X_8,X_{10},X_{15})$	$2(X_9,X_{14})$
广西	$5(X_6,X_7,X_9,X_{11},X_{16})$	$4(X_4,X_5,X_{12},X_{13})$	$7(X_1,X_2,X_3,X_8,X_{10},X_{14},X_{15})$
海南	$5(X_3,X_6,X_7,X_9,X_{13})$	$4(X_4,X_5,X_{14},X_{15})$	$7(X_1,X_2,X_8,X_{10},X_{11},X_{12},X_{16})$
重庆	$6(X_4,X_5,X_6,X_7,X_9,X_{11})$	$4(X_1,X_3,X_{12},X_{13})$	$6(X_2,X_8,X_{10},X_{14},X_{15},X_{16})$
四川	$5(X_5,X_6,X_7,X_8,X_{11})$	$5(X_1,X_3,X_4,X_{13},X_{16})$	$6(X_2,X_9,X_{10},X_{12},X_{14},X_{15})$
贵州	$5(X_3,X_5,X_6,X_7,X_{11})$	$2(X_4,X_{13})$	$9(X_1,X_2,X_8,X_9,X_{10},X_{12},X_{14},X_{15},X_{16})$
云南	$5(X_5,X_6,X_7,X_{11},X_{16})$	$3(X_3,X_4,X_{13})$	$8(X_1,X_2,X_8,X_9,X_{10},X_{12},X_{14},X_{15})$
陕西	$2(X_6,X_7)$	$5(X_4,X_5,X_8,X_{13},X_{15})$	$9(X_1,X_2,X_3,X_9,X_{10},X_{11},X_{12},X_{14},X_{16})$
甘肃	$4(X_5,X_6,X_7,X_9)$	$2(X_1,X_{13})$	$10(X_2,X_3,X_4,X_8,X_{10},X_{11},X_{12},X_{14},X_{15},X_{16})$
青海	$6(X_3,X_5,X_6,X_7,X_{11},X_{13})$	$1(X_1)$	$9(X_2,X_4,X_8,X_9,X_{10},X_{12},X_{14},X_{15},X_{16})$
宁夏	$5(X_5,X_6,X_7,X_9,X_{13})$	$2(X_1,X_3)$	$9(X_2,X_4,X_8,X_{10},X_{11},X_{12},X_{14},X_{15},X_{16})$
新疆	$4(X_5,X_6,X_7,X_{13})$	$3(X_3,X_4,X_8)$	$9(X_1,X_2,X_9,X_{10},X_{11},X_{12},X_{14},X_{15},X_{16})$

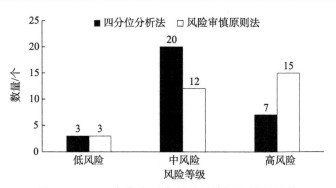

图 2-22　2019 年各省区市财政风险评价结果汇总

从 2019 年的分析结果来看，全国 30 个省区市低风险地区仅有 3 个，分别是上海、广东和北京，其均属于经济发达地区。这 3 个省市高风险指标均控制在 3 个及 3 个以内，其中，上海地区没有高风险指标。北京与上海一个是政治中心、一个是经济中心。广东坐拥广州、深圳等一线城市，2019 年全省生产总值突破了 10 万亿元，位列全国第一。中风险地区共 12 个，大部分分布在东南沿海以及两河流域，从潜在风险来看，西南地区以及黄河流域非沿海省份尽管呈现中风险等级，例如山西、广西等地，但存在高风险预警，这是这部分省区市债务问题较多所致。高风险地区共 7 个，其中有 6 个分布于我国西部地区。结合 2019 年地区生产总值来看，高风险地区集中在西北部地区主要是西部地区经济较落后，第二产业、第三产业发展水平较低，对资金的吸引力较低所导致的。近年来，西部大开发等政策使得西部地区资金需求远大于资金供给，导致直接、间接潜在风险处于较高水平。可见，各省区市财政风险与经济发展状况密切相关。

从具体指标来看，部分指标在大多数省区市属于重警状态。如表 2-21 所示，债务支出率（X_2）在 28 个省区市中为重警，2019 年全国平均值高达 89.92%；财政赤字率（X_{10}）在 24 个省区市中为重警，2019 年全国平均值达到 15.03%；财政集中率（X_{14}）在 26 个省区市中为重警，2019 年全国平均值达到 10.46%；税收收入占财政收入的比重（X_{15}）在 20 个省区市中为重警，2019 年全国平均值为 75.84%。债务支出率过高表明该地的财政支出依赖于债务发行，也说明了我国大部分省区市的财政支出依靠于债务发行；财政赤字率过高表明大多数省区市财政支出压力大，并且以赤字支出方式动用了较大比例的社会资源；财政集中率过低说明每万元地区生产总值增加带来的财政收入较低，部分省区市地区生产总值增长转化为财政收入的质量较低；税收收入占财政收入的比重较低表明部分省区市财政收入自给能力相对较弱，产业需要进一步发展优化。

表 2-21　2019 年主要高风险指标省区市分布情况

指标	省区市
债务支出率（X_2）	北京、天津、河北、山西、内蒙古、辽宁、吉林、黑龙江、江苏、浙江、安徽、福建、江西、山东、河南、湖北、湖南、广西、海南、重庆、四川、贵州、云南、陕西、甘肃、青海、宁夏、新疆（28 个省区市）
财政赤字率（X_{10}）	天津、河北、山西、内蒙古、辽宁、吉林、黑龙江、安徽、江西、山东、河南、湖北、湖南、广西、海南、重庆、四川、贵州、云南、陕西、甘肃、青海、宁夏、新疆（24 个省区市）
财政集中率（X_{14}）	河北、山西、内蒙古、辽宁、吉林、黑龙江、江苏、浙江、安徽、福建、江西、山东、河南、湖北、湖南、广东、广西、重庆、四川、贵州、云南、陕西、甘肃、青海、宁夏、新疆（26 个省区市）
税收收入占财政收入的比重（X_{15}）（较 2018 年新增高风险指标）	天津、河北、山西、辽宁、吉林、黑龙江、安徽、江西、山东、河南、湖南、广西、重庆、四川、贵州、云南、甘肃、青海、宁夏、新疆（20 个省区市）

　　部分指标在全国范围内表现良好，如经济增长率（X_5）仅在吉林是重警指标，城乡居民人均可支配收入增速（X_6）与失业率（X_7）在全国范围内均没有重警省区市，这三个指标均属于或有显性风险，表明我国经济发展状况良好，或有显性风险发生的情况较少，能够有效降低各省区市的财政风险。

　　B. 高风险区指标分析

　　a）2019 年高风险区省区市分析

　　按照四分位分析法，2019 年地方财政风险处于高风险区的有青海、吉林、贵州、宁夏、新疆、陕西、甘肃 7 个省区。但按照风险审慎原则法，地方财政风险处于高风险区的省区市有：山西、天津、辽宁、广西、海南、江西、湖南、云南、青海、吉林、贵州、宁夏、新疆、陕西、甘肃。相比于 2017 年和 2018 年，高风险的地区数量显著提升，总计已经达到 15 个。结果显示已经有接近半数的省区市财政风险评价步入了高风险区域。其中，相比于 2018 年，新增了天津、辽宁、海南、陕西 4 个省市，减少了内蒙古、重庆、湖北 3 个省区市。2019 年各省区市高风险指标情况具体如表 2-22 所示。

表 2-22　2019 年高风险区省区市指标情况

省区市	高风险指标
山西*	债务支出率（X_2），财政支出对财政收入的弹性（X_9），财政赤字率（X_{10}），PPP 投资规模（X_{12}），财政集中率（X_{14}），税收收入占财政收入的比重（X_{15}），地方财政收支平衡系数（X_{16}）
天津*	债务负担率（X_1），债务支出率（X_2），债务偿还率（X_3），金融余额风险系数（X_8），财政赤字率（X_{10}），PPP 投资规模（X_{12}），税收收入占财政收入的比重（X_{15}）
辽宁*	债务负担率（X_1），债务支出率（X_2），财政支出对财政收入的弹性（X_9），财政赤字率（X_{10}），固定资产投资速度（X_{11}），财政集中率（X_{14}），税收收入占财政收入的比重（X_{15}）
广西*	债务负担率（X_1），债务支出率（X_2），债务偿还率（X_3），金融余额风险系数（X_8），财政赤字率（X_{10}），财政集中率（X_{14}），税收收入占财政收入的比重（X_{15}）
海南*	债务负担率（X_1），债务支出率（X_2），金融余额风险系数（X_8），财政赤字率（X_{10}），固定资产投资速度（X_{11}），PPP 投资规模（X_{12}），地方财政收支平衡系数（X_{16}）
江西*	债务支出率（X_2），金融余额风险系数（X_8），财政支出对财政收入的弹性（X_9），财政赤字率（X_{10}），财政集中率（X_{14}），税收收入占财政收入的比重（X_{15}），地方财政收支平衡系数（X_{16}）
湖南*	债务负担率（X_1），债务支出率（X_2），债务偿还率（X_3），财政赤字率（X_{10}），财政集中率（X_{14}），税收收入占财政收入的比重（X_{15}），地方财政收支平衡系数（X_{16}）
云南*	债务负担率（X_1），债务支出率（X_2），金融余额风险系数（X_8），财政支出对财政收入的弹性（X_9），财政赤字率（X_{10}），PPP 投资规模（X_{12}），财政集中率（X_{14}），税收收入占财政收入的比重（X_{15}）
青海	债务支出率（X_2），财政困难程度系数（X_4），金融余额风险系数（X_8），财政支出对财政收入的弹性（X_9），财政赤字率（X_{10}），PPP 投资规模（X_{12}），财政集中率（X_{14}），税收收入占财政收入的比重（X_{15}），地方财政收支平衡系数（X_{16}）

省区市	高风险指标
吉林	债务负担率（X_1），债务支出率（X_2），经济增长率（X_5），财政赤字率（X_{10}），固定资产投资速度（X_{11}），PPP 投资规模（X_{12}），财政集中率（X_{14}），税收收入占财政收入的比重（X_{15}），地方财政收支平衡系数（X_{16}）
贵州	债务负担率（X_1），债务支出率（X_2），金融余额风险系数（X_8），财政支出对财政收入的弹性（X_9），财政赤字率（X_{10}），PPP 投资规模（X_{12}），财政集中率（X_{14}），税收收入占财政收入的比重（X_{15}），地方财政收支平衡系数（X_{16}）
宁夏	债务支出率（X_2），财政困难程度系数（X_4），金融余额风险系数（X_8），财政赤字率（X_{10}），固定资产投资速度（X_{11}），PPP 投资规模（X_{12}），财政集中率（X_{14}），税收收入占财政收入的比重（X_{15}），地方财政收支平衡系数（X_{16}）
新疆	债务负担率（X_1），债务支出率（X_2），财政支出对财政收入的弹性（X_9），财政赤字率（X_{10}），固定资产投资速度（X_{11}），PPP 投资规模（X_{12}），财政集中率（X_{14}），税收收入占财政收入的比重（X_{15}），地方财政收支平衡系数（X_{16}）
陕西	债务负担率（X_1），债务支出率（X_2），债务偿还率（X_3），财政支出对财政收入的弹性（X_9），财政赤字率（X_{10}），固定资产投资速度（X_{11}），PPP 投资规模（X_{12}），财政集中率（X_{14}），地方财政收支平衡系数（X_{16}）
甘肃	债务支出率（X_2），债务偿还率（X_3），财政困难程度系数（X_4），金融余额风险系数（X_8），财政赤字率（X_{10}），固定资产投资速度（X_{11}），PPP 投资规模（X_{12}），财政集中率（X_{14}），税收收入占财政收入的比重（X_{15}），地方财政收支平衡系数（X_{16}）

*为在风险审慎原则法下新增的高风险省区市

通过对上述高风险地区的观察，可以看出，债务负担率（X_1）、债务支出率（X_2）、财政赤字率（X_{10}）、PPP 投资规模（X_{12}）、财政集中率（X_{14}）、税收收入占财政收入的比重（X_{15}）、地方财政收支平衡系数（X_{16}），共计有 10 个或 10 个以上省区市的高风险因素中包括上述指标，这说明财政风险处于高风险区的省区市普遍都在上述指标上存在风险。其中，债务支出率（X_2）、财政赤字率（X_{10}）是全部高风险省份共有的因素，财政集中率（X_{14}）、税收收入占财政收入的比重（X_{15}）也出现得较多，共出现在了 13 个省区市中。结合上述情况，可以看出高风险地区的主要问题集中于以下几个方面。

（1）债务负担重，债务支出占比高：主要体现在债务负担率（X_1）、债务支出率（X_2）这两个指标上。其中，全部高风险省区市都表现出债务支出率过高的现象，一方面，这些地区当前已经呈现出比较重的债务负担和债务压力；另一方面，上述地区当前债务支出率比较高，在一定程度上反映出地方政府支出对债务的依赖程度比较大。此外，财政赤字率（X_{10}）出现在 15 个高风险省区市中，所有高风险省区市都同时存在过高的财政赤字率。中国经济的发展已经由高速度发展转向了高质量发展，经济增速放缓，地方财政收入的增速也相应放缓。2019 年地方政府不断加大减税降费的力度，也在一定程度上加重了财政压力。当前过高的债务压力已经给地方财政和经济发展带来了较大风险隐患。

（2）投资需求和财政收入不匹配：PPP 投资规模（X_{12}）指标出现在了 11 个

省区市中。PPP 是地方财政开展有部分收益的公益性项目的重要方式，在降低地方政府的财政支出压力的同时满足了地方政府的投资需求。然而，不规范的 PPP 项目的财政支出责任是政府隐性债务的来源之一，积聚了更多的风险。其中，风险程度最严重的是贵州，这一指标值达到了 71.7%，云南紧随其后为 48.89%，新疆排在第三位，达到了 43.88%，其余省区市均低于 40%，上海最低，只有 0.06%。

（3）经济发展质量低，产业发展不均衡：财政集中率（X_{14}）与税收收入占财政收入的比重（X_{15}）两个指标均在高风险区出现了 13 次，同时出现这两种风险指标的省区市有 12 个。这显示出，上述地区每万元地区生产总值提供的财政收入少，说明在创造财富的同时获得的收益少，第二产业、第三产业发展得都不够好，地区生产总值的增长是低质量的。其中，部分地方税收收入占财政收入的比重较低，说明该地区的经济增长能够增加的财政收入较少，财政自给能力较差。从 2019 年的数据看，有的省区市的财政集中率只有 5.52%，但其土地财政依赖度达到了 128.91%，在一定程度上反映出该省区市税收征收较弱而对土地财政依赖较强的特点。此外，这两个指标也反映出，地方政府财政收入来源过少，因此地方政府确实非常有必要扩大税基，提升征税能力。

（4）地方财政收支匹配程度差：主要体现在地方财政收支平衡系数（X_{16}）指标上。当前，多数省区市都已经出现了收支不匹配、支出压力过重的现象。其中，青海、黑龙江、海南最高，分别达到了 5.32、5.22、4.80。而最低的省份，如江苏、浙江、广东只有 0.92、0.85、0.37。结果显示，地区之间收支匹配非常不平衡。因此，中央需要加大转移支付的再分配作用，加大对收支严重不匹配的地区的扶持力度。

（5）地方金融风险隐患加剧：主要体现在金融余额风险系数（X_8）上。前述高风险地区不仅地方政府债务压力重，居民杠杆也比较大，整体上，上述地区面临着较大的系统性金融风险隐患。其中，风险最大的为青海、宁夏、天津。最低的为河北、上海、北京。要避免不良贷款持续在表内累积存压，扰乱金融系统正常秩序。建立资金池、做好财政预期准备工作，提前布局、调整政策，从而化解地方财政风险。

b）2019 年较 2018 年和 2017 年的纵向对比分析

2017~2019 年部分省区市的财政风险指数发生了较大变化，绝大部分省区市的财政风险与 2017 年相比维持稳定或有所升高。如图 2-23 所示，从高风险指标来看，2019 年大部分高风险地区的高风险指标较 2017 年、2018 年有所增加。江苏、山东与浙江从低风险等级转变为中风险等级，江苏高风险等级指标增加了债务偿还率（X_3）；山东高风险指标增加了财政支出对财政收入的弹性（X_9）、财政赤字率（X_{10}）、固定资产投资速度（X_{11}）；浙江高风险指标增加了金融余额风险系数（X_8）、财政支出对财政收入的弹性（X_9）与 PPP 投资规模（X_{12}）；天津、辽宁、海南、陕西、广西以及江西从中风险地区转变为了高风险地区，高风险增加指标集中在金融余额风险系数（X_8）与直接隐性风险指标，表明 2017 年到 2019 年间，我国金融机构的储蓄转换为投资的能力有所降低，直接隐性风险上升，这与我国经济进入新常态，经济增速减缓，投资增速减缓存在较大关系。面对经济新常态，各省区市要从自身高风险指标出发，提高财政资金管理效率，推进第二产业、第三产业的发展和完善，促进经济高质量发展，同时合理规划财政资金的使用，防止出现过度透支社会资源、过度举债的现象，保障经济增长的可持续性。

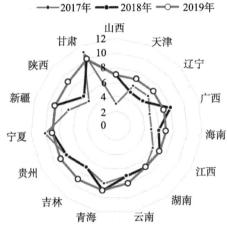

图 2-23　2017 年、2018 年、2019 年高风险指标数量对比

C. 低风险区指标分析

a）2019 年低风险区省市指标分析

2019 年低风险地区仅有北京、上海与广东三个省市。纵观 2017~2019 年，上海与广东均为低风险区，北京由于财政赤字率的上升于 2018 年成为中风险地区，总体来看，这三个省市在财政风险的控制上表现相对优秀，在 2019 年多数省份财政风险有所升高的情况下，依旧能够较好地控制财政风险水平。表 2-23 是这三个省市低风险的指标情况。

表 2-23　2019 年低风险区省市指标情况

省市	指标
上海	债务负担率（X_1），债务偿还率（X_3），财政困难程度系数（X_4），城乡居民人均可支配收入增速（X_6），失业率（X_7），金融余额风险系数（X_8），财政支出对财政收入的弹性（X_9），财政赤字率（X_{10}），固定资产投资速度（X_{11}），PPP 投资规模（X_{12}），土地财政依赖度（X_{13}），税收收入占财政收入的比重（X_{15}）
广东	债务负担率（X_1），债务偿还率（X_3），财政困难程度系数（X_4），经济增长率（X_5），城乡居民人均可支配收入增速（X_6），失业率（X_7），固定资产投资速度（X_{11}），PPP 投资规模（X_{12}），土地财政依赖度（X_{13}），地方财政收支平衡系数（X_{16}）
北京	债务负担率（X_1），财政困难程度系数（X_4），经济增长率（X_5），城乡居民人均可支配收入增速（X_6），失业率（X_7），金融余额风险系数（X_8），财政支出对财政收入的弹性（X_9），PPP 投资规模（X_{12}），土地财政依赖度（X_{13}），地方财政收支平衡系数（X_{16}）

通过对这些指标进行分析，可以得出如下结论。

相较于江苏、浙江等中风险地区，低风险地区的直接显性财政风险较低，体现在债务负担率（X_1）和债务偿还率（X_3）上。快速的经济增长情况和合理布局的产业结构为北京、上海、广东的债务偿还资金来源提供了保障。虽然北京、上海、广东的债务规模相对较大，但由于其经济总量位居全国前列，第二产业、第三产业发达，人均可支配收入较高，巨大的经济总量和较好的产业结构使得这些地区有能力支付更高额的债务，降低了债务风险。

相较于高风险地区，低风险地区的直接隐性风险较低。这是由于北京、上海、广东能够较好地对财政收入进行管理，合理投资，优化地方政府支出结构，对每年的财政支出和财政收入能够更加合理地进行安排，并且足够大的经济体量也使得地方政府能够负担起更多的债务和 PPP 项目，从而降低直接隐性债务风险。

因此，发展经济、优化产业结构是降低财政风险的基础，合理管理财政收入、进行有效投资、提升经济增长质量是降低财政风险的有效手段。首先，应当确立标准，统一财政风险评价标准和财政指标统计口径，有效地评估和预警财政风险；其次，确保各级政府举债更加透明公开，完善信息披露机制和上报机制，便于有效监督各省区市的债务规模；最后，合理配备财政资源，保证财政收入的可持续性，提高经济发展的质量。

b）2019 年较 2018 年和 2017 年的纵向对比分析

如图 2-24 所示，2019 年的低风险地区较 2018 年与 2017 年均有所减少，从 2017~2019 年低风险地区的低风险指标数量变化来看，除上海和北京外，其余省份的低风险指标均有所减少，减少的指标主要分布在直接显性风险和直接隐性风险上，表明伴随着 2019 年经济进入新常态，经济增速减缓，以及税收政策的改革，各省区市的财政收入均受到了一定影响，债务压力逐渐呈现，尤其是财政支出对

图 2-24 2017 年、2018 年、2019 年低风险指标数量对比

*为 2019 年低风险地区

财政收入的弹性（X_9）、财政赤字率（X_{10}）指标的变化，更表明部分省区市财政压力有所增加。在这种情况下，各省区市应更加注重对财政资金的利用，合理管理财政收入，开源节流，合理投资，推动经济可持续增长，同时要合理控制债务规模，提升债务资金的投资效率。

7. 2017~2019 地方财政风险评价分析总结

从上文的分析结果可以看出，2017~2019 年全国各省区市地方财政仍存在较大风险。从纵向发展来看，各省区市地方财政风险有上升的趋势，多个省区市高风险指标增多，从而导致风险评价等级升高，即由低风险地区转变为中风险地区，由中风险地区转变为高风险地区；从横向比较来看，各省区市地方财政风险等级差异较大，个别区域（如西部地区）地方政府面临着潜在财政风险。

为进一步改善全国各省区市地方债务风险程度，本书提出以下建议。

第一，因地制宜制定与实施财政政策。

不同的经济实力使得地方政府财政风险等级有着地区差异性。我国地方政府财政风险情况和地方政府的偿债能力高度相关。政府的偿债能力越弱，政府财政风险越大，发生债务危机的可能性越大。尤其是政府举债规模过大，而偿债能力不足时，政府债务风险就会处于重警状态。经济不景气的地区，更容易通过赤字-债务间反馈的正相关机制出现债务危机。因此，地方政府应当"因地制宜"，根据自身的经济发展水平制定具体的投融资政策；合理设定中长期财政目标，可参照欧盟等地区设立"中期债务锚"，将负债水平控制在可承受的范围之内；合理优化财政资金的投资性支出领域，加大对网络基础设施、智慧城市、生态环境、大容量公共交通系统、排污系统等建设领域的投资，以提高资金的配置效率。

第二，区分债务类别，完善预警机制。

地方政府债务可以区分为法定债务和隐性债务。不同类别的政府债务对地方政府财政风险的冲击力度是有差异的。一般来说，我国市场上目前公开的是法定债务，而法定债务的规模均在限额内，风险程度较低。对法定债务，地方政府应当着重关注债务资金的使用效率，发挥政府投资的最大效用。对隐性债务，地方政府应当着重关注其规模与风险，通过清理和甄别政府负有偿还义务的隐性债务、置换隐性债务等方式合理化解隐性债务。并且应积极探索全口径的债务风险预警和评估体系，对不同类别债务对于地方政府债务风险的冲击力度赋予不同的权重，以此形成更为有效的地方政府债务风险预警系统。

第三，审慎预算管理，防范财政风险。

完备的地方政府财政数据是进行财政管理和建立健全风险预警体系与防范机制的基石。政府应当将政府性债务合理纳入预算管理体制内，以建立完善的政府综合财务报告制度，实现地方财政信息尤其是债务信息的公开披露与公允核算。此外，基于经济整体下滑和财政收入吃紧的形势，政府应尽快建立全口径、多角度的财政风险预警和评价体系，对财政风险指标进行测算，合理评估各地区的债务风险等级；并通过推进地方政府审慎预算管理、控制合理债务规模、规范财政支出等手段，对中高风险区进行有效的财政风险管理，把风险区域进行压缩，从而达到化解风险的目的。

2.4　PPP 财政风险识别与评价

PPP 风险识别与评价是 PPP 财政风险识别与评价的前提和基础，本节将分 PPP 项目风险及 PPP 项目地方财政风险的识别和评价两方面对此问题展开研究。

2.4.1　PPP 项目层面的风险识别与评价

1. PPP 风险识别

风险识别与识别风险是一个概念，即对大量的信息数据进行分析，从而探索可能对项目产生的风险，明确项目类型，以及各个阶段的风险特征和规模。通过风险识别对风险进行分类分析和评估，明确风险管理的条件和内容。风险识别并不是单纯性的分析过程，是要从 PPP 项目管理的方面对整体风险进行全过程的掌握，这也是企业项目管理的关键环节。项目风险识别与根据经验进行历史性的判断存在着本质性的区别，将一种或者多种风险识别方式结合在一起，持续性地对可能导致风险的因素进行分析，是一个动态性的过程。风险识别不仅能够对风险因素进行分析，还能推断出可能导致的严重后果和潜在的影响。

风险识别是进行风险分析的前提和基础，而 PPP 风险分析是一个动态性的过程，是在项目实施的全过程中进行分析。动态分析的过程并不仅仅限定在特定的阶段，而是要对各种可能产生风险的不确定性因素进行分析，采用风险识别、风险分类、风险评估和风险应对的方式来执行。PPP 项目风险识别的本质是系统性的风险处理，风险识别是进行风险管理的关键步骤和基础环节。

风险识别不仅仅是对以前存在的风险类型进行分析，还要对可能存在的潜在风险类型进行研究和预测，根据项目进展和变化来调整风险应对措施。风险识别必须将 PPP 项目风险的各个方面考虑在内，不能丢失任何类型的风险，且不能隐藏项目的运营风险。风险分类和风险评估需明确可能出现何种风险以及风险会对项目产生何种危害，从而据此制定风险应对措施，以更好防范和处理相关风险。

项目的公私类型不同也会导致风险因素存在很大的差异，在具体实施的过程中必须根据项目的具体状况来选择最佳的风险识别方式，从而进行全方位的风险防范，制定出准确的风险应对措施在项目实施的全过程中加以执行。风险识别是在项目执行的整个过程中存在的，风险类别在不同阶段也有很大的差异性，必须对各个阶段的风险加以识别和分析。不同项目的主体对于风险的承受能力存在一定的差异性，必须在不同阶段选择差异化的风险识别方法加以落实，为项目的整体进展奠定基础。

政府部门采用 PPP 模式提供公共产品时不仅要将项目的自身特点和根本属性考虑在内，同时还必须考察自身的风险承受能力和合作伙伴的实力，自身和合作伙伴的风险承受能力共同决定了具体的项目方案执行和运作模式。我们必须针对特定的项目确定具体的风险管理方案。

风险管理的实践过程中，采用的风险识别方法众多，最常见的类型包括头脑风暴法、敏感性分析法、流程图法、德菲尔法、核对表法、SWOT 法以及故障树法等，不同类型的风险识别方法需要在不同类型的情形下应用。为获得更好的风险识别效果，应当在 PPP 模型确定的过程中详细分析合作伙伴的风险状况和承受能力，从而优化风险因素，采用更加合理的方式进行风险评估。将风险分配给最合适的合作伙伴，降低整体风险水平。

2. PPP 风险分类

风险评估实施之前，必须对具体的项目风险因素进行识别和分析，提高风险识别应对的可靠性。PPP 项目的执行过程中需要对项目的整体风险进行核查，这有助于提高项目风险识别的便捷性，可以更好地规避风险，提高项目风险分类的合理性。

根据不同的原则，PPP 项目存在很多分类方式。从风险来源的角度进行分析，可以将风险分为政治风险、法律及合同风险、金融风险、建设风险、市场及运营风险等。而从风险是否可以量化的角度进行分析，则可以将其分为可量化性风险和不可量化性风险两种。从风险管理过程的角度进行分析，可以将其分为决策风险、建设风险、运营风险和计划风险等。从风险是否可以控制的角度进行分析，可以将其分为可控制性风险和非控制性风险。从风险影响范围的角度进行分析，可以将其分为局部风险和整体风险。从风险层面的角度进行分析，可以将其分为宏观风险和微观风险。从引发风险的因素方面进行分析，可以将其分为内源性风险和外源性风险。从风险的系统性特点的角度进行分析，可以将其分为系统性风险和非系统性风险。从当事人的角度进行分析，则可以将其分为政府风险、金融机构风险、项目公司风险和建筑商风险等。从项目目标影响的角度进行分析，可将风险分为财务风险、费用风险、信誉风险及工期风险等。

1）政治风险

政治风险包括政府信用风险、政府决策与审批延误、政府干预、政治/公众反对及政治不可抗力事件等，相关因素的存在会对项目进展产生显著影响，并最终影响项目的偿债能力，所有因素结合在一起构成了政治风险。

A. 政府信用风险

政府信用风险主要是政府部门因没有协商好处理风险的措施而在合作过程中遭遇的风险，致使 PPP 项目承受损失。相比于其他类型的风险，政府信用风险导致的损失更严重。尤其是项目进展到一定程度后，政府部门突然宣布取消社会资本对项目的部分权力，这不仅会导致项目终止，还会使社会资本的利益受到严重损害。同时，损害不仅限于 PPP 项目，缺乏政府信用将影响政府信誉和相关项目的进展。

B. 政府决策与审批延误

政府部门在相关项目执行的过程中缺乏经验，尤其是前期人员储备不足、对项目审批流程不熟悉，导致项目的持续时间增加。PPP 项目本身属于公共设施的范畴，投资收益比较低，很多情况下甚至会产生零收益。因政府机构的行为存在非理性因素，在项目收益小的情况下不利于地方政府人员工作热情的提升，或因激励不充分，部分政府会轻视决策和批准过程，缺少动力改进项目的不合理之处。决策和批准 PPP 项目涉及多个方面，包括购买各种原材料和劳动力成本的谈判。市场环境千变万化，政府在决策和审批环节的延误可能导致其错过最佳决策时机。

C. 政府干预

政府干预是指政府对 PPP 项目设计、施工或运行过程的直接干预，将影响社会资本的合理自主权，不利于项目的正常执行。此外，政府部门的不当干预可能导致重大项目风险。政府干预的核心是项目执行环节中权力与责任的平衡，但因 PPP 项目具有较大风险性，实际运行过程将受到很多因素影响。某些情况下，政府部门的干预会起到反向调节效果，更多情况下私人部门更了解市场，可制定出效果更佳的应对措施。但适度的政府干预能够使 PPP 项目的风险处在可控的范围内。

D. 政治/公众反对

项目的相关设计方案或不当安排可能损害民众的根本利益，进而受到公众反对，并增加项目的建设或运营成本。但值得注意的是，反对公共政策或决定并不一定是正确的，因项目决策者利益和公众利益之间存在差异性，社会公众会将更多注意力集中于自身利益，难以看到项目的社会效益和整体利益，此种情况下，因公众反对导致项目无法进行，就增加了 PPP 项目风险。

E. 政治不可抗力事件

不可抗力风险是由重大事件变化或者合作伙伴的疏忽等因素导致的无法避免的风险，这些因素是难以预测和应对的。很多执行人员在具体的项目执行过程中有一个详细的计划，但并不能保证项目计划得到具体落实。为了防止这一状况的出现，社会资本应当加强与政府部门的合作，以合同强化双方的责任约束，防止可能出现的道德风险。

一般情况下，政治风险是腐败和道德风险等因素导致的政府部门某些人员不认真履行职责，甚至出现以权谋私、钱权交易等违法行为，增加了项目风险。项目各阶段都可能存在风险，参与人员应根据具体情况对症下药。

2）法律及合同风险

PPP 项目中存在的法律及合同风险主要是法律制度及监管体系不健全或者法律变更等因素导致的。

A. 法律制度及监管体系不健全

目前，我国基本建立了 PPP 政策体系，但存在政出多门、相关制度不完善、配套措施不健全等问题，PPP 立法迟迟未出台，影响 PPP 实操的规范发展和 PPP 市场平稳发展的信心，给泛化、异化行为留下了空间。此外，在 PPP 相关法律制度健全的情况下，也可能会因执行不到位、监管不力而出现项目风险。

此外，因 PPP 立法规范的行为有限，很多现实问题不能完全涵盖，法律制定过程也难以一蹴而就，即使是国外的 PPP 立法也存在不合理之处，或引发新的问题。因此，需根据实操发展情况对相关制度规定进行调整、更新，让制度更好地为实操发展保驾护航。

B. 法律变更

法律变更会对 PPP 项目产生影响，尤其是税收、采购、补贴等方面的制度规定变更会直接决定项目的成本和收益，甚至影响项目的结局，增加制度执行成本，影响项目的顺利实施。

C. 违约风险

违约风险是指在项目执行中各参与方未能严格执行合同规定、承担相应的责任，进而影响项目执行，产生相关风险。此风险的存在主要是由于双方没有在事前做好协商，对于协议内容未能达成一致性意见。

D. 合同风险

合同风险是项目利益相关者在合同中的权责分工不明确或不合理，导致项目出现问题或风险时不能及时有效地予以处理，或合同虽约定了违法违规事项，但出现合同违约或失效等情况，无法通过合同有效防控项目风险。

3）金融风险

PPP 模式存在的金融风险类型主要包括利率风险、汇率风险以及通货膨胀导致的风险等。

A. 利率风险

利率风险是指在项目执行过程中，因利率变动带来的项目直接或者间接经济损失，主要表现为成本增加和收益减少。PPP 项目本身具备投资规模大、投资周期长等特点，超出预期的利率变动将会直接影响项目收益。

B. 汇率风险

汇率风险包括由汇率变化导致损失的可能性以及无法兑换货币产生的风险，主要发生在以外币为结算方式的项目上。汇率风险在外汇管制更严格的国家中表现突出。

C. 通货膨胀导致的风险

通货膨胀导致的风险是指总体价格水平上涨导致购买力下降，进而导致投资成本增加、无法实现预期收益的风险。通货膨胀可引致原材料价格上涨、建设运营成本上升。项目通常会在合同中对通货膨胀风险加以约定，但当价格调整的速度无法与成本变化相吻合时，将会使项目受到影响。价格调整需要对通货膨胀可能出现的影响进行准确分析和估计，但这在实际中很难做到。

4）建设风险

建设风险是在项目建设环节存在的风险，对项目的成功与否具有较大影响。因各种类型的风险是相互影响和彼此关联的，项目设计方案不合理、通货膨胀导致建设成本上升、融资不到位等均会对建设结果产生重大影响。

A. 土地获得风险

建设项目需要收购土地，收购土地的风险不仅包括是否能合规获得土地使用权的风险，还要考虑土地用途、使用期限等是否与项目需求匹配，产权是否完整、程序是否合规等问题。

B. 工程建设变更

项目设计错误或者项目执行不符合施工标准，合作伙伴必须对项目合同进行再谈判，对相关程序进行变更，这会增加相关风险。

C. 融资风险

项目建设需要大量的资金保障，若无法获得充足的资金，则会导致风险超预期。如果建设资金不到位，项目难以正常启动或者无法顺利实施，将会增加项目的全生命周期成本和不可控因素。

D. 地质与文物保护

项目现场的特殊性或者项目施工的特殊地质条件等均会对项目产生影响，增加成本。

E. 环保风险

环保风险是环保部门或者项目设计方基于社会环境保护的相关要求，因变更项目设计方案等增加项目成本而面临的风险，或项目可能带来环境问题而遭受公众反对的风险。环保风险可能存在于项目各阶段。如果项目不符合环境标准，即便完工也可能会被遗弃甚至拆除，浪费社会资源的同时还导致合作伙伴的利益难以保证。

F. 供应风险

供应风险是项目中涉及的各种原材料类型难以获得，或项目方、合作供应方无法准时完工导致项目损失而产生的风险。

G. 技术风险

技术风险指的是由相关技术不全面，或没有按照既定的技术标准执行导致项目面临较大的风险。一般情况下，PPP 项目的建设周期长，而前期拟采纳的技术可能难以满足后期的项目需求。此外，技术管理工作也非常重要。从深层次角度分析，控制技术风险的关键在于人的管理能力，现阶段我国在 PPP 项目技术创新、管理和应用等方面的人才储备不足，这也是项目出现技术风险的原因之一。

H. 竣工风险

竣工风险是指特殊情况导致项目无法按时完工或不符合竣工验收要求的风险。导致此类风险的原因较多，主要表现为项目工期延迟、工程不符合竣工标准等，也可能存在项目中途夭折的情况。竣工风险会影响项目后期运营和公共服务的正常供给，也会影响项目公司的现金流和经营能力，应予以重视。

I. 不可抗力风险

不可抗力风险是指项目实施过程中存在的难以克服、不可避免的风险，比如地震、洪涝、瘟疫等。一般情况下，不可抗力风险会导致较大损失，产生不可逆的损害。

5）市场及运营风险

项目市场及运营风险是在项目执行阶段，由价格和市场变动导致的风险，将直接影响所供给的公共产品和服务的质量与数量，增加项目公司的经营风险，危及现金流，进而影响项目的偿债能力。

A. 市场需求风险

市场需求风险是指项目提供的公共产品和服务无法满足市场需求，进而导致成本难以回收的风险。对项目产生影响的市场因素众多，典型代表因素是类似项目的市场竞争和人们生活方式的改变。

B. 供给能力不足风险

供给能力不足风险主要是指因市场需求急剧增加等而出现产品供不应求的风险，进而难以完成公共服务预期目标，影响社会福利。从项目角度，对供给能力不足问题进行分析，首先应当明确项目与市场的吻合程度，如果项目本身未能达到预期目标或者市场需求出现了剧烈变化，将会导致公共服务难以满足市场需求。

C. 运营期的长时间停工风险

项目所需原材料、能源或资金无法及时到位导致项目处于停滞状态的风险。

D. 收费价格调整风险

价格调整风险是项目所提供的公共产品和服务的价格定位不合理导致的项目营业收入低于预期，进而无法维持企业基本生存的风险。定价不合理包括价格过高、过低和灵活性不足等。构建合理的价格调整机制意义重大，在长周期的 PPP项目运行期，制定合理的价格机制和灵活调整措施不可或缺。

E. 项目唯一性风险

项目唯一性风险是指政府或其他投资人新建或改建其他类似项目，导致对该项目形成实质性商业竞争而产生的风险，从而引发市场需求变化风险、市场收益风险、信用风险等一系列后续风险。

F. 残值风险

残值风险即剩余价值风险，表示在项目移交阶段出现的项目资产价值远低于预期的风险，常见原因是项目质量不合格、未能达到预期要求，或者市场、技术变化过大引致的内在价值降低。

现行 PPP 物有所值评价中的风险分担机制，将项目层面的微观风险列为可转移风险，将政策层面的宏观风险列为自留风险，将行业层面的中观风险依照地区或行业惯例列为可转移风险或共担风险。这种简单的"一刀切"式风险分担机制存在的前提是政府和社会资本都能尽最大努力去承担自身应承担的风险，而实现这种理想状态的前提是双方处于完全信息对称状态，政府可以直观地观测到社会资本的努力程度，社会资本可获知政府决策与执行环节的各种信息，只有这样才能促成双方建立良性的委托代理关系，最大化各自收益，并降低项目总风险成本。但是在实际操作过程中，这种理想情况几乎不可能出现，政府既难以直接观测到社会资本的努力程度，社会资本也无法了解政府决策动机与各审批、监管环节的执行过程。此时，风险分担机制会存在一定程度的不合理性，导致度量风险时出现偏差，直接影响风险量化的准确性和可靠性。因此，需要对信息对称和信息不对称两种情况下的政府和社会资本诉求进行区别分析，对不同情况下的风险成本分别进行度量。

2.4.2　PPP 项目层面的地方财政风险识别与评价

PPP 模式是政府部门提供公共产品和服务的重要方式之一，在缓解地方政府债务危机、提高公共管理水平等方面发挥了重要作用。但是不容忽视的是，PPP 模式的开展蕴含着一系列风险因素，可能成为地方政府财政的潜在隐患。因此，本节基于 KMV 模型和相关数据，实证分析地方政府 PPP 项目的支出责任风险，测算政府 PPP 项目举债空间，从而为政府 PPP 项目管理和风险防控提供数据参考。

1. 地方政府债务问题相关研究

1）基于财政分权、博弈和经济发展视角的地方政府债务研究

关于地方政府债务成因的研究，已有研究从财政分权、利益主体博弈和经济发展等视角进行了分析。关于财政分权对地方政府债务规模的影响，部分研究学者认为，1994 年分税制改革以来，地方政府财权和事权的不对等是我国地方政府产生债务问题的重要原因（陈棋，2014）。也有学者将现行财政分权制度下，政府间对可支配资源的竞争视为地方政府大量举债的重要原因。具体而言，若仅依靠从中央政府的资金"公共池"中获得的转移性支付，地方政府难以支付其预算内的财政支出。与举债融资成本相比，争取中央税收返还和转移支付等财政优惠政策付出的成本更高，另外，受中央与地方政府间信息不对称的影响，地方政府面临较高的预算软约束，这些因素共同导致了地方债务规模的不断扩大（陈凡和王海成，2013）。

此外，有些学者基于博弈论模型分析地方政府举债行为：从相关利益主体的行为和动机来看，地方政府竞争过程中，囚徒困境的存在使得地方政府债务规模不断增加（Davis and Whinston, 1961）；吴凯（2013）基于动态不一致的博弈模型分析我国地方政府性债务膨胀的原因，研究表明中央政府默许地方政府的借债行为，加之相关约束、惩罚机制的缺失和地方政府对中央预算软约束的预期等，导致地方政府债务的持续性扩张。

从经济发展的视角来看，地方政府债务是伴随我国经济的恢复和不断发展而产生并逐步扩大的。于海峰和崔迪（2010）分析了地方政府债务风险的成因，在利益驱使下，地方政府有动机将资金投入公共产品领域外的其他竞争性领域，由于投资范围过宽，地方政府不得不通过举债筹集资金。但由于这些投资缺乏科学论证和整体规划，项目收益难以满足还款要求，最终还款责任只能由地方政府承担，加大了地方政府的债务风险。曹信邦等（2005）分析了经济发展水平与地方政府债务的关系，一方面对于经济越发达的地区而言，其地方政府的债务规模越大；另一方面，经济发达地区主要将资金用于经济发展，而欠发达地区则主要将债务资金用于农村基础设施建设和弥补财政经常性开支的缺口。

2）基于 KMV 模型的地方政府债务风险研究

近年来，一直有国内学者基于修改后的 KMV 模型进行地方政府债务信用违约概率和合理债务规模的实证研究：韩立岩等（2003）基于期权思想，对传统的 KMV 模型进行了修改，利用修改后的 KMV 模型对北京市和上海市的市政债券安全发债规模进行了评估；李俊文（2012）则使用指数平滑法对四川省 2012~2014 年的财政收入进行预测，运用 KMV 模型估算了四川省 2012~2014 年城投债的合理发行规模。

考虑到我国同西方发达国家政治经济体制的不同,李腊生等(2013)提出我国地方政府与中央政府间存在着十分亲密的"父子关系",当地方政府出现偿债困难时,受我国现有政治经济体制的影响,中央政府不可能允许地方政府破产,会对地方政府进行经济援助。因此,对地方政府债务风险进行评价时,若忽略了地方政府债务可向中央政府转移的机制,将会高估地方政府的债务风险,因此其在传统 KMV 模型的基础上加入了转移系数 q,并通过实证研究发现现有地方政府债务并不存在实质性的违约风险。魏蓉蓉等(2020)基于空间计量和 KMV 模型实证分析了我国地方政府 PPP 隐性债务风险,PPP 隐性债务规模总体处于合理范围,但区域异质性明显,西部内陆省份的违约率偏高。

在已有研究的基础上,本书基于 KMV 模型衡量我国 PPP 项目的财政责任风险,测算地方政府 PPP 债务空间和地方政府 PPP 责任支出比例,从而为我国地方政府 PPP 项目实施和财政风险管控提供数据基础。

2. 基础模型的构建

KMV 信用监测模型(KMV credit monitor model),简称 KMV 模型,由美国 KMV 公司于 1997 年提出,最初用来估计借款企业的违约概率。随着地方政府债务问题的突出,国内学者开始尝试将 KMV 模型应用于地方政府债务风险问题的研究。由于地方可支配财政收入的波动具有不确定性,且服从对数正态分布,因此在一定程度上可将地方政府看作一个企业。地方政府举债可以看作买入"看涨期权",若地方政府的可支配财政收入(看作公司资产的市值)大于或等于地方政府的债务(看作公司债务),则地方政府能够按时偿还债务,否则将会违约(方来和柴娟娟,2017)。因此,在用 KMV 模型评价地方政府债务风险时,将原 KMV 模型中的公司资产价值替换为可支配的地方财政收入,将公司资产价值的波动性替换为地方财政收入的波动性,将到期需要偿还的债务替换为到期需要偿还的地方债务本息和,将公司资产收益率的均值替换为地方财政收入增长率的均值(刘慧婷和刘海龙,2016)。

基于可支配的地方财政收入服从对数正态分布的假设(韩立岩等,2003;茹涛,2009),可以得出公式(2-1)~公式(2-4)。

$$\text{DD} = \frac{\ln\dfrac{R_T}{B_T} + \left(g - \dfrac{1}{2}\sigma^2\right)(T-t)}{\sigma\sqrt{T-t}} \tag{2-1}$$

$$p = N(-\text{DD}) = N\left(\frac{\ln\dfrac{R_T}{B_T} + \left(g - \dfrac{1}{2}\sigma^2\right)(T-t)}{\sigma\sqrt{T-t}}\right) \tag{2-2}$$

$$\sigma = \sqrt{\frac{1}{n-2}\sum_{t=1}^{n-1}\left(\ln\frac{R_{t+1}}{R_t} - \frac{1}{n-1}\sum_{t=1}^{n-1}\ln\frac{R_{t+1}}{R_t}\right)^2} \qquad (2\text{-}3)$$

$$g = \frac{1}{n-1}\sum_{t=1}^{n-1}\ln\frac{R_{t+1}}{R_t} + \frac{1}{2}\sigma^2 \qquad (2\text{-}4)$$

其中，DD 为违约距离；$p = N(-DD)$ 为预期违约率；R_T 为 T 时刻地方政府可用于 PPP 支出责任的可支配地方财政收入，即地方财政收入扣除一些刚性的、不可避免的财政支出后可用于偿还地方 PPP 支出责任的财政收入，我们假定为地方政府可支配财政收入的 10%；B_T 为 T 时刻地方政府需要偿还的 PPP 支出责任本息和；σ 为地方财政收入的波动率；g 为地方财政收入增长率的均值；t 为当前时刻；T 为地方政府 PPP 支出责任到期时间。

3. 关键变量的预测

1) 可支配财政收入比例

可支配财政收入比例=可用来偿还到期债务的财政收入/地方财政收入，这里将可支配比例与地方政府评级建立联系，对经济实力、财政实力不同的省区市赋予不同的可支配比例，且地方政府合计总分越高，经济财政实力越强，偿债能力越强，可支配比例越大。该比例的确定参考刘慧婷和刘海龙（2016）的研究和国泰君安 2018 年《中国地方政府评级手册》中各省区市地方评级结果。

一般而言，各省区市可支配财政收入占总财政收入的比重在 30%~60%。基于评级分数，以 0.3 分为步长，将 30 个省区市（因西藏自治区 PPP 项目较少，且相关数据缺失，因此只统计我国 30 个省区市样本）划分为 7 档。不同级别对应不同的可支配财政收入比例，总分处于(0.93,1.23]区间的地方政府评级最高，为第 1 级，赋予其可支配比例 60%，(0.63,0.93]区间的地方政府评级为第 2 级，赋予其可支配比例 55%，之后依次类推。具体的分档情况和可支配财政收入比例如表 2-24 所示。

表 2-24　可支配财政收入比例

地区	合计总分	排名	等级	可支配财政收入比例	地区	合计总分	排名	等级	可支配财政收入比例
广东	1.23	1	1	60%	福建	0.21	8	4	45%
江苏	0.98	2	1	60%	河南	0.15	9	4	45%
北京	0.92	3	2	55%	河北	0.11	10	4	45%
上海	0.85	4	2	55%	四川	0.07	11	4	45%
浙江	0.77	5	2	55%	重庆	0.06	12	4	45%
山东	0.55	6	3	50%	湖南	0.04	13	4	45%
湖北	0.28	7	4	45%	安徽	-0.09	14	5	40%

续表

地区	合计总分	排名	等级	可支配财政收入比例	地区	合计总分	排名	等级	可支配财政收入比例
江西	−0.10	15	5	40%	云南	−0.34	23	6	35%
陕西	−0.14	16	5	40%	山西	−0.34	24	6	35%
海南	−0.15	17	5	40%	宁夏	−0.41	25	6	35%
新疆	−0.22	18	5	40%	甘肃	−0.52	26	6	35%
吉林	−0.22	19	5	40%	贵州	−0.57	27	6	35%
广西	−0.24	20	5	40%	辽宁	−0.69	28	7	30%
天津	−0.28	21	6	35%	青海	−0.75	29	7	30%
黑龙江	−0.32	22	6	35%	内蒙古	−0.83	30	7	30%

资料来源：国泰君安《中国地方政府评级手册》

2）地区生产总值预测方法及示例

关于地区生产总值的预测，本节采用趋势外推法，以 2020 年为例①进行预测方法的演示，对不同情景下的 2020 年地区生产总值数值进行预测。具体情景和预测方法如下。情景 1：假设 2020 年地区生产总值增长率与 2019 年相同。情景 2：假设 2020 年地区生产总值增长率为 2017~2019 年地区生产总值增长率的几何平均值。情景 3：2020 年的地区生产总值为移动平均值。考虑到疫情的影响，2020 年地区生产总值增长率较 2019 年有所下降，因此得出情景 4~情景 11。情景 4~情景 11：假设 2020 年地区生产总值增长率是 2019 年的 90%、85%、80%、75%、70%、65%、60%和 50%。表 2-25 是不同情景下 2020 年各省份的地区生产总值预测值。

表 2-25　不同情景下 2020 年各省区市的地区生产总值预测值（单位：亿元）

地区	情景 1	情景 2	情景 3	情景 4	情景 5	情景 6
北京	37 791.60	39 360.81	32 164.06	34 012.44	32 122.86	30 233.28
天津	14 886.77	13 030.72	15 338.80	13 398.09	12 653.75	11 909.42
河北	37 924.05	36 178.37	33 871.82	34 131.65	32 235.45	30 339.24
山西	18 166.78	18 605.10	16 171.08	16 350.10	15 441.76	14 533.42
内蒙古	18 355.47	16 917.73	16 483.17	16 519.92	15 602.15	14 684.37
辽宁	26 391.60	25 865.86	23 943.08	23 752.44	22 432.86	21 113.28
吉林	12 219.71	10 857.09	12 641.72	10 997.74	10 386.75	9 775.77
黑龙江	14 424.58	13 068.19	14 120.61	12 982.12	12 260.89	11 539.66
上海	40 426.41	42 211.75	34 933.38	36 383.77	34 362.44	32 341.12
江苏	106 498.20	108 385.40	92 902.94	95 848.41	90 523.50	85 198.59

---

① 2020 年初新型冠状病毒肺炎（简称新冠肺炎）疫情暴发并在全国不同地区反复出现以来，包括地区生产总值在内的经济数据出现一定程度的波动，若将 2020 年和 2021 年的数据纳入预测样本将使预测结果出现一定偏差。本节内容旨在提供关于地区生产总值预测的研究框架和方法，并通过实际数据演示方法的可行性和可靠性，考虑到新冠肺炎疫情这一“黑天鹅”事件的影响，本书仅选取疫情发生之前的数据进行预测和分析，将具有更好的代表性和研究价值。

续表

地区	情景 1	情景 2	情景 3	情景 4	情景 5	情景 6
浙江	67 026.71	68 390.11	57 374.28	60 324.04	56 972.70	53 621.37
安徽	40 500.17	42 678.41	32 714.30	36 450.15	34 425.14	32 400.13
福建	46 457.47	48 220.92	37 754.95		39 488.85	37 165.98
江西	26 981.87	27 283.05	22 493.44	24 283.68	22 934.59	21 585.49
山东	75 779.14	72 111.83	70 116.85	68 201.22	64 412.27	60 623.31
河南	58 956.80	59 829.27	49 582.64	53 061.12	50 113.28	47 165.44
湖北	49 979.45	51 303.76	41 109.45	44 981.51	42 482.53	39 983.56
湖南	43 496.97	42 934.62	36 661.59	39 147.27	36 972.43	34 797.58
广东	115 994.10	118 457.70	99 107.17	104 394.70	98 595.01	92 795.31
广西	22 978.42	22 310.27	19 796.07	20 680.58	19 531.66	18 382.74
海南	5 739.47	5 808.67	4 894.05	5 165.52	4 878.55	4 591.57
重庆	25 811.18	25 963.80	21 539.77	23 230.06	21 939.50	20 648.94
四川	50 651.01	52 339.22	42 166.05	45 585.91	43 053.36	40 520.81
贵州	18 316.09	18 866.00	15 221.13	16 484.48	15 568.68	14 652.87
云南	25 829.80	26 994.12	20 160.24	23 246.82	21 955.33	20 663.84
陕西	27 787.61	28 362.34	23 877.95	25 008.85	23 619.47	22 230.09
甘肃	9 379.08	9 292.32	8 094.09	8 441.18	7 972.22	7 503.27
青海	3 201.19	3 110.05	2 779.59	2 881.07	2 721.01	2 560.95
宁夏	4 002.92	3 964.47	3 567.42	3 602.63	3 402.49	3 202.34
新疆	14 433.27	15 243.72	12 429.49	12 989.94	12 268.28	11 546.62

地区	情景 7	情景 8	情景 9	情景 10	情景 11
北京	28 343.70	26 454.12	24 564.54	22 674.96	18 895.80
天津	11 165.08	10 420.74	9 676.40	8 932.06	7 443.39
河北	28 443.04	26 546.84	24 650.63	22 754.43	18 962.03
山西	13 625.08	12 716.75	11 808.41	10 900.07	9 083.39
内蒙古	13 766.60	12 848.83	11 931.05	11 013.28	9 177.73
辽宁	19 793.70	18 474.12	17 154.54	15 834.96	13 195.80
吉林	9 164.78	8 553.80	7 942.81	7 331.83	6 109.86
黑龙江	10 818.43	10 097.20	9 375.98	8 654.75	7 212.29
上海	30 319.80	28 298.48	26 277.16	24 255.84	20 213.20
江苏	79 873.68	74 548.77	69 223.85	63 898.94	53 249.12
浙江	50 270.03	46 918.70	43 567.36	40 216.03	33 513.35
安徽	30 375.12	28 350.12	26 325.11	24 300.10	20 250.08
福建	34 843.10	32 520.23	30 197.36	27 874.48	23 228.74
江西	20 236.40	18 887.31	17 538.21	16 189.12	13 490.93
山东	56 834.35	53 045.40	49 256.44	45 467.48	37 889.57
河南	44 217.60	41 269.76	38 321.92	35 374.08	29 478.40
湖北	37 484.59	34 985.62	32 486.64	29 987.67	24 989.73
湖南	32 622.73	30 447.88	28 273.03	26 098.18	21 748.49
广东	86 995.60	81 195.89	75 396.19	69 596.48	57 997.07
广西	17 233.82	16 084.90	14 935.97	13 787.05	11 489.21
海南	4 304.60	4 017.63	3 730.65	3 443.68	2 869.73

续表

地区	情景 7	情景 8	情景 9	情景 10	情景 11
重庆	19 358.38	18 067.83	16 777.27	15 486.71	12 905.59
四川	37 988.26	35 455.71	32 923.16	30 390.61	25 325.50
贵州	13 737.07	12 821.26	11 905.46	10 989.65	9 158.05
云南	19 372.35	18 080.86	16 789.37	15 497.88	12 914.90
陕西	20 840.71	19 451.33	18 061.95	16 672.57	13 893.80
甘肃	7 034.31	6 565.36	6 096.41	5 627.45	4 689.54
青海	2 400.89	2 240.83	2 080.77	1 920.71	1 600.59
宁夏	3 002.19	2 802.05	2 601.90	2 401.75	2 001.46
新疆	10 824.95	10 103.29	9 381.63	8 659.96	7 216.64

3）可支配财政收入的预测

地区生产总值与可支配财政收入存在显著关系，由此分别基于固定效应模型和动态面板模型进行计量分析，估算地区生产总值与可支配财政收入的关系。具体计算结果如表 2-26 所示。实证结果表明，选用系统 GMM 最佳，因此，本书选用系统 GMM 计算结果建立最终估计模型。

表 2-26　可支配财政收入计量结果

$\ln F_{\text{Income}}$	固定效应（一）	固定效应（二）	差分 GMM	系统 GMM
常数	−5.4330*** (−93.60)	0.2472*** (14.74)	−2.8224*** (−34.34)	−1.9810*** (−41.15)
L. $\ln F_{\text{Income}}$	—	0.9795*** (315.29)	0.4573*** (43.37)	0.6103*** (80.83)
lnGDP	1.2220*** (186.70)	—	0.6559*** (48.90)	0.4702*** (52.57)
观察数	720	690	660	690
p 值	0.0000	0.0321	0.0000	0.0000
Sargan 检验	—	—	0.1305	0.9401

注：括号中的数值为 t 值；GDP 表示地区生产总值；L. $\ln F_{\text{Income}}$ 表示本年可支配财政收入的对数值

***表示在 1% 的显著性水平下显著

可以看出，在过度识别检验中，接受原假设"工具变量选取有效"，表明不存在过度识别，模型设定合理。对其进行回归分析，可以利用本年的可支配财政收入和下一年的地区生产总值预测值来求得下一年的可支配财政收入，得到的回归结果如下：

$$\ln F_{\text{Income}} = -1.9810 + 0.6103 \times \text{L.} \ln F_{\text{Income}} + 0.4702 \times \ln \text{GDP} \qquad （2\text{-}5）$$

基于公式（2-5）和上文预测的地区生产总值数值，可以得到 11 种情景下 2020年各省份可支配财政收入的预测值，计算结果如表 2-27 所示。

表 2-27　2020 年各省区市可支配财政收入预测值（单位：亿元）

地区	情景 1	情景 2	情景 3	情景 4	情景 5	情景 6
北京	2698.35	2750.46	2501.34	2567.93	2499.83	2429.58
天津	771.85	725.00	782.78	734.54	715.06	694.97
河北	1826.99	1786.96	1732.45	1738.69	1692.58	1645.01
山西	1108.75	1121.25	1049.71	1055.16	1027.18	998.31
内蒙古	1014.11	975.95	964.08	965.09	939.50	913.10
辽宁	1202.92	1191.59	1149.09	1144.78	1114.42	1083.10
吉林	477.23	451.43	484.91	454.17	442.12	429.70
黑龙江	512.53	489.28	507.42	487.76	474.82	461.48
上海	1096.38	1118.89	1023.62	1043.39	1015.72	987.18
江苏	1823.17	1838.29	1709.77	1735.05	1689.04	1641.57
浙江	3971.75	4009.54	3691.73	3779.79	3679.55	3576.15
安徽	1588.43	1628.05	1436.72	1511.66	1471.57	1430.22
福建	1774.89	1806.26	1609.96	1689.11	1644.31	1598.10
江西	1128.80	1134.71	1036.25	1074.24	1045.76	1016.37
山东	3788.03	3700.70	3652.20	3604.94	3509.35	3410.72
河南	2356.15	2372.48	2171.91	2242.27	2182.81	2121.46
湖北	1957.69	1981.92	1785.86	1863.07	1813.67	1762.70
湖南	1705.01	1694.61	1573.31	1622.60	1579.57	1535.18
广东	7746.45	7823.38	7194.05	7372.04	7176.54	6974.86
广西	862.84	850.95	804.43	821.14	799.36	776.90
海南	275.81	277.37	255.90	262.48	255.52	248.34
重庆	1082.35	1085.35	994.09	1030.03	1002.72	974.54
四川	2203.42	2237.65	2021.42	2096.92	2041.31	1983.94
贵州	704.10	713.96	645.41	670.07	652.30	633.97
云南	912.37	931.48	812.02	868.27	845.25	821.49
陕西	1087.79	1098.31	1012.93	1035.21	1007.76	979.44
甘肃	328.85	327.42	306.84	312.96	304.66	296.10
青海	92.09	90.85	86.18	87.64	85.32	82.92
宁夏	144.03	143.38	136.43	137.07	133.43	129.68
新疆	285.58	293.01	266.20	271.78	264.57	257.14
地区	情景 7	情景 8	情景 9	情景 10	情景 11	
北京	2356.96	2281.72	2203.58	2122.19	1947.84	
天津	674.19	652.67	630.32	607.04	557.17	
河北	1595.84	1544.90	1492.00	1436.89	1318.84	
山西	968.47	937.56	905.45	872.01	800.37	
内蒙古	885.81	857.53	828.16	797.58	732.05	
辽宁	1050.73	1017.19	982.35	946.07	868.34	
吉林	416.85	403.55	389.73	375.33	344.50	
黑龙江	447.69	433.40	418.55	403.09	369.98	
上海	957.67	927.10	895.35	862.28	791.44	
江苏	1592.51	1541.67	1488.88	1433.88	1316.08	
浙江	3469.25	3358.52	3243.50	3123.70	2867.07	

续表

地区	情景 7	情景 8	情景 9	情景 10	情景 11
安徽	1387.47	1343.18	1297.18	1249.27	1146.63
福建	1550.34	1500.85	1449.45	1395.91	1281.23
江西	985.99	954.51	921.83	887.78	814.84
山东	3308.77	3203.16	3093.47	2979.20	2734.44
河南	2058.05	1992.36	1924.13	1853.06	1700.82
湖北	1710.01	1655.43	1598.74	1539.68	1413.19
湖南	1489.29	1441.76	1392.38	1340.95	1230.78
广东	6766.38	6550.40	6326.08	6092.41	5591.89
广西	753.68	729.62	704.63	678.61	622.85
海南	240.91	233.22	225.24	216.92	199.10
重庆	945.41	915.23	883.89	851.24	781.31
四川	1924.64	1863.21	1799.40	1732.94	1590.57
贵州	615.02	595.39	575.00	553.76	508.26
云南	796.94	771.50	745.08	717.56	658.61
陕西	950.16	919.83	888.33	855.52	785.23
甘肃	287.25	278.08	268.56	258.64	237.39
青海	80.44	77.87	75.21	72.43	66.48
宁夏	125.81	121.79	117.62	113.27	103.97
新疆	249.45	241.49	233.22	224.61	206.15

4）地方 PPP 项目债务值的估计

地方政府债务规模处于一个不断变动的过程中，但由于地方政府债务的隐蔽性，新增地方债务数据难以获得，仅能利用已有的审计结果进行静态估计，t 时期的地方政府应偿还的债务 B_t 为

$$B_t = r_{t-1} \sum \mathrm{MV} + (1 + r_t) \mathrm{MV}_t \tag{2-6}$$

其中，MV_t 为到期债务量；$\sum \mathrm{MV}$ 为未到期债务累计总额；r_t 为到期债务票面利率；r_{t-1} 为未到期债务平均票面利率。

本书根据财政部 PPP 中心的数据，选取本级财政支出责任（本级财政支出责任=一般公共预算支出+政府性基金预算支出+国有资本经营预算支出）作为债务量 MV；将 2020 年的财政支出责任作为 2020 年的到期债务量，即 MV_{2020}；将 2020 年以后财政支出责任加总作为 2020 年以后未到期债务累计总额，即 $\sum \mathrm{MV}$；选用地方政府债务平均利率 3.5%，即 $r_t = r_{t-1} = 3.5\%$。将以上数据代入式（2-6）即可得出 2020 年地方政府需偿还债务 B_{2020}。

以北京市为例，2020 年地方政府 PPP 项目财政支出责任为 93.8503 亿元，未来年份地方政府 PPP 项目财政支出责任总和为 2894.7438 亿元。基于公式（2-6），计算 2020 年北京市政府 PPP 项目支出责任总额为 198.4511 亿元。同理，本节计算 30 个省份 2020 年地方政府 PPP 项目支出责任额如表 2-28 所示。

表 2-28　2020 年地方政府 PPP 项目支出责任额（单位：亿元）

地区	MV_{2020}	$\sum MV$	B_{2020}	地区	MV_{2020}	$\sum MV$	B_{2020}
北京	93.85	2894.74	198.45	河南	7.55	285.83	17.82
天津	62.94	2614.73	156.66	湖北	0.00	0.00	0.00
河北	18.68	119.56	23.52	湖南	11.64	1040.71	48.47
山西	10.52	321.49	22.14	广东	0.00	0.00	0.00
内蒙古	1.31	22.67	2.14	广西	0.53	7.58	0.81
辽宁	0.23	5.25	0.42	海南	1.74	56.85	3.79
吉林	2.79	26.40	3.82	重庆	30.78	1964.88	100.63
黑龙江	2.34	19.29	3.10	四川	0.00	0.00	0.00
上海	0.00	0.00	0.00	贵州	44.48	561.50	65.69
江苏	0.00	0.00	0.00	云南	23.23	808.35	52.33
浙江	16.39	138.59	21.81	陕西	40.00	1.08	41.44
安徽	13.12	56.86	15.57	甘肃	4.61	124.91	9.15
福建	0.92	40.13	2.36	青海	1.16	116.09	5.26
江西	0.54	3.77	0.69	宁夏	7.37	250.60	16.40
山东	16.14	132.08	21.33	新疆	45.55	361.20	59.79

注：本表展示的 B_{2020} 为原始数据计算后保留两位小数的结果

4. 违约距离和违约概率的计算

基于上文关于 2020 年可支配财政收入的预测值，结合公式（2-3）和公式（2-4），可以得出地方可支配财政收入的波动率 δ 和增长率 g，具体计算结果如表 2-29 所示。

表 2-29　各省区市地方可支配财政收入波动率和增长率

地区	波动率 σ	增长率 g	地区	波动率 σ	增长率 g
北京	0.0327	0.1593	河南	0.0146	0.1400
天津	0.0029	0.1486	湖北	0.0254	0.1440
河北	0.0163	0.1395	湖南	0.0185	0.1366
山西	0.0163	0.1395	广东	0.0209	0.1425
内蒙古	0.0163	0.1395	广西	0.0119	0.1304
辽宁	0.0163	0.1395	海南	0.0137	0.1426
吉林	0.0473	0.1177	重庆	0.0496	0.1743
黑龙江	0.0246	0.1002	四川	0.0190	0.1293
上海	0.0246	0.1002	贵州	0.0282	0.1559
江苏	0.0246	0.1002	云南	0.0174	0.1206
浙江	0.0223	0.1707	陕西	0.0284	0.1535
安徽	0.0216	0.1448	甘肃	0.0327	0.1299
福建	0.0252	0.1337	青海	0.0243	0.1474
江西	0.0222	0.1513	宁夏	0.0428	0.1535
山东	0.0292	0.1437	新疆	0.0428	0.1535

接下来，分别将 R_{2020}、B_{2020}、δ、g 等变量代入式（2-1）、式（2-2）得出 2020 年各省区市地方政府债务违约距离 DD 与违约概率 p，并根据违约距离的大

小进行排名，违约距离越大，违约概率越小，则地方政府债务的违约风险越小，排名越靠前，具体情况如表 2-30 和表 2-31 所示。

表 2-30　各省区市违约距离、违约概率（基于 2020 年地区生产总值增长率与 2019 年相同）

地区	违约距离	违约概率	排名	地区	违约距离	违约概率	排名
上海	—	0.0000	1	安徽	113.9303	0.0000	12
江苏	—	0.0000	1	山西	107.8893	0.0000	13
湖北	—	0.0000	1	山东	103.4141	0.0000	14
广东	—	0.0000	1	湖南	75.4878	0.0000	15
四川	—	0.0000	1	吉林	55.8874	0.0000	16
广西	404.8913	0.0000	2	甘肃	43.1253	0.0000	17
辽宁	356.1067	0.0000	3	陕西	39.3014	0.0000	18
内蒙古	246.0234	0.0000	4	云南	38.8889	0.0000	19
江西	236.4878	0.0000	5	青海	29.1632	0.0000	20
河南	185.8328	0.0000	6	北京	15.9711	0.0000	21
福建	176.4190	0.0000	7	贵州	7.9826	0.0000	22
海南	156.0124	0.0000	8	重庆	4.9669	0.0000	23
浙江	137.8869	0.0000	9	宁夏	0.5860	0.0000	24
河北	134.7467	0.0000	10	天津	−190.1244	0.0000	25
黑龙江	117.9915	0.0000	11	新疆	−13.7828	0.0009	26

注：假设 2020 年地区生产总值增长率与 2019 年地区生产总值增长率相同，估算 2020 年地方可支配财政收入，从而计算违约距离和违约概率

表 2-31　各省区市违约距离、违约概率（基于 2020 年地区生产总值增长率为 2019 年的 50%）

地区	违约距离	违约概率	排名	地区	违约距离	违约概率	排名
上海	—	0.0000	1	安徽	99.0272	0.0000	12
江苏	—	0.0000	1	山东	92.3672	0.0000	13
湖北	—	0.0000	1	山西	88.0387	0.0000	14
广东	—	0.0000	1	湖南	58.0094	0.0000	15
四川	—	0.0000	1	吉林	49.0683	0.0000	16
广西	377.6749	0.0000	2	甘肃	33.2564	0.0000	17
辽宁	336.2560	0.0000	3	陕西	27.9607	0.0000	18
内蒙古	226.1728	0.0000	4	云南	20.3150	0.0000	19
江西	221.9406	0.0000	5	青海	15.8804	0.0000	20
河南	163.7954	0.0000	6	北京	6.1076	0.0000	21
福建	163.6377	0.0000	7	天津	−300.2630	0.0000	22
海南	132.3887	0.0000	8	新疆	−21.3229	0.0002	23
浙江	123.4129	0.0000	9	宁夏	−6.9541	0.0087	24
河北	114.8961	0.0000	10	贵州	−3.4572	0.0535	25
黑龙江	104.8954	0.0000	11	重庆	−1.5414	0.2357	26

注：考虑新冠肺炎疫情的影响，2020 年地区生产总值增长率较 2019 年有所下降，假设 2020 年地区生产总值增长率是 2019 年的 50%

从表 2-30 和表 2-31 可以看出，无论在哪种假设下，各省区市的违约概率排名基本保持一致。假设 2020 年经济增速与 2019 年保持一致，则除了新疆以外的

各省区市违约概率都保持在 0 的水平；假设 2020 年经济增速仅为 2019 年一半，则重庆、贵州、宁夏、新疆等存在一定的违约概率。

5. 地方政府 PPP 债务空间测算

基于 KMV 模型和地方可支配财政收入的预测，上文计算出在当前 PPP 责任支出下，我国 30 个省区市的违约距离和违约概率。接下来，在 KMV 模型的基础上，进一步计算各省区市的临界 PPP 债务值，即在当前可支配收入水平下，各省区市刚好出现债务违约（违约距离为 0）的 PPP 债务规模。根据上文公式（2-1），令违约距离 DD=0，可推导出 B_T 的计算方法如公式（2-7）所示。

$$B_T = R_T / \mathrm{e}^{\frac{1}{2}\sigma^2 - g} \tag{2-7}$$

将地方可支配财政收入 R_T、地方可支配财政收入的波动率 δ 和增长率 g 代入公式（2-7）可计算出违约距离为 0 时的临界 PPP 债务值。为了明确 PPP 债务发展空间，进一步计算临界债务值与当前债务规模的差值，即 PPP 债务规模超过此债务空间时，地方政府可能面临的 PPP 债务违约风险。此外，计算 PPP 债务增长率，即 PPP 债务空间与当前 PPP 债务规模的比值，从而更为清晰地看出 PPP 项目的发展潜力值。

基于公式（2-7）及上文的描述，假设乐观情景（2020 年地区生产总值增长率与 2019 年相同）和悲观情景（2020 年地区生产总值增长率为 2019 年的 50%），以此计算我国 30 个省区市 PPP 债务临界值、债务空间和增长百分比如表 2-32 和表 2-33 所示。

表 2-32　各省区市债务空间（假设 2020 年地区生产总值增长率与 2019 年相同）

地区	债务临界值/亿元	债务空间/亿元	增长百分比	地区	债务临界值/亿元	债务空间/亿元	增长百分比
广东	893.10	893.10	—	陕西	126.78	86.76	217%
江苏	201.47	201.47	—	海南	31.81	30.04	1 706%
北京	316.27	221.37	233%	新疆	33.26	−12.43	−27%
上海	121.16	121.16	—	吉林	53.63	50.82	1 812%
浙江	471.01	454.57	2 764%	广西	98.29	97.76	18 490%
山东	437.17	420.98	2 600%	天津	89.55	25.67	40%
湖北	226.01	226.01	—	黑龙江	56.64	54.29	2 313%
福建	202.81	201.87	21552%	云南	102.91	79.39	338%
河南	270.98	263.32	3 439%	山西	127.45	116.81	1 098%
河北	210.02	191.29	1 021%	宁夏	16.78	9.32	125%
四川	250.70	250.70	—	甘肃	37.43	32.77	703%
重庆	128.69	97.21	309%	贵州	82.25	37.56	84%
湖南	195.43	183.42	1 528%	辽宁	138.28	138.04	58 913%
安徽	183.54	170.40	1 296%	青海	10.67	9.47	790%
江西	131.28	130.74	24 050%	内蒙古	116.57	115.26	8 775%

注：部分地区当前债务规模为 0，因此其增长百分比不可得

表 2-33　各省区市债务空间（假设 2020 年地区生产总值增长率是 2019 年的 50%）

地区	债务临界值/亿元	债务空间/亿元	增长百分比	地区	债务临界值/亿元	债务空间/亿元	增长百分比
广东	644.70	644.70	—	陕西	91.52	51.50	129%
江苏	145.43	145.43	—	海南	22.96	21.20	1 204%
北京	228.30	133.41	141%	新疆	24.01	−21.68	−47%
上海	87.46	87.46	—	吉林	38.71	35.91	1 280%
浙江	340.01	323.56	1 968%	广西	70.95	70.42	13 319%
山东	315.58	299.39	1 849%	天津	64.64	0.77	1%
湖北	163.15	163.15	—	黑龙江	40.88	38.54	1 642%
福建	146.40	145.46	15 530%	云南	74.29	50.77	216%
河南	195.61	187.95	2 455%	山西	92.00	81.37	765%
河北	151.60	132.87	709%	宁夏	12.11	4.65	62%
四川	180.97	180.97	—	甘肃	27.02	22.36	480%
重庆	92.90	61.42	195%	贵州	59.38	14.68	33%
湖南	141.07	129.07	1 075%	辽宁	99.82	99.58	42 499%
安徽	132.49	119.35	908%	青海	7.70	6.50	543%
江西	94.77	94.22	17 333%	内蒙古	84.15	82.84	6 306%

注：部分地区当前债务规模为 0，因此其增长百分比不可得

由表 2-32、表 2-33 可知，大部分省份都有一定的债务空间，债务空间较大的省份集中在中部及东部沿海地区，债务空间较小的为部分中西部地区，如新疆、宁夏、青海。其中新疆的债务空间为负，说明其已经存在债务违约风险，原因可能是该地区存在较多的基础设施建设，债务规模大、建设时期长加之地方可支配财政收入有限导致其债务空间小，违约风险大。

6. 不同支出比例下的地方政府违约距离

上文的分析基于 PPP 项目支出占地方可支配财政收入的比例为 10%进行假设，接下来，假设 PPP 项目支出占可支配财政收入的比例在 0~10%变动，计算不同支出比例下全国和各省份的违约距离和违约概率，从而分析地方政府 PPP 支出比例的最低临界值。采用 Stata 14.0 软件，分 2020 年经济增速与 2019 年经济增速相同以及 2020 年经济增速为 2019 年经济增速的 50%两种情形，分别做出地方政府 PPP 支出比例和违约距离之间的二进制散点图（binary scatterplot），该散点图提供了一种非参数的方法来可视化两个变量之间的关系，如图 2-25 和图 2-26 所示。

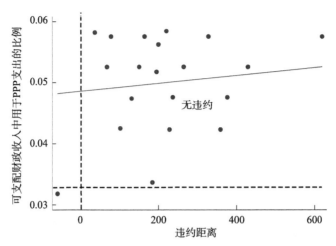

图 2-25　不同支出比例下全国层面的违约距离（2020 年经济增速与 2019 年相同）

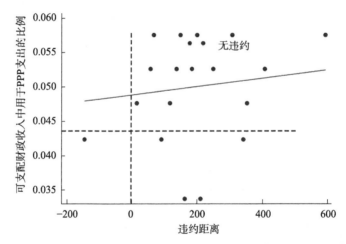

图 2-26　不同支出比例下全国层面的违约距离（2020 年经济增速为 2019 年的一半）

从图 2-25 和图 2-26 可以看出，基于全国层面来分析，当 2020 年经济增速与 2019 年相同时，地方政府可支配财政收入用于 PPP 支出的比例超过约 3.2%时，PPP 项目在全国层面来说基本没有违约风险。当 2020 年经济增速为 2019 年的一半时，地方政府可支配财政收入用于 PPP 项目支出的比例超过约 4.4%时，PPP 项目在全国层面来说基本没有违约风险。

由图 2-27 可知，在经济形势较为乐观和悲观的情景下，北京市的地方政府 PPP 支出比例与违约距离呈正相关关系。当地方政府 PPP 支出比例小于 6%（乐观形势）或 9%（悲观形势）时，地方政府 PPP 项目违约距离小于 0，项目存在一定违约风险。当地方政府 PPP 支出大于 6%或 9%时，其违约距离大于 0，不存在项目违约风险。北京相比于其他省区市该临界点值相对较低，原因可能是北京作为国家首都，凭借区位优势以及良好的经济基础，融资能力强的同时，还款能力也强，有基数较大的财政收支，因而地方政府 PPP 支出比例相对北京市财政收入来说占比较小，因而临界点值较低。

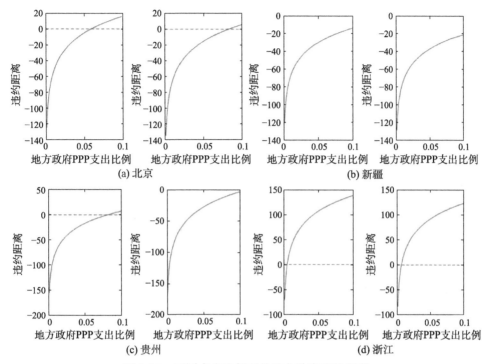

图 2-27　不同支出比例下的地方政府违约距离

每组小图中左图基于 2020 年地区生产总值增长率与 2019 年保持一致，右图基于 2020 年地区生产总值增长率为 2019 年的 50%

　　对于新疆而言，当前形势下，地方政府 PPP 项目存在一定的违约风险，因此在地方政府 PPP 支出比例低于 10%下的情形下，PPP 违约距离均小于 0，存在项目违约风险。相比于其他省区市新疆的临界点水平较高，这是由于新疆地处于我国西部内陆地区，其财政收支和其他省区市相比基数较小，从而使得地方政府 PPP 支出比例较大。另外西部地区有大量基础设施投资建设需要融资，而西部地区政府融资手段有限，政府与社会资本的 PPP 项目的优越性使得西部地区选择该手段进行融资，由此进一步提高了地方政府 PPP 支出所占的比例。

　　对于贵州而言，在经济形势较为乐观时，其临界点为 8%左右；在经济形势较为悲观时，其临界点较大（超过 10%）。相比于其他省区市贵州的临界点也相对较高，这是因为贵州处于转型发展阶段，需要加快基础设施投资建设，加快发展经济，促进地区生产总值的增长。而仅靠政府预算收入难以满足较大的资金投入需求，所以需要地方政府借债来解决资金短缺的问题。而基础设施建设项目投资时间长、收益小，很难通过投资回报来偿还债务，从而使得债务越积越多，因此贵州的地方政府 PPP 支出比例也相对较高。

而对于浙江而言，地方政府PPP支出比例的临界值较低，当地方政府PPP支出比例小于约1%时，违约距离小于0，存在一定项目违约风险，当地方政府PPP支出比例大于1%时，违约距离大于0，不存在项目违约风险。这是由于浙江地处我国东部沿海区域，东部地区经济的飞速发展，使得东部省市有着较高的地区生产总值增长率，即拥有较多的财政收入，从而使得地方政府的偿债能力较强，负债率较低，因而财政收支的基数较大。同时，东部沿海地区城镇化程度较高，基础设施建设较为完善，不需要通过短期内大规模举债来发展经济，因而地方政府PPP支出比例较小，这进一步使得其临界点较低。

基于KMV模型的地方政府PPP项目风险评估结果可得到以下四个结论：①除新疆外，我国地方政府PPP项目基本不存在财政支出风险，即便2020年受到新冠肺炎疫情的影响，地方政府开展PPP项目基本不存在违约风险；②我国地方政府PPP项目投资存在较大空间，但部分省份的PPP项目债务空间较小，如天津、青海和宁夏；③地方政府PPP支出比例与违约概率存在倒"U"形关系，在临界点前，地方政府PPP支出比例越高，其违约概率越高；在临界点后，违约概率急剧下降；④不同省区市的地方政府PPP支出比例与违约距离的关系呈现区域异质性，临界点较高的多位于中西部内陆地区，主要是由于该区域财政收支基数小，而基础设施建设的资金需求大，地方政府PPP项目的责任支出额大。临界点较低的为东部沿海发达地区，其经济发达且财政收支的基数大，基础设施建设的需求较小，融资手段发达，地方政府PPP项目的责任支出额小。因此，应因地制宜支持PPP项目发展，但要对违约风险较大和举债空间较小的区域重点关注。

2.5 PPP财政风险形成与传导机制研究

PPP项目的独特之处在于其投资额巨大、持续时间较长、参与方众多，故PPP项目在实施过程中将会面临更为复杂的风险，这些风险都可能直接或间接影响项目的收入和支出，导致财政风险的发生。当财政风险超出某个地区的财政风险控制能力时，可能会对当地财政的可持续发展与地区经济金融安全产生较大的隐患，因此有必要对PPP项目财政风险的形成与传导机制进行探究，为财政风险的预防和控制提供理论基础。

本节研究从PPP项目财政风险的形成机制和传导机制两方面分别展开。在形成机制部分，首先，基于文献调研与典型案例剖析，从宏观体制/政策、经济、市场及主体行为等方面，识别PPP财政风险形成的关键因素（简称财政风险关键因素）；通过对识别出的关键风险因素进行分类，建立基于微观（项目）层面和宏中观（区域）层面的PPP财政风险形成的多层复杂网络；在传导机制部分，采用DEMATEL-ISM方法，对风险因素进行初步的因果关系分析，建立因素间的系统递阶层次结构模型，剖析 PPP 项目中关键的风险传导路径。

2.5.1　PPP 项目财政风险形成机制研究

与一般项目相比，PPP 的公共性、复杂性以及高风险可能会使政府承担的风险超出合同约定的风险分担份额，当社会资本无力承担损失时，超额的损失就有可能转化为政府的支出责任，形成政府的债务压力，导致财政风险的发生。

从财政风险分析的角度出发，可以将 PPP 项目财政风险用财政风险矩阵划分为显性直接风险、显性或有风险、隐性直接风险和隐性或有风险四部分（表 2-34）。依据财政部印发的《政府和社会资本合作项目财政承受能力论证指引》中的规定"PPP 项目全生命周期过程的财政支出责任，主要包括股权投资、运营补贴、风险承担、配套投入等"，从 PPP 财政支出责任的构成来看，股权投资、配套投入等需要在前期投资建设阶段支出，属于政府的直接支出责任；而风险承担责任支出则取决于风险事项的发生与否，当约定的未来风险事项发生时，就需要按照合同约定的风险分配方案承担相应支出责任；运营补贴则需要社会资本依据所提供公共服务的绩效评价结果获得对价支付，是设定前提条件的承诺性支出。由此可见，单从 PPP 项目合同规定的政府支出责任来看，上述四种责任基本上属于政府的显性责任，形成政府的显性财政风险。其中，政府的股权投资、配套投入和运营补贴属于显性直接风险，而风险承担则属于政府的显性或有风险。然而，由于公共领域项目的复杂性和合同订立双方的有限理性，政府和社会资本在 PPP 项目合同签署时可能无法考虑得很周全，因此在项目实施过程中可能需要增加合同以外的支出责任，这部分项目实施进程中不得不追加的支出构成政府的直接隐性风险。此外，考虑到 PPP 项目可能出现建设期超支或经营期亏损的情况，一旦社会资本拒绝或无力承担其责任缺失所导致的损失，该部分损失极有可能直接转嫁给政府。因此，由于社会资本的失败（部分失败或全部失败）而遗留的合同规定的社会资本的责任，将会成为政府的隐性或有责任。

表 2-34　PPP 项目财政风险矩阵

风险	直接风险	或有风险
显性风险	合同约定的政府承担的责任	在特定事件发生情况下需由政府承担的责任
隐性风险	合同条款之外政府承担的责任 政府对项目的必要救助（道义责任）	社会资本的风险转嫁

从具体的财政风险形成因素的角度出发，可以将财政风险划分为宏观体制及政策风险、经济风险、市场风险、主体行为风险等。这种划分方式不仅可以分别体现宏中观（区域）与微观（项目）层面的层次区别，同时也可以反映项目的投资来源及利益相关者之间的合作关系，因此本章在进行 PPP 财政风险关键因素识别及后续形成机制和传导机制的探究时采用了该思路，如图 2-28 所示。

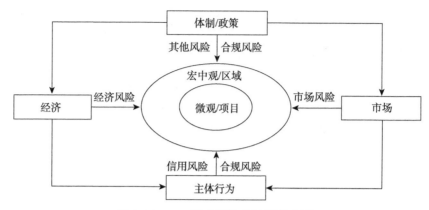

图 2-28　PPP 财政风险关键因素来源

　　为了识别 PPP 财政风险关键因素,本节首先对中英文的相关文献进行了统计和分析,以获得风险关键因素的初始因素池。

　　在进行中文文献的分析时,本节选择了中国知网数据库,中文标题/摘要/关键词的检索规则为:(PPP or 政府和社会资本合作)and(财政风险 or 风险因素)。为了避免遗漏,检索过程中使用了同义词扩展功能。为保证所得文献的学术价值,检索范围限定为北大核心期刊。为补充遗漏文献,还针对性地检索了可能与 PPP 项目、财政风险研究相关的重要期刊。类似地,英文文献的检索选择了 Web of Science 数据库,检索过程中使用了多个与 PPP 项目以及财政风险因素含义相同或相近的关键词,包括 public-private partnership、PPP、BOT、financial risk、fiscal risk、risk factor 等,检索范围限定为经过同行评议的学术期刊文献,并剔除会议论文。通过阅读摘要,剔除掉了明显与主题不相关的论文。之后,对获得的文献进行全文浏览,筛选出列出了明确的财政风险因素的论文,并对列出的风险因素进行记录,在记录过程中对英文表述的风险因素进行翻译。通过对文献进行系统梳理和分析,得到了 PPP 财政风险关键因素的初始因素池(表 2-35)。

表 2-35　PPP 财政风险形成因素的初始因素池

因素层级	因素类别	风险关键因素
宏观风险	政治和政策	政局不稳定
		资产征用或国有化
		项目审批延误
		政策变化
		政府违约
		官僚及腐败
		主权风险
		政治上的强制干预

续表

因素层级	因素类别	风险关键因素
宏观风险	法律	监管体制不完善
		专项法律变更
		税收政策变化
		行业规范变化
		进出口限制
		产品/服务标准变化
	宏观经济	通货膨胀
		利率变化
		汇率变化
	社会	公众反对
		信用风险
	市场	市场需求变化
		原材料成本变化
		政府对利润和收费价格的限制
		市场竞争
		基础设施配套风险
		关税变化
	自然	不可抗力
		环境
		天气
中观风险	项目选择	项目决策失误
		选址
		投标人缺乏竞争力
	项目融资	项目对投资者的金融吸引力
		高融资成本
		缺乏授信
		项目融资结构
		融资可获得性
		财务披露延误
		无力偿还债务
		缺乏政府担保
		金融机构不愿承担高风险
	项目建设	设计缺陷
		项目范围变化
		土地征收
		安置补偿
		人工、材料的可获得性
		资金的可获得性
		建设成本超支
		建设工期超期

因素层级	因素类别	风险关键因素
中观风险	项目建设	合同变更
		设计变更
		地理地质情况
		分包商/供应商破产
		项目交付延误
		技术风险
		质量风险
		环境/文物破坏
	项目运营	运营费用超支
		维护费用超出预期
		运营收入低于预期
		服务质量缺陷
		费用支付风险
		运营安全
		运营效率低
		运营质量差
		运营商违约
		项目残值
		运营期变更
		配套设施风险
微观风险	合同关系	合同中责权利分配不当
	合作关系	合作方之间工作方法不同
		PPP 项目经验不足
		参与方缺乏承诺
		组织与协调风险
		第三方侵权责任
		合作方缺乏沟通
		合作方之间的文化差异

在获得了财政风险形成因素的初始因素池后,本节采用专家访谈+问卷调查的方法,邀请了 10 位具有丰富 PPP 项目经验的专家对文献分析得出的初始风险因素进行筛选和整理,主要是剔除在我国背景下相对不重要的因素、合并相近或重复的因素、补充遗漏因素以及对现有因素的分类提出意见或建议。根据 10 位专家的意见,将"合同关系"与"合作关系"的分类进行了合并,将"政府对利润和收费价格的限制"合并到了"运营收入低于预期",将"基础设施配套风险"合并到了"配套设施风险",将"天气""环境"合并到了"不可抗力",删除了"主权风险""项目残值""运营质量差"等相对不重要的风险因素,最终建立了微观(项目)层面和宏中观(区域)层面的 PPP 财政风险形成关键因素的多层复杂网络(表 2-36)。

表 2-36　PPP 财政风险形成关键因素清单

因素层级	因素类别	风险关键因素
宏观风险	政治和政策	政局不稳定
		资产征用或国有化
		项目审批延误
		政策变化
		政府违约
		官僚及腐败
		政治上的强制干预
	法律	监管体制不完善
		专项法律变更
		税收政策变化
		行业规范变化
		进出口限制
		产品/服务标准变化
	宏观经济	通货膨胀
		利率变化
		汇率变化
	社会	公众反对
		信用风险
	市场	市场需求变化
		原材料成本变化
		市场竞争
		关税变化
	自然	不可抗力
中观风险	项目选择	项目决策失误
		选址
		投标人缺乏竞争力
	项目融资	项目对投资者的金融吸引力
		高融资成本
		缺乏授信
		项目融资结构
		融资可获得性
		财务披露延误
		无力偿还债务
		缺乏政府担保
		金融机构不愿承担高风险
	项目建设	设计缺陷
		项目范围变化
		土地征收
		安置补偿
		人工、材料的可获得性
		资金的可获得性

续表

因素层级	因素类别	风险关键因素
中观风险	项目建设	建设成本超支
		建设工期超期
		合同变更
		设计变更
		地理地质情况
		分包商/供应商破产
		项目交付延误
		技术风险
		质量风险
		环境/文物破坏
	项目运营	运营费用超支
		维护费用超出预期
		运营收入低于预期
		服务质量缺陷
		费用支付风险
		运营安全
		运营效率低
		运营商违约
		运营期变更
		配套设施风险
微观风险	合作关系	合同中责权利分配不当
		合作方之间工作方法不同
		PPP 项目经验不足
		参与方缺乏承诺
		组织与协调风险
		第三方侵权责任
		合作方缺乏沟通
		合作方之间的文化差异

2.5.2 PPP 项目财政风险传导机制研究

DEMATEL 方法和 ISM 方法是对复杂系统进行分析和决策的重要方法。DEMATEL 应用图论与矩阵论原理进行系统因素分析，通过系统中各因素之间的逻辑关系构建直接影响矩阵，计算因素的影响度和被影响度，进而确定因素的中心度和原因度。ISM 则是用来表示系统构成要素以及各要素之间的相互依赖、相互制约关系的模型。ISM 以定性分析为主，旨在分析系统内因素，比如因素的选择是否合理，以及因素间的相互影响以及对整体的影响。DEMATEL 主要用于分析系统构成要素的相对重要性，划分原因因素与结果因素，而 ISM 旨在建立系统构成要素之间相互影响的系统递阶层次结构模型。DEMATEL 方法与 ISM 方法已经在风险分析和成功因素分析等领域得到了一定的应用。现有研究表明，DEMATEL

与 ISM 的相互补充有助于在复杂系统中进行因果逻辑分析和决策。因此，本节集成 DEMATEL-ISM 方法分析 PPP 财政风险关键因素之间的传导路径。

1. DEMATEL-ISM 方法

DEMATEL 方法作为一种主观赋权法，具有直观性强、应用性广、模型可靠、数据容量大的优点。传统的 DEMATEL 方法虽然具有较好的鲁棒性，但主要依赖专家的主观估计来确定各因素之间的关系，且对专家的权重没有进行区分，仅仅简单地将专家视为决策过程中等价的个体。为了提高研究结果的客观性、降低专家个体主观因素对结果的影响，本节对 DEMATEL 方法进行改进，将 DEMATEL 与熵权法结合，以期实现主客观方法的有机结合。

参考以往研究，基于熵权法改进的 DEMATEL-ISM 划分系统层次结构的思路如下。

（1）通过提取 PPP 财政风险关键因素的构成，采用熵权法集结专家打分数据，利用 DEMATEL 方法推导因素间的综合影响矩阵并进行计算。

（2）根据整体影响矩阵和可达矩阵的关系，将整体影响矩阵转换为 ISM 方法中的可达矩阵。

（3）根据可达矩阵和 ISM 方法分析风险关键因素之间的因果关系及传导机制。

改进的 DEMATEL-ISM 方法计算过程（图 2-29）和步骤如下。

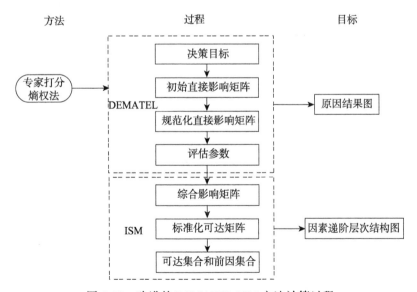

图 2-29　改进的 DEMATEL-ISM 方法计算过程

步骤 1：确定决策目标和建立系统（ $A = \{a_1, a_2, \cdots, a_n\}$ ），其中 n 为 PPP 财政风险关键因素数量， A 为风险关键因素集合。

步骤 2：计算规范化直接影响矩阵。

根据识别出的财政风险关键因素，邀请专家 $k(k=1,2,\cdots,m)$ 结合自身经验对因素间的直接影响程度进行打分，得到矩阵 $B^k(B^k=[\beta_{ij}^k]_{n\times n},\ k=1,2,\cdots,m)$，其中 β_{ij}^k 表示第 k 位专家给出的风险关键因素 a_i 对 a_j 的直接影响程度，m 为专家数量。由于 a_i 对 a_j 的直接影响程度与 a_j 对 a_i 的直接影响程度不同，因此，一般情况下 $a_{ij}\neq a_{ji}$。为降低专家个体主观因素的影响，采用熵权法对多位专家的打分数据进行集结。

首先提取 $(\beta_{1j}^1,\beta_{1j}^2,\cdots,\beta_{1j}^m)$，即每个专家打分矩阵中的第一行元素，构建一个 $m\times n$ 阶的矩阵，将其转置后采用熵权方法进行集结，得到一个 $n\times 1$ 阶的矩阵，再将其转置，得到初始直接影响矩阵的第一行元素。对专家打分矩阵中的其他行数据重复以上过程，即可得到一个 $n\times n$ 阶的初始直接影响矩阵 $B=[\beta_{ij}]_{n\times n}$。

基于矩阵 $[\beta_{ij}]_{n\times n}$，将所有矩阵元素除以矩阵中行和的最大值得到规范化直接影响矩阵 $C=[c_{ij}]_{n\times n}$。

$$c_{ij}=\frac{\beta_{ij}}{\max\limits_{1\leq i\leq n}\sum_{j=1}^n\beta_{ij}} \tag{2-8}$$

通过规范化处理，使得 $0<c_{ij}<1$，此时规范化直接影响矩阵 C 对角线上的元素仍为 0。

步骤 3：计算综合影响矩阵 T。

综合影响矩阵表示因素间直接影响和间接影响的综合累加，可以用来确定每一个因素相比系统中最高水平的因素的最终影响。

$$T=C+C^2+\cdots+C^n=\sum_{i=1}^n C^i=C\frac{1-C^{n-1}}{1-C} \tag{2-9}$$

步骤 4：计算各因素的影响度 f_i 和被影响度 e_i。

基于综合影响矩阵 T，将元素按行相加得到因素影响度 f_i，将元素按列相加得到因素被影响度 e_i。

$$f_i=\sum_{j=1}^n t_{ij}(i=1,2,\cdots,n) \tag{2-10}$$

$$e_i=\sum_{j=1}^n t_{ji}(i=1,2,\cdots,n) \tag{2-11}$$

其中，影响度 f_i 衡量的是因素 a_i 对其他因素的影响程度；被影响度 e_i 衡量的则是其他因素对因素 a_i 的影响程度。

步骤 5：计算中心度（centrality）M_i 和原因度（cause degree）N_i。

将风险关键因素 a_i 的影响度 f_i 和被影响度 e_i 相加得到中心度 M_i，影响度 f_i 和被影响度 e_i 相减得到原因度 N_i。

$$M_i = f_i + e_i \ (i = 1, 2, \cdots, n) \tag{2-12}$$

$$N_i = f_i - e_i \ (i = 1, 2, \cdots, n) \tag{2-13}$$

中心度 M_i 表示风险关键因素 a_i 在所有因素中的重要性程度，中心度越大，因素 a_i 的重要度越高。原因度 N_i 表示风险关键因素 a_i 对其他所有因素的因果逻辑关系程度。若 N_i 为正，则表示因素 a_i 对其他因素有净影响，可将其视为原因因素；若 N_i 为负，则表示因素 a_i 受到其他因素的影响较大，可将其视为结果因素。

步骤 6：绘制原因结果图。以中心度为横坐标、原因度为纵坐标绘制坐标系，标出各风险关键因素在坐标系上的位置，分析各风险关键因素的重要性和属性。

步骤 7：计算综合影响矩阵 $H = [h_{ij}]_{n \times n}$。

$$H = I + T \tag{2-14}$$

其中，I 为单位矩阵。

步骤 8：计算标准化可达矩阵。

给定阈值 λ，得到标准化可达矩阵 $K (K = [k_{ij}]_{n \times n})$：

$$当 h_{ij} \geqslant \lambda 时，\ k_{ij} = 1 \ (i, j = 1, 2, \cdots, n) \tag{2-15}$$

$$当 h_{ij} < \lambda 时，\ k_{ij} = 0 \ (i, j = 1, 2, \cdots, n) \tag{2-16}$$

步骤 9：确定各风险关键因素的可达集合及前因集合。因素 a_i 的可达集合和前因集合按式（2-17）和式（2-18）计算。

$$R_i = \{a_j \mid a_j \in A, k_{ij} \neq 0\} \ (i, j = 1, 2, \cdots, n) \tag{2-17}$$

$$S_i = \{a_j \mid a_j \in A, k_{ji} \neq 0\} \ (i, j = 1, 2, \cdots, n) \tag{2-18}$$

其中，R_i 为可达矩阵 K 第 i 行中所有元素为 1 的列对应的因素组成的集合；S_i 为可达矩阵 K 第 i 列中所有元素为 1 的行对应的因素组成的集合。

步骤 10：验证 $R_i = R_i \bigcap S_i \ (i = 1, 2, \cdots, n)$ 是否成立。如果成立，则说明因素 a_i 为最高层因素，这时在矩阵 K 中划除第 i 行和第 i 列。重复该过程，直到划除所有因素。

步骤 11：根据被划除因素的顺序，绘制 PPP 财政风险关键因素的递阶层次结构图。

2. 模型构建与求解

在模型构建时提取了表 2-36 所示 10 类 PPP 财政风险关键因素（由于自然风险因素无前因变量，故在传导机制研究中不考虑该因素），依次为政治和政策、法律、宏观经济、社会、市场、项目选择、项目融资、项目建设、项目运营、合作关系，分别记做（$a_1, a_2, \cdots, a_{10}$）。邀请 12 位 PPP 领域的专家对上述 10 种财政风险关键因素之间的直接影响程度进行打分。其中，影响程度分为"较强，强，一般，弱，无" 5 个等级，分别赋值"4，3，2，1，0"。按照上文的计算步骤对专家打分的数据进行处理和计算，最终得到了 PPP 财政风险关键因素的递阶层次结构图（图2-30）。

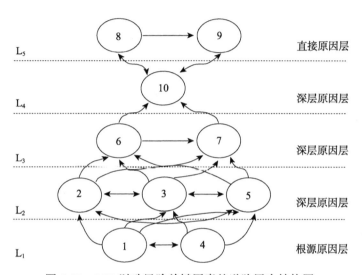

图 2-30　PPP 财政风险关键因素的递阶层次结构图

　　通过对 PPP 项目财政风险关键因素的影响度进行分析可知，在所有的 PPP 财政风险关键因素中，政治和政策（ a_1 ）、宏观经济（ a_3 ）和社会（ a_4 ）是综合影响度排名前三的风险关键因素，其中政治和政策（ a_1 ）以及社会（ a_4 ）也处于所有因素的根源原因层位置，是 PPP 财政风险产生的关键因素。

　　此外，通过对 PPP 项目财政风险关键因素的中心度分析可知，中心度排在前三位的风险关键因素是项目建设（ a_8 ）、项目运营（ a_9 ）和合作关系（ a_{10} ），说明这三种因素的核心程度在所有风险因素中最高。因此，政府及项目管理者在进行 PPP 项目财政风险管理中，应加强对项目建设、项目运营及过程中各参与方之间合作关系的管控。结合影响度结果可知，项目建设和项目运营易受合作关系的影响。因此，在对这三个关键因素进行管控时，应强化对合作关系的维护和管理，从源头减少财政风险的产生。

2.6　PPP 财政风险全过程综合治理

　　已有关于 PPP 项目财政风险治理机制的研究大多仅考虑了政府与社会资本这

两方利益相关者，且大多仅研究了项目的某一特定阶段（如运营阶段）。然而，考虑到 PPP 项目的投资来源渠道多、利益相关者的合作关系复杂，加之项目在较长的全生命周期内也具有极高的复杂性和不确定性，各个阶段既有差异又相互关联，因而 PPP 项目财政风险的治理需要从全过程出发，充分考虑全部利益相关者。因此，本节从 PPP 项目利益相关者关系分析、项目甄别方法和风险分担三方面开展研究。首先，基于利益相关者理论和社会网络分析，采用文献统计分析、问卷调查法和专家访谈法获得了 PPP 项目各个阶段利益相关者之间的关系网络，并对网络的特征值进行了分析。其次，基于案例研究和专家访谈的方法，构建了基于财政风险管控角度的 PPP 项目识别方法，对于可能引发隐性债务风险的"类 PPP""伪 PPP"项目进行了甄别。最后，基于契约理论和博弈论，建立了政府与社会资本之间的动态讨价还价博弈模型，通过设置不同的风险分担策略选择，对模型进行了均衡求解，实现了最优的财政风险分担机制设计。本节研究内容是对现有 PPP 财政风险治理研究的补充和完善，同时也为政府进行合理管控、推动 PPP 模式在我国持续健康发展提供了行之有效的政策建议。

2.6.1　全生命周期视角下 PPP 项目利益相关者社会网络分析

PPP 项目的全生命周期中会涉及除了政府和社会资本之外的其他诸多利益相关者，因此在进行政府和社会资本的风险分担机制设计前，需要对 PPP 项目各个阶段的利益相关者进行识别，构建各阶段的利益相关者社会网络，通过对社会网络的特征值进行分析，识别出项目全生命周期各阶段中影响力强的利益相关者，以期为不同阶段财政风险治理提供有针对性的政策建议。

通过文献统计分析、问卷调查法和专家访谈法，本节共识别了 PPP 项目中包括政府投资者、社会资本、政府职能部门、金融机构、建设单位、分包商、供应商、公众和用户等在内的 13 类重要的利益相关者，并分别分析了这 13 类利益相关者在 PPP 项目决策、项目建设、项目运营三个阶段的参与情况。随机选择了全国 PPP 综合信息平台中的 5 个已处于运营阶段的 PPP 项目，对这 5 个项目中的利益相关者代表进行了问卷调查。调查问卷采用了利克特五分量表，对利益相关者之间的沟通关系、工作关系和合同关系的强度进行了量化调查。其中，沟通关系、工作关系和合同关系的强度分别用来反映利益相关者的社会影响力、权力影响力和经济影响力的大小。问卷中的题项包括"请评估你和利益相关者 A 之间沟通的平均频率？（'0'：几乎没有。'1'：每月一次。'2'：双周到每月。'3'：每周。'4'：至少每天一次）"等。基于问卷调查的结果，可以分别得到 PPP 项目的利益相关者在各个阶段的沟通关系、工作关系和合同关系网络。以 13 类利益相关者均参与的项目建设阶段为例，该阶段中各利益相关者之间的沟通关系组成的社会网络如图 2-31 所示。

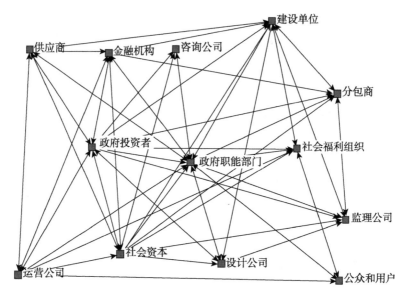

图 2-31　PPP 项目建设阶段各利益相关者间沟通关系网络图

对该沟通关系网络进行特征值分析，分别计算各利益相关者节点的点度中心度、中间中心度和接近中心度，并据此计算每个利益相关者的影响力水平（表2-37）。

表 2-37　PPP 项目建设阶段各利益相关者社会网络特征值表

排序	利益相关者	标准化的中心度			中心性指数	影响力水平
		点度中心度	中间中心度	接近中心度		
1	政府职能部门	0.68	1.00	1.00	0.89	1.00
2	政府投资者	1.00	0.5	0.92	0.81	0.88
3	社会资本	1.00	0.5	0.92	0.81	0.88
4	建设单位	0.66	0.5	0.80	0.65	0.75
5	金融机构	0.55	0.06	0.71	0.44	0.67
6	运营公司	0.42	0.17	0.71	0.43	0.58
7	监理公司	0.42	0.06	0.67	0.38	0.50
8	分包商	0.39	0.06	0.67	0.37	0.38
9	供应商	0.39	0.06	0.67	0.37	0.38
10	社会福利组织	0.18	0.11	0.67	0.32	0.25
11	设计公司	0.32	0.00	0.63	0.32	0.17
12	咨询公司	0.32	0.00	0.57	0.30	0.08
13	公众和用户	0.08	0.00	0.57	0.22	0.00

由上述结果可以看出，在 PPP 项目的建设阶段，具有最强的社会影响力的是政府职能部门，其次是政府投资者和社会资本，因此在建设阶段的 PPP 项目财政

风险治理中，应重点关注这三类利益相关者，以提高财政风险的管控成效。类似地，可以对 PPP 项目全生命周期中另外三个阶段的利益相关者关系进行社会网络分析，分别识别全生命周期各阶段中影响力强的利益相关者，并基于此提出 PPP 项目全过程的风险防范与化解策略，进一步完善全生命周期视角下的 PPP 项目财政风险综合治理机制。

2.6.2　PPP 项目财政风险综合治理

随着 PPP 改革的推进，PPP 项目的监管制度也在探索中逐渐完善，然而仍有部分地方政府违规操作 PPP 项目，如政府消极监管、社会资本投机等，导致 PPP 模式在发展中出现了部分泛化、异化等现象，对当地财政的可持续发展与地方经济金融安全产生较大隐患，可能引发严重的隐性债务风险。因此，在项目实施前就需要对 PPP 模式在该项目中的适用性进行综合评价，识别规范运作的 PPP 项目，甄别出"类 PPP""伪 PPP"项目，从而在识别阶段降低项目后续实施中的财政风险。

本节通过对政府代表、社会资本代表、为 PPP 项目提供咨询的单位以及 PPP 研究领域的专家学者进行访谈，对 PPP 模式在不同行业领域、不同项目类型中的适用性进行评价。

多数专家在谈到 PPP 模式的适用领域时均表示认可《财政部关于推广运用政府和社会资本合作模式有关问题的通知》（财金〔2014〕76 号）中的规定，即"重点关注城市基础设施及公共服务领域，如城市供水、供暖、供气、污水和垃圾处理、保障性安居工程、地下综合管廊、轨道交通、医疗和养老服务设施等"，而发达国家的实践经验也表明，基础设施是 PPP 模式最适合的领域。另外，根据全国 PPP 综合信息平台的统计，截至 2021 年 6 月，交通运输、市政工程、城镇综合开发领域的项目投资额处于前三位，教育、医疗等公共服务领域的供给量也明显增加。综合案例分析和专家访谈的结果，PPP 模式更适用于"泛基础设施"领域，包括基础设施、市政项目、公用服务等，因为该领域的项目大多具有较强的公共属性、外部性和服务持续性，因此更需要政府和社会资本进行合作，从而有效提高供给效率，在缓解政府财政压力的同时满足公众的需求。

而在 PPP 模式适用的项目类型方面，财金〔2014〕76 号文中曾明确适合采用 PPP 模式的项目，应具有价格调整机制相对灵活、市场化程度相对较高、投资规模相对较大、需求长期稳定等特点，且要优先选择收费定价机制透明、有稳定现金流的项目。财政部给出的适用项目类型，充分反映了其防范财政风险的需求偏好。然而，不少咨询行业和研究领域的专家在访谈过程中提到"有稳定的现金流"并非适用项目的必要条件，一些纯公益性的项目（如安庆市外环北路 PPP 项目等）也可能适合采用 PPP 模式，因此对 PPP 模式的适用项目类型进行了补充。综合案例分析和专家访谈的结果，PPP 模式适用的项目类型应具备以下特征：①产品或服务具有长期、持续、稳定的需求；②项目参与方的合作关系在整个生命周期内持续；③投资规模较大；④项目具有一定的专业性要求，需要发挥社会资本的专业优势；⑤项目的风险可以合理分配给社会资本。

在明确了 PPP 模式的适用行业领域和项目类型后，本节还针对如何"去伪存真"、甄别不合规的"类 PPP""伪 PPP"项目进行了专家访谈。根据访谈结果，"类 PPP""伪 PPP"项目虽然有着各异的表现形式，如采用固定回报、回购安排、明股实债等，但是其核心的特征是相同的，即项目的风险没有合理分配给社会资本，政府仍然承担着大部分甚至全部风险。因此在对 PPP 项目进行甄别时，需要认真查阅项目的采购文件、项目合同、实施方案等，厘清政府、社会资本以及金融机构等其他利益相关方的风险是如何进行分配的，进而对该项目风险分担机制的合理性进行分析。

2.6.3 PPP 项目风险分担机制设计

合理的风险分担机制是 PPP 项目财政风险综合治理的关键所在，然而目前关于 PPP 项目风险分担的研究多停留在定性分析的层面，如专家打分法、问卷调查法等，而定量的模型分析相对较少，对于模型的构建也缺乏动态性、不够完善。因此，本节在考虑政府与社会资本风险偏好的基础上，构建了包含多个谈判回合的讨价还价博弈模型，并通过对模型的均衡求解得到 PPP 项目的最优风险分担策略。

首先，从风险偏好的角度对 PPP 项目的共担风险和非共担风险进行简单识别。共担风险识别模型假定政府和社会资本均为理性的"经济人"，博弈环境为完全信息环境，承担风险的成本和收益均与风险线性相关，双方的风险分担策略均为承担和不承担（表 2-38），在该支付矩阵中，共担风险效用由后续的讨价还价博弈模型求得，而单独风险效用则由风险偏好系数与风险成本、收益的函数表示。博弈模型的求解结果表明，当承担风险 r 的收益大于成本时，若政府与社会资本中一方对风险 r 表现出偏好，而另一方表现出厌恶，则将风险 r 交由风险偏好的一方独立承担，这将提高风险治理的效率；而当双方对风险具有相同的偏好或项目的净收益小于 0 时，则需要由双方共担风险，并且进行合理的分担机制设计。

表 2-38 考虑风险偏好的 PPP 项目风险支付矩阵

分担策略		社会资本	
		承担	不承担
政府	承担	共担风险	（单独风险效用,0）
	不承担	（0,单独风险效用）	（0,0）

其次，在识别出 PPP 项目的共担风险后，本节进行了讨价还价博弈模型的构建。该模型在前面假设的基础上，增加了以下假设。

（1）双方谈判回合数为 n ，政府在第 i（ $i=1,2,3,\cdots,n$ ）回合谈判中需要承担的风险比例为 p_i ，则社会资本需要承担的风险比例为 $1-p_i$ 。

（2）政府先出价，社会资本后出价。

（3）谈判过程中双方均需要付出谈判成本，设定政府和社会资本的谈判成本系数分别为 α_1 和 α_2（ α_1,α_2 均大于 1 且 $\alpha_1<\alpha_2$ ）.

（4）政府与社会资本的地位不完全平等，第 i（ $i=1,2,3,\cdots,n$ ）回合的不平等程度为 β_i（ $0\leqslant\beta_i\leqslant1$ ），用来反映该回合中政府可以利用地位优势向社会资本转移的风险比例，因此有 $0\leqslant\beta_i\leqslant p_i\leqslant1$（ $i=1,2,3,\cdots,n$ ），且随着回合的增加，双方的不平等程度递减。

基于上面的全部假设，构建 PPP 项目风险分担博弈模型如下。

在第一回合中，政府与社会资本实际所需承担的风险比例分别用 X_1 和 Y_1 表示，则有

$$X_1 = p_1 - \beta_1 \tag{2-19}$$
$$Y_1 = 1 - p_1 + \beta_1 \tag{2-20}$$

若双方达成一致，则谈判结束，否则谈判进入第二回合。

谈判的第二回合由社会资本进行出价，考虑到双方的谈判成本系数 α_1 和 α_2 ，政府与社会资本实际所需承担的风险比例分别为

$$X_2 = \alpha_1(p_2 - \beta_2) \tag{2-21}$$
$$Y_2 = \alpha_2(1 - p_2 + \beta_2) \tag{2-22}$$

若双方达成一致，则谈判结束，否则谈判进入第三回合。

谈判的第三回合再次由政府提出其承担比例，考虑到双方的谈判成本系数 α_1 和 α_2 ，政府与社会资本实际所需承担的风险比例分别为

$$X_3 = \alpha_1^2(p_3 - \beta_3) \tag{2-23}$$
$$Y_3 = \alpha_2^2(1 - p_3 + \beta_3) \tag{2-24}$$

同样地，若双方达成一致，则谈判结束，否则将进入下一回合。重复此过程，则第 j（ $j=1,2,3,\cdots,n$ ）回合政府与社会资本实际所需承担的风险比例分别为

$$X_j = \alpha_1^{j-1}(p_j - \beta_j) \tag{2-25}$$
$$Y_j = \alpha_2^{j-1}(1 - p_j + \beta_j) \tag{2-26}$$

以三回合的有限谈判模型为例对该无限讨价还价模型进行均衡求解，在第三回合中由政府出价，政府承担风险 $X_3 = \alpha_1^2(p_3 - \beta_3)$ ，社会资本承担风险 $Y_3 = \alpha_2^2(1 - p_3 + \beta_3)$ 。采用逆推法，将该回合政府承担的风险与第二回合社会资本出价中提出的政府承担风险进行对比，若 $X_2 > X_3$ ，则政府和社会资本在第二回合必然无法达成一致；考虑到这一点，社会资本可能为了节约谈判成本，在第二回合提出设定

$X_2 \leqslant X_3$ 的出价以促成谈判在第二回合达成，但同时还会保证 Y_2 最低。因此，第二回合的最优风险分担方案为 $X_2 = X_3$，即

$$\alpha_1(p_2 - \beta_2) = \alpha_1^2(p_3 - \beta_3) \tag{2-27}$$

可得

$$p_2 = \alpha_1(p_3 - \beta_3) + \beta_2 \tag{2-28}$$

此时社会资本承担的风险比例为

$$Y_2 = \alpha_2(1 - p_2 + \beta_2) = \alpha_2[1 - (\alpha_1(p_3 - \beta_3) + \beta_2) + \beta_2] = \alpha_2[1 - \alpha_1(p_3 - \beta_3)] \tag{2-29}$$

将该风险与第三回合社会资本承担的风险比例进行对比，有

$$Y_2 - Y_3 = \alpha_2(1 - \alpha_1 p_3 + \alpha_1 \beta_3) - \alpha_2^2(1 - p_3 + \beta_3) \tag{2-30}$$

由于 α_1、α_2 均大于 1，则 $(Y_2 - Y_3) < 0$，即社会资本在第二回合的风险也低于第三回合，采用该最优方案可使双方在第二回合达成一致。

类似地，由第二回合倒推至第一回合，则第一回合政府的出价需要同时满足社会资本接受和自身承担风险最小的要求，因此第一回合的最优风险分担方案为 $Y_1 = Y_2$，将公式（2-20）和公式（2-29）代入，则有

$$p_1 = 1 + \beta_1 - \alpha_2 + \alpha_1\alpha_2 p_3 - \alpha_1\alpha_2\beta_3 \tag{2-31}$$

由于第三回合的出价即为政府的最终出价，因此有

$$p_3 = p_1 = 1 + \beta_1 - \alpha_2 + \alpha_1\alpha_2 p_3 - \alpha_1\alpha_2\beta_3 \tag{2-32}$$

对该三回合讨价还价博弈模型进行纳什均衡求解，可得 PPP 项目中政府和社会资本共担风险的纳什均衡解分别为

$$X^* = \frac{\alpha_1\alpha_2\beta_3 + \alpha_2 - \beta_1 - 1}{\alpha_1\alpha_2 - 1} \tag{2-33}$$

$$Y^* = \frac{\alpha_1\alpha_2 - \alpha_2 + \beta_1 - \alpha_1\alpha_2\beta_3}{\alpha_1\alpha_2 - 1} \tag{2-34}$$

除此之外，从上述均衡解中还可以看出，PPP 项目中政府和社会资本的风险分担方案会受到双方谈判成本和地位不平等程度的影响，因此在进行 PPP 项目财政风险治理的实践中，需要在设计风险分担机制时充分考虑双方的风险偏好、谈判成本等情况。

第 ‹ 3 › 章

PPP 物有所值评价

PPP 物有所值评价是评判一个项目是否有必要立项、是否采用 PPP 模式、是否能提高公共事业领域的供给质量和效率的重要工具。从经济学和管理学视角分析，"物有所值"是项目采购的重要原动力和制度目标，通过物有所值评价构建多维目标体系，关注成本、质量、风险、收益等多方面因素，旨在实现这些因素在项目生命周期内的最优组合，并通过细化、优化目标产出推动项目过程管理进步，是前期预测、中期核验、后期对标项目经济效益和社会效益的有效工具，是完善公共服务供给制度设计的关键步骤。根据《PPP 物有所值评价指引（试行）》的规定，定性评价是必选，定量评价在有条件时开展，但定性评价指标体系不够健全，评价结果具有较多评价专家的主观成分；定量评价也存在缺少行业或项目历史数据、参数赋值不严谨、计算方法亟待优化等问题，影响物有所值评价作用的发挥。为此，本章以物有所值实践问题为导向，深入分析其理论基础，为完善定性、定量评价提供依据，同时创新性地探索 PPP 项目外部性问题，将其量化并纳入物有所值定量评价体系，以全面反映 PPP 项目在经济社会方面的贡献度，并在此基础上构建 PPP 与宏观经济发展的系统动力学模型，进一步探索 PPP 与宏观经济运行的关系。

3.1 PPP 物有所值定量评价的理论分析

3.1.1 基础理论

1. 公共产品理论

因为供给对象和供给主体不同，公共产品和私人产品是由这两个相对的概念形成的。界定两个产品成为相对概念的主要依据包括两点：当一方对产品进行购买时，其他任何一方均不能使用或享受该产品提供的任何有益之处，即排他性；当多方购买此产品时，随着产品消耗的增加，产品的边际成本随之增加，即竞争性。公共产品和私人产品从上述两点要素着眼考虑，公共产品不具有排他性和竞争性，而私人产品具备，但公共产品具备外部性和不可分割性，而私人产品不具备。如果物品同时具备公共产品和私人产品各自的两种代表性特点，可以视为准公共产品。

社会公众需求的特殊性决定了无论是单一政府方还是单一社会资本都不能作为唯一供给方为社会公众提供公共产品，需要双方发挥自身优势，共同实现满足社会需求的目标。但是，某些具有非使用价值效益明显的强公益性产品必须由政府部门来提供，充分保障其社会效益。因此，市场上现存的社会资本不适合提供此类物品。对于公益性较弱甚至带有部分收益性的准公共产品，由于其具备双重属性，因此可以由双方分别供给或者合作共同供给。

绝大多数的 PPP 项目都是同时具有公益性和福利性的准公共产品，因此从成本的角度来评估物有所值通常会由于其现金流收入而难以收回投资。要想获得一定的利润更是难上加难，大多数 PPP 项目物有所值的评估结果并不乐观。这些项目很难利用市场规则来运营，因此只能依靠政府部门来解决相关问题。政府投资 PPP 项目的资金主要是财政资金。如果一个具有较强公益性质的 PPP 项目是在单一成本角度下进行评估的，那么它就不可能通过物有所值评价。在这种 PPP 模式的实施过程中，财政资金的缺乏导致了这类 PPP 项目无法快速推进，将严重影响公共产品和公共服务供给的水平和质量。依据上文分析，PPP 可以划归到由政府和社会资本单方或共同提供的范畴内，且采用双方共同提供模式比政府单独提供模式更加便捷灵活。要充分发挥社会资本的灵活性和资本优势，发掘 PPP 模式对公益性项目的推动作用。

2. 新公共管理理论

该理论起源可以追溯到 20 世纪 40 年代，以美国为首的西方国家在制定本国经济政策时，开始更多地参考凯恩斯主义经济学思想，即福利国家制度。但经过多年验证，实践并未达到预期效果，反而带来公共服务供给质量低下的弊端，人们也开始对福利国家的经济政策与制度建设的经济学基础进行反思，新公共管理理论的改革运动拉开了序幕。

此次的新公共管理改革是以企业精神和公共部门改革为主题，意图提高公共服务的效率。针对竞争性缺乏的公共管理领域，新公共管理改革提出要把社会公众放在首要位置，充分发挥市场的导向作用，让市场来进行调节，旨在更好地提供公共产品和公共服务供给。在具体改革过程中，公益性项目大多是为满足社会公众需求，受市场本身决定影响，符合经济发展的客观规律，政府转变职能是大势所趋。通过时间验证，公私合作模式逐渐成为西方国家推动改革的重要举措和手段，推动了新公共管理理论的兴起，该理论强调政府应更多专注于监管，开放竞争性领域等观点已经成为当今西方国家制定公共政策的重要理论基础。

物有所值评价围绕新公共管理理论的部分重要观点展开，特别是通过 PPP 模式能够转变政府职能，提升政府治理能力，充分发挥社会资本投资优势，两者结合能够更好地满足社会公众需求，在一定程度上为 PPP 物有所值评价的发展提供良好的理论支撑。

PPP 项目的建设和管理同样适用于新公共管理理论。依据新公共管理学的理论，在 PPP 项目的建设和管理过程中，通过评估更高的性价比，竞争领域将被放开，社会资本能够凭借其自身资本优势和投资灵活性等特点通过竞争机制充分进入开放领域。这种开放手段不仅能够加速政府职能转变，转变政府作为监督者与建设者并行的传统定位，使其更多地专注监管职能，社会资本更多地承担建设维护责任，政府通过监管实际考核结果保证社会资本获得合理回报，同时也能依托社会资本的资本优势，化解自身债务风险，提高政府资金的使用效率，如此有助于提高公共产品及公共服务的供给和质量。

以新公共管理学的理论为基准依据，我们可以在 PPP 项目的建设和管理过程中，通过物有所值评价这一媒介，把强公益性的竞争性领域向社会资本开放。这样就可以鼓励私营部门进入该领域，如此便引入了竞争机制。一方面，政府部门通过此举可以顺利实现从项目提供方向监督者的角色转变，即实现政府职能的转变，提升自身治理能力。同时通过制定详细、明确的绩效考核体系，根据按绩效付费的实际支付原则确保社会资本在充分保障项目公共产品和公共服务供给的基础上获取合理收益。另一方面，在竞争性领域更多地引入社会资本进行投资，充分发挥社会资本的资金优势，可以化解政府的债务风险，提高政府资金使用效率，这样一来也有助于提高公共产品和公共服务的供给水平和质量。

3. 交易成本理论

科斯最早在微观经济学研究范畴内提出交易成本概念，主要是比对微观企业管理层面和宏观经济管控层面的差异性。随着 PPP 模式在我国逐渐兴起，交易成本理论作为连接宏观和微观的管理手段，在研究政府如何提高决策有效性，特别是判断应当由政府单方还是政府和社会资本双方通过合作参与建设问题，以及完善物有所值评价体系等方面起到重要作用。交易成本理论表明，公共产品是由政府直接提供还是由 PPP 提供效率更高取决于交易成本的大小。

威廉姆森对交易成本理论有着卓越的贡献和深入的研究，根据其相关研究总结，在市场的交易成本方面，存在对每一笔交易产生深远影响的三个至关重要的投入：合约准备投入、合同确定投入、合同监管及执行投入。

对应到我国 PPP 项目中，在传统政府采购模式下，需要政府方对项目全流程负责，由于政府并非专业建设方或者运营方，因此实际过程中将会产生一系列的问题。首先，政府每次都应该寻找最佳合作伙伴。对于包括设计、施工和运营合同在内的所有合同，政府确认选定的合作伙伴是否最优的过程会带来较多的信息检索成本。其次，每个合同中的谈判和决策都会导致大量的讨价还价和决策。再次，需要投入大量的监测和应用成本。最后，政府部门必须签订合同将长期公共产品转给各相关人员来具体实施，需要实际参与建设方高度重视建设成本等关键因素。

综上所述，传统意义上的单一政府供给方在提供公共服务时，由于其自身并非专业建设方与运营方，在采购社会资本，与参与方签订系列合同，执行设计、建设、运营等系列程序时，不可避免地会产生一系列的交易成本。因此，这种模式存在至少以下三个优点。首先，依托社会资本的专业性可以降低项目全部建设成本。其次，会提高项目质量。由于项目公司将全面负责这项工作，因此能避免"豆腐渣"工程项目，提高项目施工质量。最后，项目期限有保证。项目公司为尽快回收投资成本，会竭尽全力使项目尽快实施，尽可能缩短项目阶段，以保证项目如期步入运营阶段来获得盈利。

4. 外部性相关理论

外部性也被称为外部效应、外部成本和溢出效应。在市场活动中，额外的、没有得到补偿的成本或收益称为外部性。例如，当个人和制造商的行为影响到他人时，如果是产生了积极的影响，则个人或制造商并不会获得报酬；而个人或制造商如果产生的是消极的影响，也不需要支付任何费用。根据经济学的基本理论，市场价格可以充分反映市场的供求状况，边际收益可以等于边际成本。然而，当外部性存在时，这种经济行为的影响不会得到有效的补偿，市场价格不能反映该经济影响的具体状况，即市场价格被扭曲了。这将使整个经济无法达到帕累托最优状态，这就造成了资源配置的无效率。外部性又分为正外部性和负外部性。正外部性在不需要受益人进行任何支出的前提下使其获得收益；而负外部性则会使受益人在没有付出任何成本的前提下受到不利影响。

对于 PPP 物有所值评价而言，市场活动中所存在的外部性会导致市场资源配置的失灵，无法达到帕累托最优。因市场失灵的存在，市场本身不能解决外部性问题。政府提供公共产品这个行为可以弥补市场失灵的缺陷，但公共选择学派提出了公共产品也存在外部性的理论。布坎南就提出了，公共选择的过程是通过投票决议迫使一些人服从多数选择的一个过程，这种胁迫性质的过程也会产生外部性。奥尔森在《集体行动的困境》中提出，地方政府提供公共产品的这一行为，极有可能使得区域之间产生溢出效应，这将使地方政府对提供公共产品的动力产生差异。

公共产品自带非排他性的或非竞争性的性质，市场并不能有效地提供公共产品。因此，无论具体到某一个个体是否享有某种公共产品，这种公共产品的提供都是由全社会来共同承担的。公共产品的外部性不只影响政府和市场两个部门，还会影响到特定辖区内的居民和自身辖区周边的居民。现有的物有所值评价从单一成本角度看，难以充分评估 PPP 项目的公益属性，也不可能把社会公众的期望纳入评价体系里来。在考虑项目的优先级别时，只能通过沟通选择成本进行筛选，这导致强公益性的 PPP 项目在基础公共服务领域的 PPP 项目实施中落实、落地缓慢。

3.1.2　概念模型构建

本节基于国内外 PPP 政策文件、PPP 学术论文等相关基础资料，对已有的 PPP 物有所值评价研究进行文献计量分析，运用知识图谱、文本聚类等方法，提炼物有所值定量评价的核心观点和概念要素，并结合公共产品理论、新公共管理理论、交易成本理论、外部性相关理论等基础理论，搭建物有所值定量评价的概念模型与基础理论框架。

本节基于已收集的文本资料，运用文献计量软件，从 PPP 物有所值评价研究关键词聚类图谱（图 3-1）和关键词时序知识图谱（图 3-2）可知，物有所值评价是 PPP 研究的核心，尤其是 PPP 物有所值的定量研究，学者较为关注 PSC、PPP 风险定量评估等核心要素的评价，比较常用的方法是模糊综合评价。最新的研究将物有所值评价与绩效评价充分结合，全面分析评估 PPP 带来的社会经济效益。

在改进的 PPP 物有所值评价模型中，物有所值评价分为两个层次，即项目层面物有所值评价和宏观/区域层面物有所值评价（图 3-3）。PPP 物有所值评价的对象大多为公共产品和准公共产品，一般要求 PPP 项目需要保证公共产出的公益性，但现行物有所值评价更多地从财务效益角度出发，很难体现保证项目产出的公益性，由此在项目层面的物有所值评价的基础上，增加宏观/区域层面物有所值评价，这一新的体系较现有体系更能直观地体现 PPP 作为公共产品和准公共产品的特点。

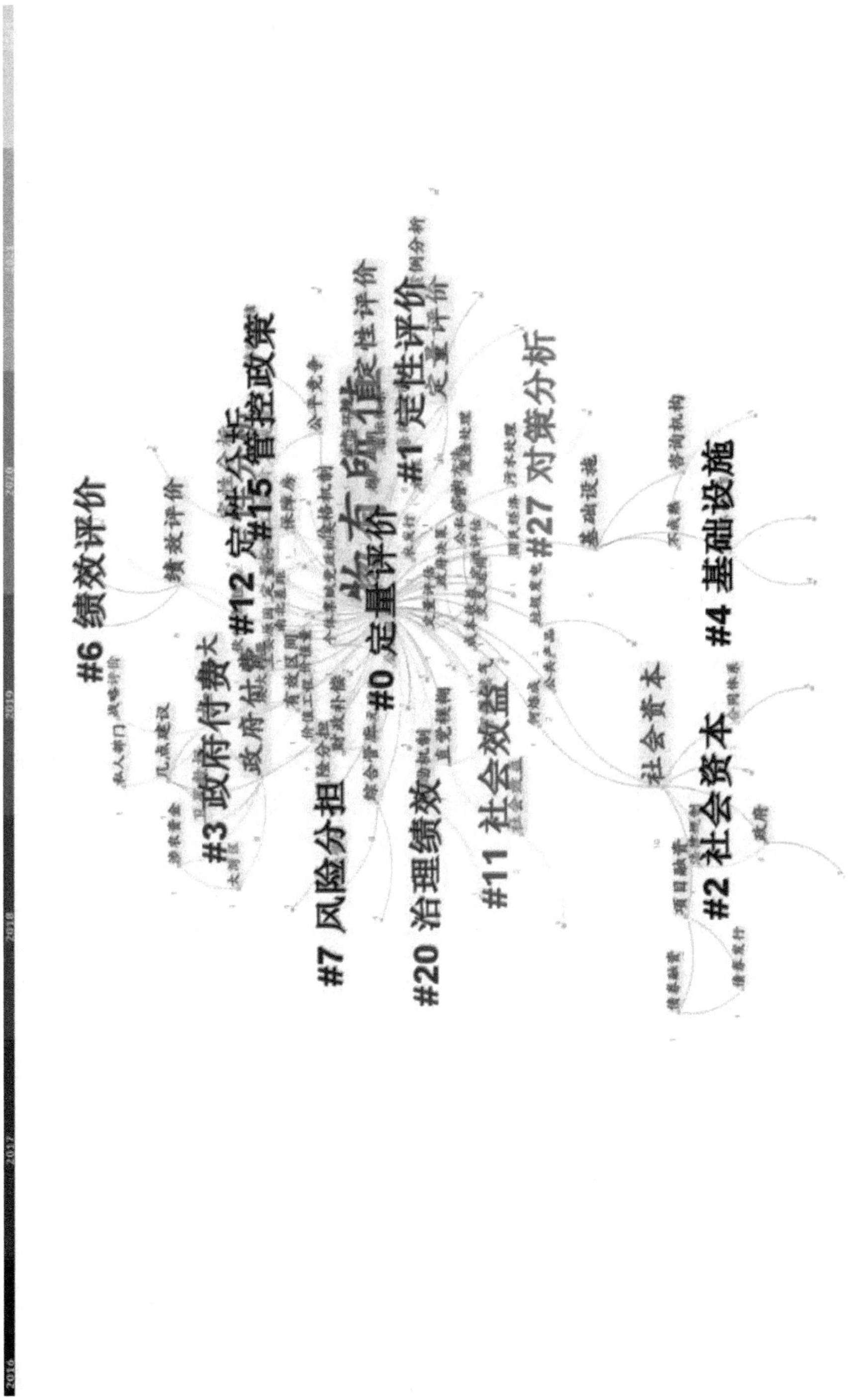

图3-1 关键词聚类图谱

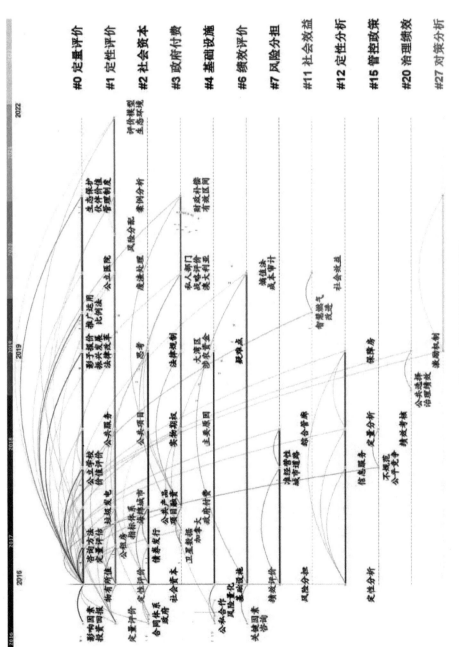

图3-2 关键词时序知识图谱

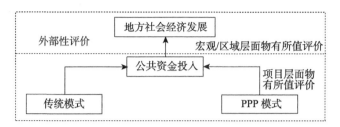

图 3-3　PPP 物有所值评价概念模型框架

3.2　PPP 物有所值定量评价的国际经验分析

PPP 模式在国际范围内探索起步较早，物有所值评价也取得了较为成熟的经验，以英美为代表的发达国家已经形成相对完整的评价程序，无论是定性评价的指标体系还是定量评价的模式比对评估模型，均可供政府和社会资本参考。国际范围内，现行评价体系在定性层面基本达成一致，但在定量层面各国依然处于探索阶段，受限于风险量化的准确程度，各国 PPP 物有所值评价体系中定量评价部分占比不一。另外，物有所值驱动因素能够正确引导、积极推动、合理激励 PPP 项目实现，同时可以提高物有所值评价的准确性。此外，从我国实际国情出发，社会主义公有制性质更要求我国 PPP 物有所值评价不能只考虑项目成本，还要对项目公益性进行全面考虑。因此，本节选取对 PPP 物有所值评价探索较为成熟的英国、美国和澳大利亚等国家，并对其物有所值评价概况、物有所值评价驱动因素、对项目风险及外部性的考量进行比较分析。

3.2.1　英国 PPP 物有所值评价研究

1. 物有所值评价概况

英国是世界范围内最早对 PPP 模式开展探索的国家，主要起源于对 PFI 模式的转变研究。物有所值的概念由英国国家审计署于 20 世纪 90 年代提出，即"最低的全生命成本实现既定的功能"。针对 PFI 模式，英国财政部在公布的《物有所值评价指南》(*Value for Money Guidance*)中对物有所值评价体系进行了明确规定：在 PFI 项目实施过程中，要求在三个阶段对 PFI 项目群进行物有所值评价，即前期笼统的项目群层级物有所值评价、具体的项目层级物有所值评价以及项目进入采购阶段后的物有所值优化评价。英国物有所值评价全流程如图 3-4 所示。

在前期的项目群评价阶段与具体项目评价阶段，英国更多的是依靠定性评价，并提出"可行性、有益性、可实现性"三项定性评价原则，制定定性评价问题，通过先逐项分析、后综合判断的方法进行评价。在项目进入采购阶段后，英国开始实行定量评价。英国的定量评价假定前提是在项目产出上保持高度一致，无论

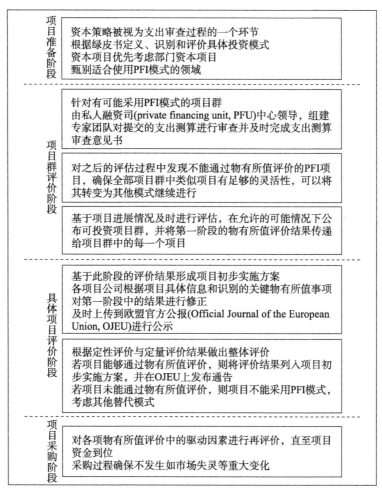

图 3-4　英国 PPP 物有所值评价全流程

是在数量还是在质量方面都要保持不变，基于该假定，通过计算不同评价模式下 PSC 的不同来进行整体评价。英国选择对比的两种模式分别是传统政府采购模式和 PFI 模式，将项目成本、风险等指标折现后进行无差别比较，具体在 *Quantitative Assessment: User Guide*（《定量评估：用户指南》）中有详细解释。

2. 物有所值评价驱动因素

英国对其自身物有所值评价的驱动因素有明确定义，根据相关文件规定，英国在筛选物有所值评价驱动因素时，主要通过基准变量、融资变量、成本变量和其他变量四个层面进行，并基于 Excel 建立物有所值定量评价基准模型，用于辅助政府进行政策制定和实施。将影响物有所值评价的驱动因素分别罗列如表 3-1~表 3-4 所示。

表 3-1　基准变量

变量	变量说明	参照因素
建设基准成本	提供项目建设期成本基准参考	有部门基准的，参照各部门制定的基准参考值 无部门基准的，参照国家统计局编制的建设成本指南中的基准参考值
运维基准成本	主要考虑人力资本、项目运营期第三方收入和全生命周期成本等因素	非充分就业时可参考当前 GDP 平减指数 充分就业时可参考英国平均收入指数等国家相关公开指数
终端用户付费	提供项目终端用户付费基准以及需要政府补贴支出的基准	参考零售价格指数做出部分或全部调整
合同期限	6~40 年	特殊情况按照实际期限进行调整
名义折现率	参照绿皮书规定实际折现率和统计部门公布的 GDP 平减指数	绿皮书规定实际折现率为 3.5%，GDP 平减指数参考当年统计部门公布的结果，一般取 2.5% 在 Excel 模式中名义折现率设定为 6.09%

资料来源：*Quantitative Assessment: User Guide*

表 3-2　融资变量

变量	变量说明	参照因素
财务杠杆	代表使用债务工具融资比例	Excel 基准模式中设定债资比为 9：1
掉期率	参照英国英格兰银行提供的数据	与传统采购模式采用相同期限债务的掉期率，一般采用 20~25 年
贷款利率	参照英国英格兰银行提供的数据	
外汇利差	参照英国英格兰银行提供的数据	
资本贡献比	政府部门出资占项目资本金的比例	

资料来源：*Quantitative Assessment: User Guide*

表 3-3　成本变量

变量	变量说明	参照因素
初始成本	项目前期包含的全部成本	包括项目勘探、方案论证、人工成本等 其余未列指标需要参照实际项目进行补充 传统采购模式下，初始成本不考虑合理损耗，增值税不计入初始现金流 PFI 模式下，考虑可转移风险，一般项目初始成本比传统采购支出大
生命周期成本	在项目进入建设期尚未进入运营期，出于保证项目建设补充投入的成本	合同具体期限 政府部门对耗用性资产的利用政策 传统采购参照 PFI 模式全生命周期成本 PFI 模式参照同类型项目全生命周期成本
运维成本	项目进入运营维护期产生的成本	交易规模 传统采购模式参照政府设定的标准无风险成本及实际调整的成本补偿 PFI 模式参照合同约定，并按照实际绩效进行调整
交易成本	公共部门和私人部门形成平等契约关系的成本	公共部门的验收要求复杂程度 对私人部门尽职调查的水平 项目规模及合作年限

资料来源：*Quantitative Assessment: User Guide*

表 3-4　其他变量

变量	变量说明	参照因素
第三方收入	项目在建设和运营期产生的收入	参照同类型项目第三方收入
合作期限调整	项目合作期限出现调整，两种模式同步变动	
合作程度调整	项目资本金和贷款百分比调整，两种模式同步变动	
间接影响因素	除直接影响外的其他可能产生收益或风险的重要因素	外部性 非使用因素
税收	参照绿皮书中规定的税收负担	传统采购模式中政府应承担的税收 增值税影响

资料来源：*Quantitative Assessment: User Guide*

基于表 3-1~表 3-4 的部分变量说明，英国政府在建立的物有所值评价模型中，首先进行数据收集和处理，将经过初步处理后的数据视为模型变量的初始状态，并通过模型设定状态发生变化的边界条件。最终通过建立的模型，对上述不同模型变量在初始状态下受边界条件变动而发生的变化进行研究，这些变化会对最终解释变量 PSC 产生影响，并将各变量变动的影响结果以两种不同形式进行输出。其中，情景分析表用于分析不同情景下项目 VfM 值的变动情况，得到 VfM 区间估计结果；无差异分析表用于测试项目关键变量的稳健性，通过将测试结果与英国政府给出的标准案例进行比对，从而得到精确的物有所值评价结果。

3. 物有所值评价风险与外部性分析

风险分析作为物有所值评价的核心环节，具有非常重要的参考价值。风险分析的作用被界定为：一是识别项目在全生命周期过程中可能出现的各类风险；二是选取能够管控风险的最佳承担方，通过合理的风险分担方式对风险进行分配，保证政府和社会资本之间的伙伴关系是平等的，尤其是政府无法通过 PPP 模式与社会资本进行分担的可保留风险部分，需要更加明确地进行判断。

英国对风险的分析已经形成较为完整的研究体系，从风险识别出发，经过分类、筛选、转移、分担等环节，最终实现对整个项目风险的管控。在最初的识别阶段进行的工作可为建立风险分析数据库提供数据支撑；在风险转移部分对所有风险进行全面分析，根据风险共担原则，利用风险分配表在政府部门和私人部门之间选择最佳承担者进行分配；在风险防范部分，提供一系列防范风险的方法和措施。

具体来看，针对 PFI 模式参照项目不足导致风险发生的情况，英国政府给出了如下改进策略：在进行初始 PSC 值计算时，参照同类项目的经验数据或者类似项目经验数据的区间估计结果，通过对选取的关键风险变量进行动态调整分析，筛选出重要等级高的关键因素，将其作为项目最可能发生或者潜在影响最大的风险点，在此基础上，采取计算机仿真的方法来模拟风险爆发可能导致的各种后果。针对最可能发生或者影响最大的风险后果，通过设计一系列期权来在一定程度上消除固有风险的负面影响。

在外部性考量上，英国政府在绿皮书中要求政府在考虑外部性和非市场因素的基础上，对实际项目资产可能产生的资产收益情况进行量化。

3.2.2　美国 PPP 物有所值评价研究

1. 物有所值评价概况

美国 PPP 物有所值评价大体上与英国相似，定性部分继续通过问题清单的形式先逐项分析后进行综合判断。区别主要在于，在定量评价部分，虽然美国沿用了比较 PSC 值的方法，但是在比较基础上有所调整，不是比较传统政府采购模式与 PPP 模式下的 PSC 值，而是通过影子价格来表征 PPP 模式下的"PSC 值"，再通过比较不同模式下的"PSC 值"（真正传统政府采购模式的 PSC 与 PPP 模式下的影子价格）的结果来进行判断。美国对影子价格的相关定义中并未提及 PPP 模式，而是通过所谓替代模式来表征 PPP 模式，同样强调相同的公共产出，并且同样选取总成本作为研究的评价目标。具体评价流程如图 3-5 所示。

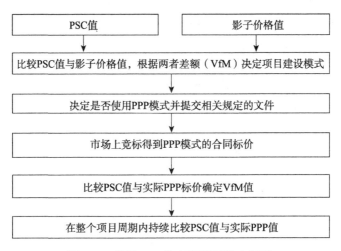

图 3-5　美国 PPP 物有所值评价全流程

2. 物有所值评价驱动因素

美国 PPP 物有所值评价驱动因素主要可以分为 PSC 与影子价格两部分。

1）PSC 的构建

美国政府在测算 PSC 的过程中，首先对 PSC 的组成进行界定，主要包括：计算初始 PSC 值、为保证传统政府采购模式和替代模式能够以相同基准进行对比的调整值、风险部分按照是否能够通过 PPP 合同或相关约定从政府转移给社会资本进行划分、项目其他重要数据等。同时强调具体项目在评价过程中可根据调整因素进行修正，具体影响要素如图 3-6 所示。

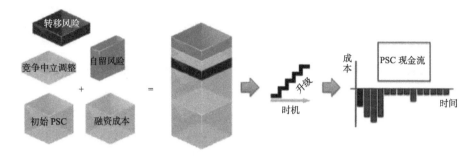

图 3-6　美国 PPP 物有所值评价 PSC 基本构成

初始 PSC 值需要考虑实际工程建设过程中产生的建安成本、其他成本，以及项目从建设期进入运营期后的维护成本，同时还应考虑项目是否会在建设期及运营期产生第三方收入等。此处建安成本不包括项目前期的论证费用、行政审批费用、采购成本，运营维护费用包括项目进入运营期后的间接管理费用和成本等，需要单独进行核算。

为保证传统政府采购模式和替代模式能够以相同基准进行对比的调整值，是针对两种比较模式而生成的指标，主要通过比较政府公共部门由于自身项目所有权产生的优势和劣势，具体到实际项目中，该指标主要涉及增值税、土地税收等公共部门优势，同时还涉及政府的审批费用等劣势。

能够通过 PPP 合同或其他文件实现风险从政府公共部门向私人部门转移的成本，是指将传统政府采购模式中政府公共部门承担的部分项目风险根据 PPP 相关合同约定转移给私人部门而产生的成本，但要保证在 PSC 值计算和影子价格计算规程中两者数值保持一致。

无法通过 PPP 合同或其他文件实现风险从政府公共部门向私人部门转移的成本，是指传统采购模式中政府承担的项目风险无法根据 PPP 合同约定转移给私人部门的成本，需要政府自身承担，通常为政策类风险、政府方导致项目工程延期风险、不可抗力风险等。

融资成本是政府公共部门或私人部门通过发行债券或融资等发生的支出款项，一般在计算过程中要考虑利率、合理回报率、交易成本等因素的影响。

在实际项目进行物有所值评价的过程中，基于上述规定得到的比较结果，还需要进行针对性的调整，经过充分论证后，将所有结果数值统一到同一基准点进行比较，并将结果体现到现金流量表中。

2）影子价格计算

计算影子价格时，依然是沿用 PSC 计算的方式，在假定公共产出在数量和质量上保持一致的前提下进行，主要包括的计算组成部分为在计算最初阶段的 PSC 初始值、为保证传统政府采购模式和替代模式能够以相同基准进行对比的调整值、风险部分按照是否能够通过 PPP 合同或相关约定从政府转移给社会资本进行划分、项目其他重要数据等，但需要对保留成本进行重新调整，特别注意自留风险承担成本要与 PSC 模式计算保持一致。

计算影子价格时，主要分析对 PSC 计算结果有影响的驱动因素：风险调整因素、终端用户收费、交易成本和税收。

风险调整因素主要考虑可转移风险承担成本，私人部门对此部分风险成本的管理会对整个项目风险产生重要影响，虽然在 PPP 模式中，可转移风险能够在 PPP 合同中通过不确定性估价的形式由隐性转为显性，但并不能说明私人部门承担的可转移风险的成本更高。此外，调整因素还应考虑 PPP 合同中的补贴等事项。

终端用户收费以 PSC 计算值为基础，但最终收费标准和体系必须通过公共部门的批准，私人部门不能擅自调整，目的是防止私人部门赚取超额利润。

交易成本主要包括项目前期的编制说明成本、PPP 合同成本、谈判与沟通成本、融资成本及第三方（主要指债权人）监管成本。

税收主要是比较 PPP 模式下公共部门和私人部门成立的 SPV 与传统政府采购模式下公共部门针对目标项目产生的税收差异，同时还要考虑 SPV 与工程建设方等其他公司签订合同产生的额外税收等，计算过程一般参照同类项目税前回报率进行调整。

3. 物有所值评价风险与外部性分析

在美国联邦公路管理局出台的相关文件规定中，针对物有所值评价风险分析流程有详细说明，从最初的分析假设前提到运用的风险分析工具，从采用的风险比较模型到最后的风险分析结果均有说明，整体分析流程如图 3-7 所示。

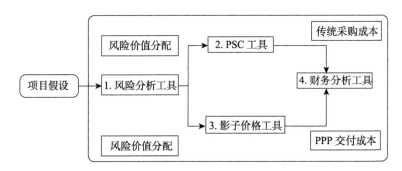

图 3-7　美国 PPP 物有所值风险评价流程

基于上述评价流程，具体到风险及外部性分析部分，如下所示。

风险识别阶段，需要对项目全生命周期内已经识别出的风险进行分类汇总，如起因不同、作用阶段不同、后果影响程度不同、是否可转移等，并将上述汇总结果整理成风险登记簿，作为其他阶段风险分析的数据支撑。此阶段通常运用蒙特卡罗模拟方法对各项风险成本进行分析，对重复发生的风险要在风险登记簿中记录累计值。

风险评估阶段，通过定性与定量相结合的研究范式，考虑各风险带来的成本和收益。其中，定性分析通过风险矩阵评估的方法，对风险发生概率和可能产生的后果进行分析，后续定量评价中针对评估等级为中级以上的风险因素进行量化分析，定量分析仅针对上述高等级风险进行量化，但特殊项目中的低等级风险同样可以根据风险调整因素进行计算。美国 PPP 物有所值定量评价通常采用情景分析法和蒙特卡罗模拟法。其中，情景分析法先将风险因素发生概率分成最大、一般、最小三种情况，分别与各自对应的不同风险后果（用成本表示）相乘，再按照公式：风险价值=风险发生概率×(Min+Max+4×ML)/6（Min 表示最小敞口，Max 表示最大敞口，ML 表示一般敞口）进行计算。蒙特卡罗模拟法主要对项目可能产生的风险及发生概率进行模拟，通过仿真得到的合理置信区间估计结果并推算风险价值。蒙特卡罗模拟法得到的结果会受到多种因素影响：首先是设定的主要风险发生概率分布；其次是假定的私人部门风险管理能力；最后是收入风险的取值设定，通常通过折现等间接估计方法得出。

风险分配阶段，此阶段主要是将风险进行再分配，政府公共部门和私人部门对不同类型风险的管控能力不同：对于政策类风险，政府公共部门具有更强的把控能力；对于工程类风险，私人部门具有更灵活的风险应对措施。充分发挥双方在不同风险领域的优势，设计合理的风险分担机制，对于双方单独难以承担的风险，采用双方共担的形式进行分配。

风险防范阶段，此阶段主要是在上述风险分析阶段之后，对不同阶段的分析采取不同的防范手段用以预警。

将上述风险分析最后得到的结果应用在 PSC 与影子价格比较的现金流量表模型中，得出项目的实际净成本计算结果，判断项目是否适合采用 PPP 模式。

在外部性分析过程中，美国联邦公路管理局规定要充分考虑项目产生的间接效益，特别是社会效益，并通过合理的方法加以量化。

3.2.3　澳大利亚 PPP 物有所值评价研究

1. 物有所值评价概况

澳大利亚政府将物有所值评价的适用范围和阶段放在非常重要的位置，专门出台相关指引性文件进行约束，更多强调项目全生命周期的理念，特别通过

Practitioner 指南和 PSC 指南对 PPP 物有所值评价的定性评价和定量评价分别进行规定。对定性评价，澳大利亚政府要求根据社会资本提交的采购响应文件进行物有所值评价，并罗列定性评价通常应该包括风险、联合体各方组成及融资机构、制定 PSC 值的假设前提等。对于定量评价，澳大利亚政府规定的定量评价流程具体如图 3-8 所示。

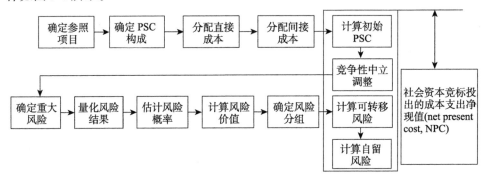

图 3-8　全生命周期视角下的物有所值评价

从上述的具体操作办法和流程来看，该物有所值评价方法是严格按照公共部门基准比较法的程序步骤，通过选取参照项目计算初始 PSC，通过竞争性中立调整确保 PPP 模式与传统采购模式基于同一水平进行比较，用可转移风险和自留风险划分项目风险，最终比较两种模式的结果。澳大利亚是国际上采用公共部门基准比较法较为规范的国家之一，其操作流程与处理办法具有较重要的借鉴意义。

2. 物有所值评价驱动因素

分析澳大利亚政府 PPP 物有所值评价驱动因素，可以按照标准公共部门基准比较法的各个指标进行，即将政府制定的 PSC 价格与社会资本在响应文件中提供的净现值价格，按照公式：VfM=PSC–NPC 进行比较，通过判断差值与零的关系来确定应该采用传统政府采购模式还是 PPP 模式（图 3-8）。无论是测算净现值还是 PSC，最关键的假设前提就是参照基准的选取，澳大利亚在实际计算过程中主要选取两方面的影响因素作为边界条件：一方面是采用传统政府采购模式时，选取的比较模式要能够在数量和质量两方面同步实现相同产出；另一方面是私人部门在提供净现值数值时，需要采取和政府计算 PSC 相同的假定前提。在计算过程中，同样采用净现值法，现金流使用的折现率要与社会资本响应文件中的折现率保持一致。具体来看：

初始 PSC=(直接投资成本+直接运营成本+间接投资成本+间接运营成本
　　　　　–资本性收益)+维护费用–第三方收入

其中，直接投资成本主要对应项目建安成本、前期勘探费用、合同签订费用、方案编制费用、专家费用等；直接运营成本主要对应项目 SPV 本身运维费用，以及

SPV 员工的薪资、保险、福利等费用；间接投资成本主要对应项目临时用地、临时建筑物所产生的成本等；间接运营成本主要对应不参加直接生产活动的员工的相关费用；资本性收益主要对应项目在建设期及运营期的资本性收益及到期后的变现收益；维护费用主要对应具体项目工程的相关原材料成本、设备成本等，同时还应考虑调整因素；第三方收入主要指通过项目资产在保证公益性产出的前提下，通过额外运营或租赁等方式获取的收益等。

竞争性中立调整主要是调整政府公共部门自身特殊性带来的优势和劣势（优势主要包括土地出让、企业所得税、印花税免除等，劣势主要包括监管成本），通过优势减去劣势的计算方法进行调整。

3. 物有所值评价风险与外部性分析

风险分析首先需要进行风险识别，对项目全生命周期中可能出现的所有风险进行识别，然后计算相应的风险价值，并通过合理的风险分配机制进行分配。澳大利亚政府鼓励 PPP 项目采用现金流方法反推 PSC 值。通过风险矩阵来识别和初步量化可识别风险，其他风险结合项目进行具体分析，难以量化的风险将定性评价结果作为主要参考依据。在量化风险的具体操作过程中，比例法和概率法使用频率最高。这两种方法适用性取决于具体项目特征及风险复杂程度。比例法主要参照以往同类型项目的风险数据，同时结合市场上同类型项目经验估值，通过专家对未来项目可能发生风险的概率及产生的影响进行估计，不同概率对应不同的价格，最后将所有单个风险承担的成本进行加总得到 PSC 风险成本：

$$PSC 风险成本 = \sum(A 风险导致后果数值 \times 对应后果出现概率)$$
$$+ 不可观测成本$$

概率法主要基于统计学方法，通过分析选取变量的概率分布来估算风险价值。对项目已有信息及估计人员专业经验要求较高，需要基于多变量分析视角，通过模拟仿真来计算每个风险价值，最常用的是蒙特卡罗模拟法。最后得到项目整体风险在置信区间下的模拟概率分布。

确定风险价值后，还需要对关键变量与计算假设进行敏感性分析。实际计算过程中，一般要对建安成本、合作期限、通货膨胀率、第三方收入等关键变量进行分析。

在风险分担环节，通常将项目本身存在的风险视为可转移风险，将政策风险及宏观环境变动风险视为政府自留风险。

在外部性分析中，澳大利亚政府主要在定性评价中对 PPP 可能带来的任何更广泛的净收益或成本进行分析，依靠定性分值结果对外部性进行考量。

3.2.4　主要国家 PPP 物有所值评价比较分析

从上述国家 PPP 物有所值评价发展的情况来看，英国的物有所值评价更多强调无差别统筹兼顾式的分析，美国的物有所值评价主要对比 PSC 与 SP（shadow price，影子价格），澳大利亚则是比较规范的 PSC 与 NPC。在确定主要驱动影响因素上，各国基本都参照与项目直接相关的成本、项目在建设和运营期间发生的固有及或有支出和项目内外部调整因素。在差别上，可以归纳总结如下。

首先是各国家评价的出发点不一。目前探索比较成熟的出发点主要可以分为两类：一是以英国、澳大利亚等国家为代表的宏观视角，评价主要从纳税人立场出发，引用社会经济学的经典理论，从宏观层面对项目公共产出的社会经济价值进行分析；二是以美国、德国等国家为代表的微观视角，评价主要从政府立场出发，引用微观经济学的经济理论，更多聚焦不同财务测算模型对政府预算的影响。两种视角对项目折现率的选择存在差异，宏观视角的折现率重在体现财政资金的时间偏好成本，而微观视角的折现率更多体现财政资金的融资成本。

其次是物有所值评价适用阶段和依赖程度不一。以英国为代表的国家不只在项目最初识别阶段有所要求，对项目进入采购阶段以及后续运营阶段甚至最后完成移交阶段都有所要求，而以法国为代表的国家则只要求在项目前期准备阶段适用物有所值评价。在物有所值评价结果依赖程度上，不同国家存在较大分歧，英国、美国等国家认为物有所值评价是判断是否适合采用 PPP 模式的最重要手段，而荷兰、比利时等国家在判断是否适合采用 PPP 模式时，对物有所值评价依赖程度并不大，甚至没有对物有所值评价进行强制要求。

最后是风险价值修正方法不同。在风险价值修正部分，英国主要通过"乐观估计偏差率"这一指标对不同阶段物有所值评价的假设前提和不确定性进行修正；美国在充分考虑参与 PPP 的双方各自在风险管控领域的优劣性的基础上，优化风险价值，更多针对每个风险进行单独计算，最后加总得到项目风险价值；而澳大利亚则更注重项目整体层面的风险价值修正，主要通过计算在险价值，并依据风险在政府公共部门和私人部门之间分配的原则对可转移风险和自留风险价值进行修正。

3.3　PPP 物有所值定量评价现状诊断与影响因素分析

本节对我国现行 PPP 物有所值评价的具体流程进行阐述，并对物有所值评价存在的主要问题进行梳理，在此基础上对物有所值评价发展进行内外部环境分析与趋势分析，为下文提出针对性改进策略与路径奠定基础。

3.3.1　我国 PPP 的发展历程

我国 PPP 探索起步于 20 世纪 90 年代，为更好地提供公共产品和提高公共服务供给的水平与质量，开始引入社会资本参与基础设施领域建设。特别是 BOT 模式，在我国迅速推广开来。1997 年受东南亚金融危机的影响，我国 PPP 发展规模受到严重制约，进入低谷期。2005 年，国家层面高度重视民间自办，出台多项文件促进非公有制经济发展，推动 2013 年底开启的新一轮 PPP 改革。此轮改革中，国务院、财政部、国家发改委先后开始推行 PPP 模式，财政部在 2014 年底出台多项 PPP 示范项目通知和操作指南，在同一时间节点，国家发改委出台针对性指导意见，这些文件的出台标志着 PPP 模式在我国正式进入新阶段。

我国 PPP 物有所值评价探索起步较晚，主要是通过借鉴英国、美国、澳大利亚等 PPP 发展成熟国家的物有所值评价体系和流程。定性评价主要通过设定定性标准和权重，对项目不同维度指标进行评价；定量评价沿用国际上主流的公共部门基准比较法进行。在制定我国物有所值评价过程中，财政部在结合我国实际国情和特殊性的基础上，针对我国基础数据不足的问题，提出"要求定性、鼓励定量"的发展策略，在 2015 年出台的《PPP 物有所值评价指引（试行）》文件中，针对定性评价的基本指标和可选指标进行界定，针对定量评价公共部门基准比较法中的各组成部分进行归纳整理，并鼓励各地政府在此基础上进行新的探索。

截至 2017 年 12 月末，已经有 14 424 个项目按照要求审核通过并纳入全国 PPP 综合信息平台项目管理库，全部进行物有所值定性评价；国家级示范项目有 697 个，全部进行物有所值定性评价和定量评价。

1. 法律顶层设计

本轮 PPP 新热潮自 2013 年底开始，相关 PPP 法律制度建设也同步开展（表 3-5 ）。

表 3-5　规范和指导 PPP 模式部分政策文件

文件层级	政策文件名
国家法律法规层面	《中华人民共和国预算法》
	《中华人民共和国政府采购法》
	《中华人民共和国政府采购法实施条例》
中共中央、国务院层面	《国务院关于加强地方政府性债务管理的意见》
	《关于在公共服务领域推广政府和社会资本合作模式的指导意见》
部委层面	《政府和社会资本合作模式操作指南（试行）》
	《PPP 项目合同指南（试行）》
	《政府和社会资本合作项目财政承受能力论证指引》
	《PPP 物有所值评价指引（试行）》
	《关于在公共服务领域深入推进政府和社会资本合作工作的通知》
	《国家发展改革委关于开展政府和社会资本合作的指导意见》
	《政府和社会资本合作项目通用合同指南（2014 年版）》
	《基础设施和公用事业特许经营管理办法》
	《国家发展改革委关于印发〈传统基础设施领域实施政府和社会资本合作项目工作导则〉的通知》
	《关于推进传统基础设施领域政府和社会资本合作（PPP）项目资产证券化相关工作的通知》
	《国家发展改革委办公厅印发〈传统基础设施领域政府和社会资本合作（PPP）项目库管理办法（试行）〉》

财政部于 2014 年成立 PPP 工作领导小组和 PPP 中心，并先后出台关于物有所值评价、财政承受能力论证等多项政策文件，推动 PPP 推广进入新阶段。到目前为止，虽然尚未出台 PPP 条例，现有项目实操依据《中华人民共和国政府采购法》《中华人民共和国预算法》等法律的相关规定，财政部和国家发改委先后出台多项规范文件，各级政府部门也高度关注 PPP 模式的推广运用，并结合本地区实际情况出台符合地区发展需要的 PPP 指导文件，我国已自上而下形成政策文件体系（部分政策如表 3-5 所示），但仍然迫切需要全国层面的 PPP 立法，以规范 PPP 模式发展。

2. PPP 推进情况

根据财政部 PPP 中心最新统计数据，管理库和储备清单 PPP 项目在 2017 年底累计入库项目共 14 424 个，总投资额 18.2 万亿元[①]。其中，管理库项目 7137 个，储备清单项目 7287 个。管理库中所有项目均已通过物有所值评价，累计投资额约 10.8 万亿元，覆盖 31 个省（自治区、直辖市）及新疆生产建设兵团和 19 个行业领域。其中，处于执行和移交阶段的项目（已落地项目）2729 个，投资额 4.6 万亿元，落地率 38.2%（即已落地项目数与管理库项目数的比值），覆盖除西藏以外的 30 个省（自治区、直辖市）及新疆生产建设兵团和 19 个领域。按回报机制分类，使用者付费项目 1323 个、投资额 1.6 万亿元，分别占管理库项目的 18.5% 和 14.7%；政府付费项目 2884 个，投资额 3.3 万亿元，分别占管理库项目的 40.4% 和 30.6%；可行性缺口补助项目 2930 个、投资额 5.9 万亿元，分别占管理库项目的 41.1% 和 54.7%，具体情况如表 3-6 所示。

表 3-6 截至 2017 年底管理库项目数及投资额地域分布对比情况

	山东	河南	内蒙古	湖南	新疆	贵州	四川	云南	浙江
项目数/个	692	646	509	528	500	481	440	318	312
投资额/亿元	7042	7870	5465	8251	6364	8453	6436	7827	6015
	河北	安徽	湖北	江苏	福建	陕西	广东	山西	江西
项目数/个	263	259	233	235	211	196	194	161	149
投资额/亿元	4409	2706	3924	5406	2946	2781	3031	1393	1228
	海南	辽宁	广西	吉林	甘肃	黑龙江	宁夏	北京	重庆
项目数/个	126	114	97	98	81	66	56	49	47
投资额/亿元	1137	2019	1155	2798	2070	1178	698	2122	1850
	青海	新疆生产建设兵团	天津	中央	西藏	上海			
项目数/个	33	25	9	4	2	2			
投资额/亿元	338	196	335	22	97	16			

资料来源：《全国 PPP 综合信息平台项目库第 9 期季报》

---

① 《全国 PPP 综合信息平台项目库第 9 期季报》。

3. PPP 物有所值评价流程及存在的问题

1）PPP 物有所值评价流程

根据现有出台的各项文件，我国 PPP 物有所值评价主要从定性和定量两个层面展开，定性环节聚焦创新、公共服务供给等难以量化又具有重要意义的因素，对比在两种不同模式下此类因素能否更好地发挥自身优势。定量环节沿用国际研究惯例，在产出数量和质量保持一致的前提下，针对项目全流程过程，对比政府在传统采购模式中 PSC 值以及在 PPP 模式中的全部支出，通过差值比较方法来判断项目采用 PPP 模式是否能够实现物有所值。我国 PPP 物有所值评价流程如图 3-9 所示。

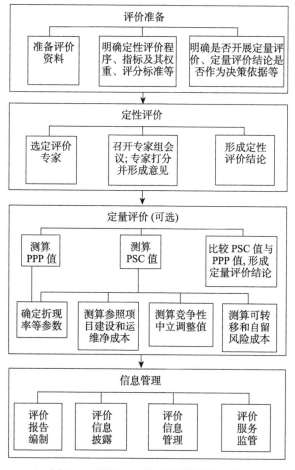

图 3-9　我国 PPP 物有所值评价流程

A. 前期资料准备

在进行物有所值评价之前，项目需要进行可行性研究、基本实施方案编制、产出说明、环境评价、市场测试等多个环节，并基于上述环节形成材料供物有所值评价参考。

我国进行 PPP 物有所值评价需要提供的基础材料包括：可行性研究报告、实施方案、项目产出说明、风险识别和分配情况等。

B. 物有所值定性评价

我国物有所值定性评价沿用先逐项分析、后综合判断的方式，采用德尔菲法，需要专家结合评分表对项目进行定性评价。定性评分表由基本指标和补充指标两部分组成，详见表 3-7。

表 3-7　PPP 项目物有所值定性评价专家评分表

项目	指标	权重	评分
基本指标	①全生命周期整合程度		
	②风险识别与分配		
	③绩效导向与鼓励创新		
	④潜在竞争程度		
	⑤政府机构能力		
	⑥可融资性		
	基本指标小计	80%	—
补充指标			
	补充指标小计	20%	
	合计	100%	—

专家签字：

年　月　日

不同项目对指标的影响程度不一，需要根据每个项目对各指标权重进行动态调整，基本指标部分占比八成，补充指标部分占比二成，通过利克特量表来对主观判断进行分值量化。

最后由相关政府部门在充分参考专家组评分表结果的基础上进行综合判断，最终物有所值定性评价的结果要与基准分进行比对，如果未达到基准分则不能采用 PPP 模式，达到基准分则可以采用 PPP 模式。

C. 物有所值定量评价

基于上述比较分析，我国定量环节主要借鉴国际较为成熟的评价体系，沿用国际范围认可度较好的公共部门基准比较法，将 PPP 模式与传统政府采购模式放到相同公共产出的对比基准线上，通过净现值的方法进行数据处理，最终对比哪种模式总成本更低，具体如下（流程见图 3-9）。

a）PPP 值

此处将 PPP 值各组成部分进行明确定义，包括政府股权支出、补贴支出、风险支出、配套支出。

b）PSC 值

此处将 PSC 值各组成部分进行明确定义，包括项目全部投入、竞争性中立调整值、项目全部风险价值。

特别针对风险部分，根据相关文件，主要风险测算的步骤如下。

i. 确定所有的重大风险

整理项目全生命周期内可能出现的所有类型风险，特别是有可能产生重大影响结果的风险类型。

ii. 量化风险后果

针对识别的项目风险，通过风险矩阵等方式进行量化并选择风险承担方：政府自留、可转移给社会资本、政府和社会资本共担。

iii. 评估风险的概率

针对识别的项目风险，通过比例法、情景分析法或概率法确定项目发生的可能性，不同项目采用的方法不同，需要根据项目规模及风险复杂程度逐一考虑。

iv. 风险承担成本（或分现值）的计算

可通过净现值法对风险成本进行处理，一般采用先测算单个风险承担成本再加总的方式进行。特别是在风险计算过程中，要保证政府自留风险和 PPP 模式下政府风险支出两者在数值上一致。

v. 得出物有所值论证结果

若 PSC–PPP > 0，则项目适合 PPP 模式；若 PSC–PPP < 0，则项目不适合 PPP 模式。

2）PPP 物有所值评价调研分析

为进一步研究我国 PPP 物有所值评价，特别是在发展过程中遇到的困难和存在的问题，本节通过实地调研，分别同当地政府部门、社会资本及金融机构三方代表就物有所值评价推进过程的重点、难点问题进行会谈；同时针对物有所值评价存在的问题，先后开展 30 人次专家访谈，访谈对象覆盖政府官员（15 人）、研究学者（5 人）以及行业、企业专家（10 人）等物有所值评价相关者，每次访谈时间在 60~90 分钟不等，并将专家的观点进行整理与分析。访谈中，受访专家对实行物有所值评价的重要性、存在的问题、推进要点及注意事项等做出诚恳回应，为本章进一步聚焦研究问题、提炼改进思路、明确改进目标等提供了丰富的资料。

在物有所值评价要点访谈之前，首先对物有所值评价的基础和目标进行明确，受访专家均认为物有所值评价的基础是项目相关积累数据，评价目标是发掘能够充分发挥 PPP 合作共赢优势的优质项目，而并非仅为解决政府债务问题或企业融资困难的手段和途径。对各地调研资料及受访专家观点进行整理分析如下。

（1）物有所值评价本身受到一致认可。无论是政府官员还是专家学者等，社会各界对物有所值评价本身都持认可态度，认为在当前国家大力推进 PPP 模式过程中，需要物有所值评价。如果没有物有所值评价，将无法判断项目是否适合采用 PPP 模式，在国家力推背景下可能出现 PPP 泛化局面，导致政府债务问题加重。若政府管理能力不足，则会影响基本民生类项目，影响经济发展和居民生活水平的提高。虽然现行物有所值评价存在缺陷，但坚定推行物有所值评价是未来 PPP 乃至政府采购工作的必然趋势。

（2）现行物有所值评价存在诸多不足。现行物有所值评价更多是沿用西方国家的评价标准，评价指标、方法等与我国实际国情存在适用性不足的问题，从评价的出发点到评价的具体环节都存在诸多缺陷。从三年 PPP 推广期到如今 PPP 规范期，需要对物有所值评价提出更高要求，并进行全面提升和改善。无论是定性评价的指标筛选维度，还是定量评价的风险量化标准，以及整个评价的测度视角都需要进行改进，需在此基础上充分考虑我国的实际国情，合理适度推广 PPP 模式。

（3）物有所值评价发展需要长期的数据积累。数据积累是一个长期过程，物有所值评价的前提是项目各类数据完整，特别是风险相关数据。目前，我国 PPP 项目此类数据仍处于空白状态，需要通过坚定推行物有所值评价进行数据积累，逐步规范评价流程和体系。需要参与 PPP 的各方共同发力，积极探索物有所值评价新思路。本节整理的受访专家观点如表 3-8 所示。

表 3-8 物有所值评价专家观点汇总表

序号	专家类型	专家观点
1	政府官员 A	物有所值评价将会是今后所有政府采购工作的核心评价标准
2	政府官员 B	物有所值评价的真实性与可靠性是衡量当地财政部门工作能力的重要指标之一
3	研究学者 A	物有所值定量评价在当前确实存在困难，特别是风险量化，应当充分挖掘风险发生本源，从源头量化风险
4	研究学者 B	公共财政、传统政府采购、PPP 中物有所值理论具有一致性
5	研究学者 C	PPP 项目物有所值的起源是政府与社会资本之间形成的协同效应
6	研究学者 D	物有所值评价在全球范围内都是研究的热点与难点
7	研究学者 E	定性物有所值评价指标选取需要体现更多维度
8	研究学者 F	物有所值评价需要引入项目外部性价值，完善单一成本研究视角和出发点
9	行业、企业专家 A	物有所值评价风险计算需要充分认识政府和社会资本双方的承担能力
10	行业、企业专家 B	物有所值评价应当更加体现社会资本参与意愿及能力

通过上述实地调研分析和专家访谈，可以对物有所值评价有深层次理解，更加充分发掘研究问题的要点和解决思路。

3）PPP 物有所值评价发展存在的问题

基于文献梳理及实际调研情况可以得出，我国现行 PPP 物有所值评价还处于探索阶段，在一定程度上存在照搬国外已有的 PPP 评价流程和标准的情况。从我国实际国情角度出发，无论是定性评价还是定量评价，都需进一步改进。

从定性评价层面来看，主要有以下问题。

一是风险识别和分配存在难度。财政部出台的《PPP 项目合同指南（试行）》对 PPP 项目风险分配已提供评价原则，也列举出了主要风险因子。但是在实际评价过程中，现有简单的风险识别和分配体系无法与项目实际进行匹配，专家打分的准确性也会受到影响。现行定性评价更多依靠政府和咨询机构在评估风险时的主观能动性，对各个项目进行主观假设，而主观臆断容易受到人为因素的影响，使得评价结果准确性不足。

二是现有指标体系不完善。提高公共产品和公共服务供给的水平和质量是 PPP 模式的重要目标之一，PPP 项目能否真正满足社会公众需求是需要高度重视的，现有定性评价体系中并未涉及社会公众需求，在现有物有所值定性评价指标中加入社会效益等指标是必要的。现行基本指标和补充指标的组成模式过于简单，缺乏从物有所值的可行性、有益性和可实现性等角度进行考虑。

从定量评价层面来看，主要存在的问题有以下几点。

一是参照项目的选取标准不完善。参照项目要求实际产出在数量和质量上都和要评价的项目尽可能保持一致。在实际定量评价环节，由于每个项目具有特殊性，很难找到完全符合要求的参照项目，即便能够找到，受限于历史数据的不足，也无法应用到模型中。因此在界定参照项目时，如何判定"政府采用现实可行的、最有效的传统投资方式实施"这一标准，一直是定量评价实践中争议较大的问题之一。

二是风险成本计算方式存在分歧。由于 PPP 模式下建设及运营维护环节并不能简单地等同于传统政府采购模式中的对应环节。当项目采取不同的模式实施时，其在对应模式下的全部风险成本也会发生变化，两种全部风险成本并非一定等同。另外，项目在采用传统政府采购模式时，政府同样可以通过外包的方式进行风险转移。风险成本计算不当会导致社会资本在项目执行过程中更大限度地追求政府的固定补贴，而不是更加努力地通过降低成本等方式提高收益，会出现固化政府支出责任的不利局面。

三是定量评价不能体现项目外部性效益。现行定量评价是基于财务效益测算视角的，对于项目社会效益，特别是非使用价值等社会效益难以体现。强公益性项目采用 PPP 模式可以更早地落地实施，产生社会效益，提前满足社会公众需求，但是在现有定量评价中无法体现社会效益的时间价值。

4. PPP 物有所值评价发展的趋势分析

PPP 模式已经成为供给侧结构性改革的重要抓手，要充分发挥 PPP 在稳增长、惠民生、防风险中的积极作用，未来 PPP 模式也将会致力于补足短板，将重心向基本公共服务领域和乡村振兴领域倾斜，物有所值评价未来也会继续占据更加重要的地位。同时，随着我国 PPP 由推广期进入到规范期，物有所值评价的合理性也应当在科学化量化测算的基础上，更加注重公益性强的项目的经济外部性。

1）科学化合理测算风险发生概率及成本

现有物有所值评价中关于核心环节风险的测算尚未有较为完善的方法，无论是情景法、比例法还是概率法，都存在改进的空间，随着数据积累的完善和项目的合规运行，实际风险发生概率和成本都会有可参照的实际案例，可以为概率分布测算提供可靠的数据支撑，同时也会使政府在推广 PPP 的同时对风险进行更加合理的管控。

2）全面考虑项目的经济外部性

现有物有所值评价是从"单一成本"视角出发的，通过对比参照物的模式来计算成本，按照能否节约成本来判断是否物有所值。这种评价方式对于使用者付费类项目来说，在未来可以考虑不进行定量测算，因为此类 PPP 项目终端付费机制决定了项目是否可以进行，物有所值测算的参考意义不大。对于政府付费项目，其大多具有较强的公益性，在现有计算方式中，由于其投资额大、投资年限长、投资回报率低的特点，大多物有所值的数值很小，公园等公共资源项目有时甚至会出现物有所值评价计算结果为负的情况，也就是按照现行物有所值评价不应该采用 PPP 模式，但是这些公共资源类项目都是符合人民的美好生活需要的项目，政府应当通过购买服务、PPP 等方式来支持此类项目，虽然从成本视角来看不是物有所值，但是在未来的评价上，只有合理引入经济外部性的测算，才能更加合理地测算此类公益性较强项目的实际支出。

3）从微观项目层面上升到宏观经济层面的物有所值

现行物有所值评价主要集中在单个项目的微观层面，但是 PPP 作为供给侧结构性改革的重要抓手，是转变政府职能的重要手段。随着 PPP 在我国的进一步推广运用、合理运用、规范运用，其起到的作用将会从微观的项目层面上升到中观的行业层面进而影响到宏观的经济层面。对于通过物有所值评价的项目，其总体产出对行业、对整个地区的经济是否同样也是物有所值的，这将会是物有所值评价由微观升华到宏观，由项目层面提升到经济层面的重要转变方向和趋势。

3.3.2　PPP 物有所值评价的影响因素分析

本节基于文献调研及理论分析，从 PPP 物有所值定性评价指标和宏观经济及社会层面物有所值评价要素三个方面，梳理 PPP 物有所值定量评价的关键影响因素，构建实证计量模型。同时，结合云南、广西两省区 350 份问卷调查，对我国 PPP 物有所值定量评价影响因素进行实证分析，共收到 319 份问卷，有效回收率为 91.14%。从样本人员分布的地区来看，广西壮族自治区共收到 115 份、占比

36.05%，云南省共收到 204 份、占比 63.95%。从样本人员涉及的 PPP 项目利益相关方情况来看，地方政府人员共 198 人、占比 62%，社会资本人员共 121 人、占比 38%。从样本人员基本信息情况来看，样本人员对地方 PPP 发展的相关问题较为了解，能够保证调查问卷填写的真实性和准确性。

1. 描述性统计与信度效度检验

1）描述性统计分析

各项因素涉及的具体变量得分平均值在 4.29~4.40 范围，标准差在 0.659~0.882 范围（表 3-9），说明样本人员基本同意调查问卷中涉及的 PPP 物有所值评价是从项目与行业层面 PPP 物有所值评价要素、宏观层面 PPP 经济效益与社会效益评价要素以及对应的评价指标来研究的。结构方程模型要求数据符合或大致符合正态分布，所有观测变量的峰度与偏度均位于(−2,5)的区间范围内。

表 3-9　问卷样本数据描述性统计分析

潜变量	观测变量	平均值	标准差	偏度	峰度
项目与行业层面 PPP 物有所值评价要素（VFM）	全生命周期整合程度（VFM1）	4.36	0.708	−0.913	0.829
	风险识别与分配（VFM2）	4.36	0.685	−0.832	0.802
	绩效导向与鼓励创新（VFM3）	4.35	0.684	−0.824	0.799
	潜在竞争程度（VFM4）	4.32	0.695	−0.816	0.855
	政府机构能力（VFM5）	4.39	0.659	−0.899	1.237
	可融资性（VFM6）	4.40	0.701	−1.009	1.068
	项目内资产相关度（VFM7）	4.33	0.679	−0.767	0.791
	补充评价指标（VFM8）	4.34	0.713	−1.333	4.446
宏观层面 PPP 经济效益评价要素（ECB）	PPP 促进了当地基础设施与公共服务供给能力（数量）的提升（ECB1）	4.37	0.674	−0.922	1.302
	PPP 促进了当地基础设施与公共服务供给水平（质量）的提升（ECB2）	4.30	0.882	−1.514	1.969
	PPP 促进了当地基础设施与公共服务供给效率（降本增效）的提升（ECB3）	4.36	0.690	−0.952	1.334
	PPP 促进了土地资源、财政资源等的整合使用（ECB4）	4.31	0.714	−0.900	1.068
	PPP 促进了当地产业经济发展（ECB5）	4.34	0.707	−0.904	1.007
宏观层面 PPP 社会效益评价要素（SOB）	PPP 促进了当地就业水平的提升（SOB1）	4.31	0.733	−1.001	1.536
	PPP 促进了当地绿色发展水平的提升（SOB2）	4.34	0.703	−0.794	0.540
	PPP 促进了当地居民社会福利水平的提升（SOB3）	4.29	0.786	−1.199	2.621

2）信度分析

调查问卷的信度反映调查问卷解释真实问题的程度，针对同一份调查问卷采用同一种检验方法进行重复检验，根据重复性检验的结果的一致程度来判断调查问卷填写的可信程度。通常用 Cronbach's α 标识信度系数，取值范围一般为(0,1)，若一份问卷中每个指标的 Cronbach's $\alpha \geq 0.7$，则说明量表的信度较好。Cronbach's α 系数标准对照表如表 3-10 所示。

表 3-10　Cronbach's α 系数标准对照表

Cronbach's α 系数	标准
Cronbach's $\alpha<0.5$	非常不好，舍弃不用
$0.5 \leqslant$ Cronbach's $\alpha<0.6$	不好，重新编制
$0.6 \leqslant$ Cronbach's $\alpha<0.7$	勉强接受，最好增列题项
$0.7 \leqslant$ Cronbach's $\alpha<0.8$	接受，问卷信度一般
$0.8 \leqslant$ Cronbach's $\alpha<0.9$	问卷信度好
$0.9 \leqslant$ Cronbach's α	问卷信度很好

对回收的 319 份问卷进行信度检验，每个潜变量的信度检验结果如表 3-11 所示，各个分量表的 Cronbach's α 系数均在 0.9 以上，并且总量表的 Cronbach's α 系数达到了 0.974，说明本问卷的可靠性很高，数据具有很好的信度。

表 3-11　问卷样本信度检验分析

潜变量	观测变量个数/个	Cronbach's α 值
项目与行业层面 PPP 物有所值评价要素（VFM）	8	0.964
宏观层面 PPP 经济效益评价要素（ECB）	5	0.948
宏观层面 PPP 社会效益评价要素（SOB）	3	0.916
总量表	16	0.974

3）效度分析

调查问卷的效度指调查问卷测试的结果能够反映调查内容的程度，测量结果与调查的内容吻合程度越高，说明调查问卷的效度值越高。通常情况下，效度由调查问卷所获得的样本数据进行 Bartlett 球形检验和 KMO 检验得出，其中，样本数据能否进行因子分析由 Bartlett 球形检验来判断，各变量之间的相关系数由 KMO 检验验证。KMO 值在(0,1)之间，其值越趋近于 1，说明变量间的相关性越强，也越适合进行因子分析；相反，KMO 值越趋近于 0，说明变量间的相关性越弱，也越不适合进行因子分析。KMO 值标准对照表如表 3-12 所示。

表 3-12　KMO 值标准对照表

KMO	标准	KMO	标准
KMO<0.5	极不适合	$0.7 \leqslant$ KMO<0.8	尚可
$0.5 \leqslant$ KMO<0.6	不太适合	$0.8 \leqslant$ KMO<0.9	适合
$0.6 \leqslant$ KMO<0.7	不适合	$0.9 \leqslant$ KMO<1.0	非常适合

本节在 SPSS 26.0 中对调查问卷获得的数据进行探索性因子分析，用少量因子代替多个原始变量，采取主成分分析法，利用方差最大正交旋转方式，以特征值大于 1 作为因子的提取标准进行验证。问卷样本数据总体 KMO 值和 Bartlett 球形检验结果如表 3-13 所示，p 值为 0.000 即在 0.001 水平上显著，KMO 值为 0.965（KMO>0.7），各组 KMO 值也均大于 0.7，说明各变量间有较好的相关性，适合进行因子分析。

表 3-13　KMO 值与 Bartlett 球形检验

变量	KMO 值和 Bartlett 球形检验		
总量表	KMO 值		0.965
	Bartlett 球形检验	近似卡方	6147.668
		df	120
		Sig	0.000
项目与行业层面 PPP 物有所值评价要素（VFM）	KMO 值		0.949
	Bartlett 球形检验	近似卡方	2820.865
		df	28
		Sig	0.000
宏观层面 PPP 经济效益评价要素（ECB）	KMO 值		0.864
	Bartlett 球形检验	近似卡方	1678.062
		df	10
		Sig	0.000
宏观层面 PPP 社会效益评价要素（SOB）	KMO 值		0.754
	Bartlett 球形检验	近似卡方	691.090
		df	3
		Sig	0.000

接着运用主成分分析法，对 16 个评价指标提取 3 个主因子进行分析，如表 3-14 可知，累计贡献率为 83.389%，说明这 3 个因子对原变量的方差解释能力为 83.389%，满足 60% 以上完全可靠的要求。因子分析结果如表 3-15 所示。

表 3-14　解释总方差

因子	初始特征值			提取载荷平方和			旋转载荷平方和		
	总计	方差百分比	累计百分比	总计	方差百分比	累计百分比	总计	方差百分比	累计百分比
1	11.613	72.583%	72.583%	11.613	72.583%	72.583%	5.827	36.417%	36.417%
2	1.289	8.055%	80.638%	1.289	8.055%	80.638%	5.752	35.952%	72.368%
3	0.440	2.751%	83.389%	0.440	2.751%	83.389%	1.763	11.021%	83.389%
4	0.339	2.116%	85.505%						
5	0.312	1.953%	87.457%						
6	0.295	1.845%	89.302%						
7	0.254	1.588%	90.890%						
8	0.230	1.439%	92.329%						

因子	初始特征值			提取载荷平方和			旋转载荷平方和		
	总计	方差百分比	累计百分比	总计	方差百分比	累计百分比	总计	方差百分比	累计百分比
9	0.217	1.354%	93.683%						
10	0.192	1.200%	94.882%						
11	0.173	1.084%	95.966%						
12	0.159	0.992%	96.958%						
13	0.150	0.940%	97.897%						
14	0.145	0.907%	98.805%						
15	0.099	0.618%	99.423%						
16	0.092	0.577%	100.000%						

注：累计百分比为原始数据保留三位小数得到

表 3-15 因子分析结果

主因子	权重	因子	因子得分系数	综合权重
项目与行业层面 PPP 物有所值评价要素（VFM）	0.448	全生命周期整合程度（VFM1）	0.209	0.060
		风险识别与分配（VFM2）	0.207	0.059
		绩效导向与鼓励创新（VFM3）	0.211	0.061
		潜在竞争程度（VFM4）	0.200	0.057
		政府机构能力（VFM5）	0.190	0.054
		可融资性（VFM6）	0.180	0.052
		项目内资产相关度（VFM7）	0.184	0.053
		补充评价指标（VFM8）	0.177	0.051
宏观层面 PPP 经济效益评价要素（ECB）	0.341	PPP 促进了当地基础设施与公共服务供给能力（数量）的提升（ECB1）	0.225	0.065
		PPP 促进了当地基础设施与公共服务供给水平（质量）的提升（ECB2）	0.226	0.065
		PPP 促进了当地基础设施与公共服务供给效率(降本增效)的提升(ECB3)	0.246	0.071
		PPP 促进了土地资源、财政资源等的整合使用（ECB4）	0.248	0.071
		PPP 促进了当地产业经济发展（ECB5）	0.242	0.070
宏观层面 PPP 社会效益评价要素（SOB）	0.211	PPP 促进了当地就业水平的提升（SOB1）	0.246	0.071
		PPP 促进了当地绿色发展水平的提升（SOB2）	0.247	0.071
		PPP 促进了当地居民社会福利水平的提升（SOB3）	0.243	0.070

通过对样本数据进行信度与效度检验可知，问卷的量表设计合理，量表的数据可信度较高，可靠性也高，验证了结构方程模型的理论假设，为进一步分析模型做好铺垫。

2. 评价模型构建、优化与路径分析

在满足前文信度与效度检验的基础上，接着运用 AMOS 26.0 软件将符合要求的样本导入结构方程模型中，构建评价模型，分析模型的适配度，修正模型，直到优化成最优模型。

模型适配度评价指标通常分为三类：绝对拟合指标、相对拟合指标以及简约拟合指标。一般情况下，根据研究目标、研究内容等不同，适配指标的选取会存在差异，所以在进行结构方程模型适配时，合理选取部分针对性的评价指标进行分析即可。具体适配度指标及标准参见表 3-16。

表 3-16　结构方程模型适配度指标及标准

类别	适配指标	含义	适配标准
绝对拟合指标	χ^2	卡方拟合指数	$P>0.05$
	RMR	残差均方根	<0.05 适配良好，<0.08 适配合理
	RMSEA	近似误差均方根	<0.05 适配良好，<0.08 适配合理
	GFI	拟合优度指数	>0.90，越接近 1 越好
	AGFI	调整拟合指数	>0.90，越接近 1 越好
	χ^2/df	卡方值/自由度	<2 良好，<5 可接受
相对拟合指标	TLI	非规范拟合指数	>0.90，越接近 1 越好
	NFI	规范拟合指数	
	RFI	相对适配指数	
	IFI	增值拟合指数	
	CFI	相对拟合指数	
简约拟合指标	CN	临界样本数	>200
	AIC	模拟拟合波动性	越小越好
	PNFI	简约拟合指数	>0.50
	PGFI	简约拟合指数	>0.50

3. 基于评价指标的评价模型构建、优化

1）评价模型构建

本节应用 AMOS 26.0 软件构建 PPP 物有所值评价模型，如图 3-10 所示。对初始模型进行估计值计算，图 3-11 为标准化估计值模型。由表 3-17 可知，存在多个拟合指标结果值与标准不符的情况，因此需修正模型。

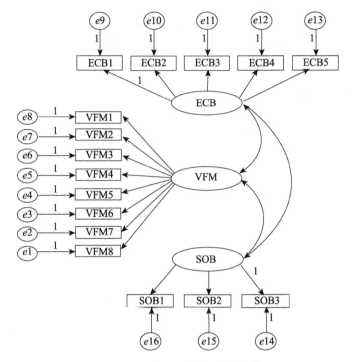

图 3-10　PPP 物有所值评价初始模型

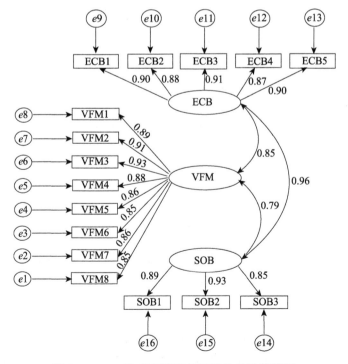

图 3-11　PPP 物有所值评价标准化估计值模型

表 3-17 初步模型拟合结果

类别	适配指标	适配标准	指标值	适配判断
绝对拟合指标	χ^2/df	<2 良好，<5 可接受	3.513	可接受
	RMR	<0.05 适配良好，<0.08 适配合理	0.013	适配良好
	RMSEA	<0.05 适配良好，<0.08 适配合理	0.089	不符
	GFI	>0.90，越接近 1 越好	0.871	不符
	AGFI	>0.90，越接近 1 越好	0.826	不符
相对拟合指标	TLI		0.951	适配良好
	NFI		0.943	适配良好
	RFI	>0.90，越接近 1 越好	0.933	适配良好
	IFI		0.959	适配良好
	CFI		0.959	适配良好
简约拟合指标	PNFI	>0.50	0.794	适配良好
	PGFI	>0.50	0.647	适配良好

2）模型修正

模型修正的方法主要有模型扩展和模型限制，其中模型扩展是以修正系数（M.I.）为参考，增加部分新路径或者删除部分路径，提升模型拟合度；模型限制是指以临界比率（C.R.）为依据，删除部分路径，提高模型识别度。

本节主要采用模型扩展来修正模型，修正原则是一次只能修正一个参数，从 M.I. 最大值开始进行修正。依次增加 $e9$ 与 $e10$、$e3$ 与 $e9$、$e6$ 与 $e7$、$e9$ 与 $e13$、$e3$ 与 $e4$ 相关。经过五次修正后，模型拟合有了较大优化，也已达到最优拟合，模型拟合度指标与检验结果如表 3-18 所示，图 3-12 是 PPP 物有所值评价影响因素模型最终结果图。

表 3-18 模型拟合度指标与检验结果

拟合指数	初始模型	一次修正	二次修正	三次修正	四次修正	五次修正	评价
χ^2/df	3.513	3.035	2.851	2.656	2.478	2.373	可接受
RMR	0.013	0.013	0.013	0.013	0.013	0.013	适配良好
RMSEA	0.089	0.080	0.076	0.072	0.068	0.066	适配合理
GFI	0.871	0.886	0.895	0.904	0.911	0.915	适配良好
TLI	0.951	0.960	0.964	0.968	0.971	0.973	适配良好
NFI	0.943	0.952	0.955	0.958	0.962	0.964	适配良好
RFI	0.933	0.942	0.945	0.949	0.953	0.955	适配良好
IFI	0.959	0.967	0.970	0.974	0.977	0.979	适配良好
CFI	0.959	0.967	0.970	0.974	0.977	0.979	适配良好
PNFI	0.794	0.793	0.788	0.783	0.777	0.771	适配良好
PGFI	0.647	0.651	0.652	0.651	0.650	0.646	适配良好

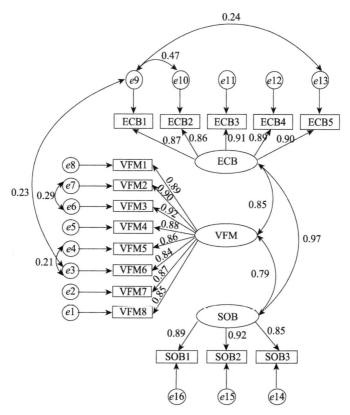

图 3-12　PPP 物有所值评价模型影响因素最终结果图
本图中的数值为表 3-19 中标准化路径系数保留两位小数的结果

3）路径分析

通过图 3-12 和 AMOS 的输出的估算值可获得各评价指标的标准化路径系数，如表 3-19 所示，结合表 3-14 中各评价指标的因子载荷，可计算出每个评价指标对于 PPP 物有所值评价的影响值。参考 Cohen 效果量分界标准，将 PPP 物有所值评价指标分为三级，即一级因素表示因子间关系密切且必须重视，二级因素表示因子间关系较密切且必须考虑，三级因素表示因子间关系一般且需要考虑，参见表 3-19 和表 3-20。

表 3-19　各因素路径系数表

观测变量	关系	潜变量	标准化路径系数
全生命周期整合程度（VFM1）	→		0.893
风险识别与分配（VFM2）	→	项目与行业层面 PPP	0.900
绩效导向与鼓励创新（VFM3）	→	物有所值评价要素	0.917
潜在竞争程度（VFM4）	→	（VFM）	0.882
政府机构能力（VFM5）	→		0.855

续表

观测变量	关系	潜变量	标准化路径系数
可融资性（VFM6）	→	项目与行业层面 PPP 物有所值评价要素（VFM）	0.844
项目内资产相关度（VFM7）	→		0.865
补充评价指标（VFM8）	→		0.853
PPP 促进了当地基础设施与公共服务供给能力（数量）的提升（ECB1）	→		0.873
PPP 促进了当地基础设施与公共服务供给水平（质量）的提升（ECB2）	→	宏观层面 PPP 经济效益评价要素（ECB）	0.858
PPP 促进了当地基础设施与公共服务供给效率（降本增效）的提升（ECB3）	→		0.913
PPP 促进了土地资源、财政资源等的整合使用（ECB4）	→		0.886
PPP 促进了当地产业经济发展（ECB5）	→		0.898
PPP 促进了当地就业水平的提升（SOB1）	→		0.891
PPP 促进了当地绿色发展水平的提升（SOB2）	→	宏观层面 PPP 社会效益评价要素（SOB）	0.922
PPP 促进了当地居民社会福利水平的提升（SOB3）	→		0.850

表 3-20 评价指标对 PPP 物有所值评价的影响值

等级		评价指标	影响值	排序
一级因素	VFM3	绩效导向与鼓励创新	0.812	1
	SOB2	PPP 促进了当地绿色发展水平的提升	0.798	2
	ECB3	PPP 促进了当地基础设施与公共服务供给效率（降本增效）的提升	0.795	3
	VFM2	风险识别与分配	0.785	4
	ECB5	PPP 促进了当地产业经济发展	0.781	5
	ECB1	PPP 促进了当地基础设施与公共服务供给能力（数量）的提升	0.778	6
二级因素	VFM1	全生命周期整合程度	0.766	7
	ECB4	PPP 促进了土地资源、财政资源等的整合使用	0.749	8
	VFM4	潜在竞争程度	0.742	9
	ECB2	PPP 促进了当地基础设施与公共服务供给水平（质量）的提升	0.741	10
	SOB1	PPP 促进了当地就业水平的提升	0.730	11
	VFM7	项目内资产相关度	0.728	12
三级因素	VFM5	政府机构能力	0.713	13
	VFM8	补充评价指标（如项目规模大小、预期使用寿命长短、全生命周期成本测算准确性、运营收入增长潜力、区域带动等）	0.708	14
	VFM6	可融资性	0.707	15
	SOB3	PPP 促进了当地居民社会福利水平的提升	0.675	16

4）因素分析

采用四象限法能直观识别出 PPP 项目社会经济效益评价指标的分布特点。其中社会经济效益评价值为表 3-9 中的 16 个各自的均值，综合权重系数与表 3-15 因子综合权重相同。如图 3-13 所示，横坐标为 PPP 项目社会经济效益评价值，纵坐标为各指标综合权重系数。交叉点(4.35,0.060)代表 PPP 项目社会经济效益评价值和综合权重系数的中间值。将 16 个评价指标打点落在四个象限中，按照象限分布分析如下。

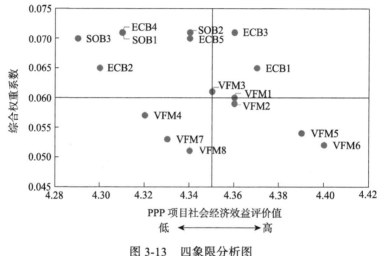

图 3-13　四象限分析图

首先，落在第一象限的 PPP 促进了当地基础设施与公共服务供给能力（数量）的提升（ECB1）、PPP 促进了当地基础设施与公共服务供给效率（降本增效）的提升（ECB3），以及落在中间值线上的绩效导向与鼓励创新（VFM3），这 3 个评价指标的社会经济效益评价值高，综合权重系数也大，是 PPP 项目社会经济效益评价的优势指标，应予以保持。

其次，落在第二象限的 PPP 促进了当地绿色发展水平的提升（SOB2），PPP 促进了当地产业经济发展（ECB5），PPP 促进了土地资源、财政资源等的整合使用（ECB4），PPP 促进了当地就业水平的提升（SOB1），PPP 促进了当地居民社会福利水平的提升（SOB3），以及 PPP 促进了当地基础设施与公共服务供给水平（质量）的提升（ECB2），这 6 个评价指标的综合权重系数大，但是社会经济效益评价值低，是 PPP 项目社会经济效益评价的劣势指标，应重点关注并提高管理能力。

再次，落在第三象限的点分别是潜在竞争程度（VFM4）、项目内资产相关度（VFM7）、补充评价指标（VFM8），这 3 个评价指标的社会经济效益评价值低，综合权重系数也小，应重点持续改进并提高社会经济效益。

最后，落在第四象限的风险识别与分配（VFM2）、政府机构能力（VFM5）、

可融资性（VFM6），以及落在中间值线上的全生命周期整合程度（VFM1），这 4
个评价指标的社会经济效益评价值高，综合权重系数小，项目的物有所值效果较
好，应重点保持。

3.3.3　PPP 物有所值评价改进机理

1. 定性评价改进机理

根据《PPP 项目合同指南（试行）》相关规定，财政部会进行项目初步的定
性评价，在项目的识别阶段，重点比对在相同数量和质量的公共产出前提下，传
统政府采购模式和 PPP 模式在风险、创新等难以量化指标的约束条件下的优劣情
况。定性评价主要是通过分析某些促进"物有所值"的定性因素，从而评估项目
本身的能力，主要考察三个方面，即可行性（viability）、有益性（desirability）和
可实现性（achievability），判断该项目是否具有较高的质量评级。

当使用定性评价来评估物有所值时，经常需要考虑全生命周期成本、风险分
配、创新空间、资产利用率、经济规模和市场竞争等诸多方面。定性评价通常采
取的手段，主要是通过专家的主观评估来判断项目是否符合物有所值，是否能使政
府购买服务实现物有所值。专家通过评估各种指标产生综合评估结果。根据专家团
给出的综合定性评估结果，来判断某个项目是否能够通过 PPP 机制模型实现良好的
物有所值。如果不能，则表明该项目不适合 PPP 机制。但是如果结果为"是"，也
不能直接确定项目一定适合 PPP 机制模式，必须进一步对项目进行定量评估分析。

到目前为止，有六个基本考核指标列入了财政部定量评价：全生命周期整合
程度、风险识别与分配、绩效导向与鼓励创新、潜在竞争程度、政府机构能力、
可融资性。与此同时，可以根据具体的项目情况补充不同的考核指标。现有的基
本评估指标已经可以从多个角度对项目进行评估，但并未特别完善，没有形成完
整的评价指标体系。由于 PPP 是一个复杂的工程项目，涵盖了诸多不同的领域和
多个主体，因此需要建立一个层次明确的指标评级体系来正确、合理地评估 PPP
项目。同时，根据上述分析，可以得出结论：PPP 模式相较于英国、美国等具有
较长发展史的国家，在我国的发展环境和现状是不同的。在评估 PPP 模式时，需
要考虑我国的具体情况。基于对我国现有 PPP 项目和我国自身的环境特点的定性
评估，本章建立了一个较为完善的物有所值评估指标体系。该体系分别从可行性、
有益性和可实现性三个层面对我国开展的 PPP 项目进行考察。

1）可行性指标体系

衡量物有所值的定性评估的可行性指标应评估具体的 PPP 模式项目在整个生
命周期中是否具有落地实施的可行性。可行性评估主要用于评估政府是否应该直
接在效率、问责制和公平性方面提供服务，而不是通过 PPP 模式提供服务。可根
据可行性评估的结果，确定某个项目是否适合或可以使用 PPP 模式来提供服务。

现阶段，全国范围内的 PPP 模式项目如雨后春笋，遍地开展，但总体来看具体项目的落地实施效果并不是很理想。因此，必须对项目是否适合采用 PPP 模式进行判断，即是否具有开展 PPP 模式的可行性。可行性评估不仅有利于推动项目进展，而且也能避免资源浪费。

在完善质量评价指标体系时，可行性评价主要考虑的因素包括项目产出、运营灵活性、公平性、效率性和问责性及整体可行性。因此，可行性评价指标主要着眼于项目的总体情况，特别是项目的建设、实施和运营效率以及项目的产出状况。本章将全生命周期指标与潜力和绩效导向指标进行整合，这样一来可以全面反映项目的总体情况，通过这两项指标能够了解项目的效率、公平性等相关方面是否达标，并确定项目是否可以使用 PPP 机制提供服务。

2）有益性指标体系

判断项目是否应采用 PPP 机制模式提供服务的一个主要定性评价指标即物有所值的有益性评价指标。该指标主要用于评估某项目采用 PPP 机制模式和其他采购模式——如传统的政府采购模式——相比是否具有优势。现阶段我国具有多种采购模式，而 PPP 模式就是其中之一。但是，对于某一特定项目是否采用 PPP 模式，必须考虑该项目的具体情况。需要衡量一个项目在风险管理、创新、激励和监管等方面是否适合采用 PPP 模式，即是否具有有益性。同时，考虑到我国的具体情况，还需要考虑 PPP 项目的发展是否能带来一定的社会效益。

本章提出的物有所值指标评价体系致力于在具体项目的问题处理上给予更多的关注度，这其中主要包括风险识别和分配、潜在的竞争、鼓励创新、全生命周期成本估算准确性和资产利用及收益。这些指标可以充分反映项目的不同方面，以便从鸟瞰角度，更好地全面了解项目。同时，项目风险管理、创新、激励和监管的评估能够将 PPP 模式与其他采购模式进行比较，以确定是否以 PPP 模式提供公共服务。目前我国的经济和社会发展存在不均衡的情况，不同地区的经济社会发展存在很大差异，这对维护各民族团结和地区稳定有一定影响。因此，在评估 PPP 项目是否有用时，还应该考虑项目的实施是否会带来一定的社会效益。

3）可实现性指标体系

判断某个项目是否可以通过 PPP 模式实现的主要评估指标为物有所值定性评价中的可实现性指标。该指标主要对以下两个方面进行评估：一是当前市场是否有兴趣参与项目实施；二是组织内是否有足够的资源实施该项目。通过前文的分析不难发现，现阶段的 PPP 项目在具体的实施过程中往往面临许多问题。其中，主体的参与意愿和能力是非常重要的影响因素。PPP 模式需要着重考虑社会资本的参与意愿和政府机构的相关能力，这是最为关键的一点。PPP 项目通常具有规模大、周期长的特点，社会资本需要在其中投入大量资金，因此，社会资本必须对项目进行大量的前期工作，以判断自身是否应该参与项目。对于中国 PPP 项目的发展来说，宏观经济环境也是社会资本需要考虑的重要方面。如果在 PPP 项目实施过程中，社会资本无法对政府产生信任，则会直接制约其参与的积极性。从政府的角度来看，政府机构的管理能力也将对 PPP 项目的可行性产生巨大影响。

在本章构建的物有所值评估体系中，评估可实现性指标的要素主要包括市场参与意愿、交易成本与主办机关执行能力和总体可实现性。在物有所值的定性评价指标中，筛选政府机构能力和可融资性作为物有所值可实现性的评价标准。依据上述所做的分析，我国 PPP 项目的实施受项目本身情况的影响较大，所以在构建物有所值可实现性指标评价体系时，将项目规模和项目资产寿命作为评估要素考虑其中。从历史规律上看，国家的稳定和统一是每一个国家经济和社会发展的先决条件，我国也不例外，而 PPP 项目往往涉及民生问题。因此，PPP 项目所在地的法律和政治环境以及该地区的稳定程度，对 PPP 项目的顺利实施具有重要的影响。考虑上述指标，并对其进行整合汇总，就可以判断出某个项目是否能够成功实施 PPP 模式。

总体来看，本章构建的物有所值定性评价指标体系如表 3-21 所示。

表 3-21　物有所值定性评价指标体系

一级指标	二级指标	三级指标
物有所值	可行性	全生命周期整合程度、绩效导向
	有益性	风险识别与分配、潜在竞争程度、社会效益、鼓励创新、全生命周期成本估计准确性和资产利用及收益
	可实现性	政府机构能力、项目规模、项目资产寿命、法律和政策环境、地区稳定性、可融资性

2. 定量评价改进机理

针对我国 PPP 物有所值定量评价部分,结合风险研究和外部性研究相关理论,并考虑到我国 PPP 现有数据不足的客观现实,本书选取最主要的两处项目风险和外部性进行改进。

一是造成风险难以量化的主要原因是关注度不足。通过文献整理可以看出，无论是以英国、美国为代表的发达国家还是以南非等为代表的发展中国家，在风险度量层面都是通过更加科学化的方法去量化风险，但对风险产生的根源缺少深层次的研究。从我国 PPP 项目发生风险的情况进行分析，造成风险难以量化的原因，除去客观风险数据不足的现实，政府对社会资本努力水平过于理想化也是非常重要的方面。现行风险分担机制中，无论是可转移风险还是自留风险，测算的前提都是政府和社会资本可以完全很好地承担需要自身承担的风险，即政府和社会资本都会尽最大努力去减少风险发生的可能性，减少风险发生所造成后果的严重程度，但是在实际推进过程中，这种努力水平是无法被观测到的，也就是现在的风险度量假设前提存在一定的不合理性，再加上客观数据不足的问题，会导致对风险成本的量化无从下手。在现有物有所值评价中，风险部分更多依靠专家主观臆断，这将间接导致风险评价操作流于形式，如果能够找到政府可直接观测到的体现社会资本实际努力程度和风险管控水平的观测变量，政府就可以对社会资本有更清晰的认知，进而对风险的量化及分配有更好的把控，因此在风险部分，除通过净现值等方法量化风险外，还应努力发现能够标准社会资本努力水平和风险管控能力的代理变量，供政府进行参考。

二是现有评价无法体现外部性效益。现有物有所值评价基于财务成本研究视角，对项目外部性指标仍停留在定性评价层面，这种以经济效益为核心的物有所值评价仅仅是可持续发展理念的一个部分，没有或较少关注 PPP 所引发的社会问题和环境问题，如城市拥堵、犯罪率上升、群体性事件等，现有研究数据存在很大不足，特别是外部性效益指标的量化数据，尽管可以通过与项目实际产出进行结合来量化经济外部性效益，但社会性外部性效益大多为非使用价值，难以与现有经济指标挂钩，因此应该转化研究思路，考虑从微观调研数据层面入手，用样本估计整体的思想进行探索，逐步提高研究的准确性。

总体来看，针对定量评价环节改进的思路可以概括为"内部改进，外部完善，微观计算，宏观仿真"，具体改进路径如图 3-14 所示。

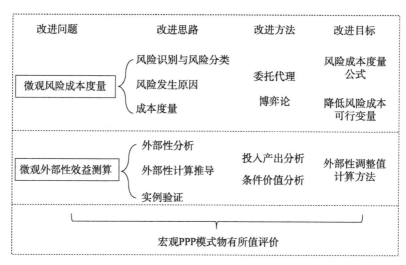

图 3-14　物有所值定量评价改进路径图

3.3.4　PPP 物有所值定量评价优化机制——优化风险成本度量

风险成本度量是提升物有所值评价结果精度的关键，本节在第 2 章 PPP 财政风险识别的基础上，建立信息对称和信息不对称但可监督两种情况下的委托代理博弈模型，对政府和社会资本之间建立 PPP 平等契约关系的重要前提进行研究，并在此基础上，将上文提到的造成风险难以度量的重要因素——社会资本努力程度放入模型，分别对信息对称和信息不对称但可监督两种情况下的风险成本进行度量。

1. PPP 委托代理机制分析

1）信息对称情况下的委托代理模型

A. 模型假设

当政府和社会资本处于完全信息对称情况时，政府可以直接观测到社会资本的努力程度和风险把控水平，此时适合资本的努力程度可以视为确定性函数，且政府不需要进行监管；同时假定双方的委托代理关系是建立在标准合同的基础上的。基于上述假定，此时政府和社会资本之间的博弈模型是每阶段都有两种选择的三阶段动态博弈模型。

B. 模型构建、求解与分析

首先将上述博弈模型进行图解，如图 3-15 所示，相关字母的释义如表 3-22 所示。

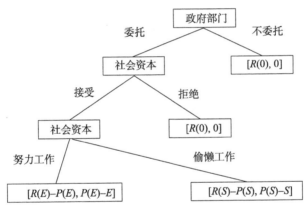

图 3-15 信息对称情况下的委托代理模型

表 3-22 模型中的字母释义

字母	释义
$R(0)$	没有引入社会资本时政府部门的利益，其可正可负
$R(E)$	社会资本努力工作时，政府部门获得的高产出
$P(E)$	社会资本努力工作时自身所获得的报酬
E	社会资本努力工作时自身所付出的成本
$R(S)$	社会资本偷懒工作时，政府部门获得的低产出
$P(S)$	社会资本偷懒工作时自身所获得的报酬
S	社会资本偷懒工作时自身所付出的成本
$R(E)-P(E)$	社会资本努力工作时政府部门所获得的净收益
$P(E)-E$	社会资本努力工作时自身所获得的净收益
$R(S)-P(S)$	社会资本偷懒工作时政府部门所获得的净收益
$P(S)-S$	社会资本偷懒工作时自身所获得的净收益

求解该模型时采用自下而上的求解思路。首先对该模型第三阶段进行求解，因为假定政府和社会资本双方都是理性博弈方。因此，只有当 $P(E)-E>P(S)-S$，即 $P(E)>P(S)+E-S$ 时，社会资本才会出现"激励相容约束"，选择努力工作。从经济学角度进行解释：只有社会资本选择努力工作获得的报酬高于其偷懒工作获得的报酬和补偿额之和时，社会资本才会选择努力工作，此处补偿额代表至少能够补偿努力工作比偷懒工作产生的更多成本缺口。

其次对模型第二阶段进行求解，此阶段主要是社会资本选择是否接受政府委托。先确定社会资本努力和偷懒两种模式下分别获得的收益，即 $P(E)-E$ 和 $P(S)-S$，如果社会资本选择接受委托，则需要保证无论社会资本在努力工作还是偷懒工作，收益都要为正，即 $P(E)-E>0$ 和 $P(S)-S>0$，这两个不等式即两种情况下的参与约束。从经济学角度进行解释：当出现选择接受委托带来的收益低于不接受委托带来的收益的情况时，社会资本可能会选择拒绝委托。

最后对模型第一阶段进行求解，第一阶段涉及社会资本选择努力工作还是偷懒工作。如果第二阶段社会资本没有选择接受委托，则不需要对第一阶段进行求解。如果第二阶段中社会资本选择接受委托，则可分为两种情况：当社会资本选择努力工作时，政府的净收益为 $R(E)-P(E)$，若 $R(E)-P(E)>R(0)$，则政府部门会选择委托；当社会资本选择偷懒工作时，政府的净收益为 $R(S)-P(S)$，若 $R(S)-P(S)>R(0)$，则政府部门也会选择委托。

上述三阶段两博弈方的博弈模型可以代表在信息对称情况下，政府和社会资本之间能够在签订委托代理合同过程中进行全过程博弈。此博弈模型的子博弈纳什均衡可以解释为：若委托能增加政府净收益，则政府选择委托；若社会资本接受委托的净收益大于拒绝委托，则社会资本选择接受委托，并且若努力工作获益更大，则社会资本会选择努力工作。

2）信息不对称但可监督情况下的委托代理模型

A. 模型假设

实际情况下，政府和社会资本之间大多存在信息不对称，政府无法直接观察社会资本的实际努力程度和风险管控水平，需要通过监督的方式来确保项目实施，在假定项目产出的不确定性完全由政府承担的前提下，社会资本在努力的情况下获得高产的概率等于在偷懒的情况下得到低产的概率，政府更多参照监督观测到的社会资本努力程度来购买服务。基于上述假定，此时政府和社会资本之间的博弈模型是每阶段都有两种选择的三阶段动态博弈模型。

B. 模型构建、求解与分析

对上述存在信息不对称但可监督的模型进行图解，如图 3-16 所示。

因为存在信息不对称，为保证比较的一致性，考虑在此博弈模型中引入"自然博弈方"。单纯从社会资本博弈方来看，在该博弈模型中激励相容约束与参与约

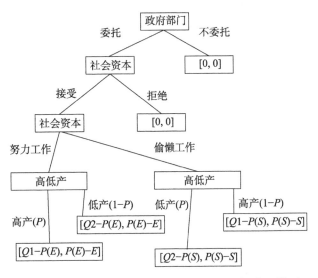

图 3-16 信息不对称但可监督情况下的委托代理模型

束条件不发生改变，仍然是 $P(E)$–E > $P(S)$ –S 时选择努力工作，在努力和偷懒两种情况下分别满足 $P(E)$–E > 0 和 $P(S)$–S > 0 时选择接受委托。

从政府博弈方来看，因为此模型中政府可以对社会资本进行监督，所以在第一阶段政府选择何时委托的条件会发生如下变动。

（1）假设社会资本选择接受委托，且努力工作，那么政府获得高收益 $Q1$ 的可能性为 P，获得低收益 $Q2$ 的可能性为 1–P，只有当 $P[Q1$–$P(E)]$+$(1$–$P)[Q2$–$P(E)]$>0 时，政府才会选择委托。

（2）假设社会资本选择委托，但偷懒工作，那么政府获得高收益 $Q1$ 的可能性为 1–P，获得低收益 $Q2$ 的可能性为 P，只有当 $(1$–$P)[Q1$–$P(S)]$+$P[Q2$–$P(S)]$>0 时，政府才会选择委托。

基于上述分析，在信息不对称的常见情况下，政府监督是非常有必要的，能够更好地保障 PPP 的公益性产出，政府选择委托、社会资本选择接受委托、社会资本选择努力工作的三种约束条件，都可以为我国物有所值评价提供参考。因此，更加需要政府转变职能重心，更多体现监管者的职能。下面进一步针对信息对称和信息不对称但可监督两种情况，考虑社会资本努力程度对项目的风险成本度量产生的影响进行研究。

2. PPP 风险成本度量

1）PPP 一般情况委托代理模型

用 x 表示社会资本的努力程度，这里 x 是一个一维变量。外部环境的风险因素用随机变量 θ 表示，其服从均值为 0、方差为 δ^2 的正态分布。则社会资本的产出函数为：y=x+θ，表示社会资本的产出与其努力程度相关，与方差无关。

假设模型中社会资本对风险的偏好是厌恶的，政府对风险的偏好是中性的。委托代理的合同关系可以表达成 $s(y)=\alpha+\beta(y)$，社会资本无论是努力工作还是偷懒工作都可以足额获得的固定报酬用 α 表示，浮动报酬用 $\beta(y)$ 表示。实际社会资本的全部收入与固定报酬和浮动报酬密切相关。社会资本风险偏好程度通过 β 表征，基于经济学研究观点：

$$E(y-s(y))=E(y-\alpha-\beta(y))=-\alpha+E[(1-\beta)y] \tag{3-1}$$

由于：$E(y)=E(x+\theta)=x$，$\mathrm{var}(y)=\delta^2$，因此

$$E(y-s(y))=-\alpha+(1+\beta)x \tag{3-2}$$

再考虑社会资本是风险厌恶型的，此处引入冯·诺依曼-摩根斯坦效用函数（$u=-x^{-p\phi}$），其中 p 为表征风险偏好程度的变量，ϕ 为表征社会资本实际收入的变量。

假设社会资本成本函数为 $c(x)=\dfrac{bx^2}{2}$，由此社会资本的实际收入可以表示为

$$\phi=s(y)-c(x)=\alpha+\beta(x+\theta)-\frac{bx^2}{2} \tag{3-3}$$

对函数关系分析可知，社会资本实际收入与实际努力程度是负相关的。其中，社会资本的可确定性等价收入水平可以表示为

$$W=E\phi-\frac{\rho\beta^2\delta^2}{2}=\alpha+\beta x=\frac{\rho\beta^2\delta^2}{2}-\frac{x^2}{2} \tag{3-4}$$

其中，$E\phi$ 为预期成本；$\rho\beta^2\delta^2/2$ 为风险价值；β 表征的代理变量为零时，风险成本为零，式（3-4）中表示为 $\beta=0$。

令 $\bar{\omega}$ 表征实际报酬收入的平均值，只有当固定报酬收入小于实际报酬收入时，社会资本才会选择拒绝该合同。

对应参与约束条件为

$$\alpha+\beta x=\frac{\rho\beta^2\delta^2}{2}-\frac{x^2}{2}\geqslant\bar{\omega} \tag{3-5}$$

2）信息对称情况下 PPP 风险成本度量模型

此种情况为理想情况，基于政府和社会资本双方存在充分信任。各项自身指标都可以被对方实际观测到，此时现行的风险分担机制可以完全实现，即项目参与方都会尽最大努力去承担所分担的风险，最终会出现双方各自收益最大化，项目总体风险最小化，从而可以直接通过帕累托最优求解得到双方的最佳合作模式：

$$\max E(y-s(y))=\max[-\alpha+E(1-\beta)y] \tag{3-6}$$

约束条件为：$\alpha+\beta x-\dfrac{\rho\beta^2\delta^2}{2}-\dfrac{x^2}{2}\geqslant\bar{\phi}$。

在最优情况下，约束条件等式成立，联立解方程组得

$$\max x - \frac{\rho\beta^2\delta^2}{2} - \frac{x^2}{2} - \overline{\phi} \qquad (3\text{-}7)$$

由于已经给定该委托代理函数中社会资本收入平均水平 $\overline{\phi}$，因此式（3-7）求解结果表示政府总是追求自身确定性收入部分最大化，将风险尽最大可能通过可转移风险的形式进行转移。此时约束条件为：$x^* = \frac{1}{b}$；$\beta^* = 0$。

代入求解：

$$\alpha^* = \overline{\phi} + \frac{b}{2}x^{*2} = \overline{\phi} + \frac{1}{2b} \qquad (3\text{-}8)$$

此处就是一般意义下的帕累托最优合同。从最优一阶条件 $x^* = 1/b$ 来看，只有当社会资本真正获得的回报与努力工作获得的回报相当时才会选择努力工作；而由 $\beta^* = 0$ 可以得出，社会资本是风险厌恶型的，其固定收入仅为最低要求工资水平与自身的努力水平之和。这两个最优一阶条件之间会产生矛盾，当政府与社会资本处于理想合作模型时，政府可以对社会资本的实际运营能力及风险管控能力等方面进行直接观测，根据社会资本实际努力程度按照绩效进行付费，而不是固化政府支出责任，此时社会资本为寻求自身收益最大化，只能将自身努力程度向最优一阶条件逐步逼近，最终达到临界点，PPP 达到帕累托最优。

3）信息不对称但可监督情况下 PPP 风险成本度量模型

在实际的 PPP 项目中，政府与社会资本之间几乎不能达成理想化的合作模式，对于社会资本自身实际水平，特别是风险管控水平等关键能力，政府无法直接通过观测或者项目客观数据获得，委托代理合同不能实现帕累托最优。当社会资本风险偏好为完全厌恶时，其会追求政府的年度运营补贴，通过建设利润满足自身需求，不注重实际运营维护，变相固化政府支出责任。此时，约束条件由 $x=\beta/b$ 变为 $x=0$。

当政府和社会资本之间不能达成理想合作模式时，应当着重分析双方如何建立最优委托代理合同，如何度量风险成本，如何在项目运营期向社会资本支付实际服务费用。具体到模型中，社会资本对应的激励相容约束变为 $x=\beta/b$，政府面对的问题是如何选择 (α,β) 来求解如下最优化问题：

$$\max -\alpha + (1-\beta)x \qquad (3\text{-}9)$$

约束条件为

$$\alpha+\beta x - \frac{\rho\beta^2\delta^2}{2} - \frac{x^2}{2} \geq \overline{\phi} \qquad (3\text{-}10)$$

$$x = \frac{\beta}{b} \qquad (3\text{-}11)$$

$$\max \frac{\beta}{b} - \frac{\rho\beta^2\delta^2}{2} - \frac{b}{2}\frac{\beta^2}{b} - \overline{\phi} \qquad (3\text{-}12)$$

一阶条件为

$$\beta = \frac{1}{1+b\rho\delta^2} > 0 \qquad (3\text{-}13)$$

上述函数关系表示，在此情形下，由于 β 与 ρ、δ^2 与 b 负相关，因此社会资本必须承担一定的风险。也就意味着：社会资本对风险偏好厌恶的程度越高，即社会资本越不愿意承担风险。

当政府和社会资本无法达成理想合作模式时，无论是政府还是社会资本，都必须承担相应的风险：

$$\beta = \frac{1}{1+b\rho\delta^2} \qquad (3\text{-}14)$$

对应社会资本的风险成本：

$$\frac{\rho\beta^2\delta^2}{2} = \frac{\rho\delta^2}{2\left(1+b\rho\delta^2\right)^2} = \Delta FC > 0 \qquad (3\text{-}15)$$

社会资本的最优努力水平为

$$x = \frac{\beta}{b} = \frac{\rho\delta^2}{2\left(1+b\rho\delta^2\right)^2} < \frac{1}{b} \qquad (3\text{-}16)$$

上述函数关系表明，相较于理想合作模式，当政府和社会资本之间无法达到理想状态时，社会资本的最优努力水平会严格小于理想状态时的努力水平。此时，政府期望产出的净损失为

$$\Delta E\pi = \Delta x = x^* = \frac{1}{b} - \frac{1}{b\left(1+b\rho\delta^2\right)} = \frac{\rho\delta^2}{1+b\rho\delta^2} > 0 \qquad (3\text{-}17)$$

政府可节约的努力成本为

$$\Delta JC = C(x^*) - C(x) = \frac{1}{2b} - \frac{1}{2b(1+b\rho\delta^2)} = \frac{\rho\delta^2}{2(1+b\rho\delta^2)} \qquad (3\text{-}18)$$

总激励成本为

$$\Delta E\pi - \Delta JC = \frac{\rho\delta^2}{2(1+b\rho\delta^2)} > 0 \qquad (3\text{-}19)$$

总代理成本为

$$ZC = \Delta FC + (\Delta E\pi - \Delta JC) = \frac{(2+b\rho\delta^2)\rho\delta^2}{2(1+b\rho\delta^2)^2} > 0 \qquad (3\text{-}20)$$

在无法实现理想合作模式的前提下，根据项目实际情况，需要考虑社会资本

风险偏好变动对整个项目风险成本产生的影响。

在实际 PPP 项目中，政府可以通过查验社会资本资质及以往成果等其他数据来进行选择，可以设置资质门槛、市场检验等措施，这相当于在现有模型中引入一个工具变量，令 m 的均值为零、方差为 δ_m^2，则此时委托代理线性合同可以表示为

$$s(y,m) = \alpha + \beta(y + \gamma m) \tag{3-21}$$

其中，β 为合同激励强度；γ 为社会资本的收入水平与引入的可观测变量 m 之间的关系，$\gamma = 0$ 表示选取的可观测变量 m 与社会资本的收入之间没有关系。因此，可以通过确定最优的 α、β 和 γ 来建立委托代理最优激励模型及确定最优合同。

基于此时的函数关系，社会资本的确定性等价收入为

$$\alpha + \beta a - \frac{\rho \beta^2 \operatorname{var}(y + \gamma m)}{2} - \frac{bx^2}{2} = \alpha + \beta a - \frac{\rho \beta^2 (\sigma^2 + \gamma^2 \delta_m^2 + 2\gamma \operatorname{cov}(y,m))}{2} - \frac{bx^2}{2} \tag{3-22}$$

对于合同确定的政府补贴支出 $s(y,m)$，社会资本会出现更愿意选择获取与自身努力程度相匹配的固定补贴收入，变相固化政府支出。

由于引入的可观测变量 m 与社会资本努力工作水平 x 无关。此时政府的期望收入为

$$E(y - \alpha - \beta(y + \gamma m)) = -\alpha + (1 - \beta)x \tag{3-23}$$

将 $E(m=0)$、$x = \beta/b$ 代入求解。社会资本选择的自身固定收益最大化补贴支付条件为

$$\max \beta, \gamma \frac{\beta}{b} - \frac{\rho \beta^2 (\sigma^2 + \gamma^2 \delta_m^2 + 2\gamma \operatorname{cov}(y,m))}{2} - \frac{\beta^2}{2b} - \overline{\phi} \tag{3-24}$$

解得

$$\beta = \frac{1}{1 + b\rho(\delta^2 - \operatorname{cov}^2(y,m))/\sigma_m^2} \tag{3-25}$$

$$\gamma = \frac{\operatorname{cov}(y,m)}{\delta_m^2} \tag{3-26}$$

$$\delta^2 \delta_m^2 \geqslant \operatorname{cov}^2(y,m), \quad 0 < \beta < 1 \tag{3-27}$$

如果选择的工具变量无法合理解释社会资本的实际产出，此时无法通过社会资本产出观测到社会资本的实际努力程度。此时 γ 的取值应为 0，所选择的可观测变量 y 不应进入委托代理最优激励合同。

当社会资本的实际项目产出与引入的工具变量两者不相关时，政府可以通过将此工具变量引入到合同中，提高社会资本的自身资质要求，一方面可以降低整个项目的风险成本，另一方面也能降低政府的补贴支出。

　　当社会资本的实际项目产出与引入的工具变量相关时,需要进一步进行分析,此时,风险成本为

$$\Delta FC = \frac{\rho \operatorname{var}(s(y,m))}{2} = \rho\left(\delta^2 - \frac{\operatorname{cov}^2(y,m)}{\sigma_m^2}\right)\bigg/2\left[1 + b\rho\left(\delta^2 - \frac{\operatorname{cov}^2(y,m)}{\sigma_m^2}\right)\right]^2 \quad (3\text{-}28)$$

总激励成本为

$$\Delta E\pi - \Delta JC = b\left[\rho\left(\delta^2 - \frac{\operatorname{cov}^2(y,m)}{\sigma_m^2}\right)\right]^2\bigg/2\left[1 + b\rho\left(\delta^2 - \frac{\operatorname{cov}^2(y,m)}{\sigma_m^2}\right)\right]^2 \quad (3\text{-}29)$$

总代理成本为

$$ZC = \Delta FC + (\Delta E\pi - \Delta JC) = \rho\left(\delta^2 - \frac{\operatorname{cov}^2(y,m)}{\sigma_m^2}\right)\bigg/2\left[1 + b\rho\left(\delta^2 - \frac{\operatorname{cov}^2(y,m)}{\sigma_m^2}\right)\right] \quad (3\text{-}30)$$

　　通过分析可知,当 m 与 θ 完全相关时,即社会资本的实际产出与外部的不确定性完全相关时,就可以把选取的可观测变量 m 引入到委托代理合同中,作为表征社会资本独立程度的工具变量,政府可以通过观测新引入的工具变量对社会资本实际工作能力进行判断,从而实现双方对风险管控水平的透明化,政府能够根据社会资本实际努力程度按绩效付费,避免社会资本过于依赖政府补贴,从而固化政府支出责任,加大项目风险。

　　现有的风险分担机制大多将政策层面风险作为自留风险,将项目层面风险作为可转移风险,将行业层面风险作为共担部分,这样进行风险分担的前提是政府和社会资本能够具备承担所分担风险的能力,即政府和社会资本会尽最大努力去管控风险,但在实际推进过程中,社会资本努力程度是政府无法直接观测的因素,不能判断社会资本是否能够承担所分配的风险,此时风险成本度量的假设前提存在一定不合理性,这是造成风险成本难以度量的根本原因之一,在现有专家学者大多聚焦通过不同“灰色”科学化研究方法来解决客观数据不足的情况下,更应该对造成风险成本难以度量的根源加大研究。

　　鉴于此,本节从项目实际操作角度出发,构建了两主体三阶段博弈模型对政府和社会资本选择参与 PPP 模式的出发点进行研究,将实现情况分为信息对称和信息不对称但可监督两种情况,分别对不同情况下政府何时选择发起 PPP 项目、社会资本何时选择参与 PPP 项目及社会资本何时选择最大化自身努力程度参与 PPP 项目进行求解分析。政府只有在 PPP 模式下的自身收益大于传统采购模式时才会选择发起 PPP 项目,社会资本只有在自身收益为正时才会选择参与,并只有在自身努力工作获得的收益大于偷懒工作获得的收益与一个补偿量之和时才会选择努力工作,而且只有政府正确履行其监管职能,才能确保各方按规合作。因此,在度量项目风险成本时,要引入适当工具变量来对补偿量进行研究。

　　最后,基于委托代理理论,本节分别对信息对称和信息不对称但可监督两种

情况的风险成本和总代理成本进行度量，在信息对称的情况下，政府和社会资本双方的努力程度和能力都可以直接被观测到，这种理想情况下，PPP 模式可以达到帕累托最优，实现双方各自效益最大化、项目总体风险最小化的最佳局面。在信息不对称但可监督的情况下，社会资本自身实际情况、努力程度、风险把控能力无法被政府直接观测到，在没有引入工具变量时，对项目风险成本的度量会存在一定不合理性，项目总体风险支出会偏大，会存在社会资本不努力工作、单纯依靠政府固定补贴来赚取利润的不利局面；通过将社会资本参与过类似项目、管控过类似风险、具备风险防范措施及资金准备等指标作为工具变量引入到模型中，对模型进行改进，风险成本、总激励成本、总代理成本均会降低，社会资本如果选择不努力工作或其对风险管控能力不足时，政府支出也会相应发生改变，不再按照原有的固定支付模式，而是依据社会资本实际努力程度进行支付，这能够降低政府支出，激励社会资本努力工作，真正实现 PPP 共赢的局面。

3.3.5　PPP 物有所值定量评价优化机制——纳入外部性分析

通过前面章节中对我国 PPP 物有所值定量评价的现状分析可以发现，现有物有所值评价是从"单一成本"视角出发的，通过对比参照物的模式来计算成本，按照能否节约成本来判断是否物有所值。然而，这种以经济效益为核心的物有所值评价无法体现 PPP 项目的外部性效益，没有或较少关注 PPP 所引发的社会问题和环境问题，如城市拥堵、犯罪率上升、群体性事件等，现有研究数据存在很大不足，特别是外部性效益指标的量化数据，尽管可以通过与项目实际产出进行结合来量化经济外部性效益，但社会性外部性效益大多为非使用价值，难以与现有经济指标进行挂钩，因此需要改变研究思路，考虑从微观调研数据层面入手，引入合理的经济外部性测算方法，逐步提高物有所值定量评价的准确性。

基于此，本节结合外部性研究相关理论，考虑到我国 PPP 现有数据不足的客观现实，对现有的 PPP 物有所值定量评价进行优化改进。首先，对 PPP 项目外部性进行解释说明，并指出引入外部性调整值可以使公益性 PPP 项目的物有所值评价更具完备性。其次，将 PPP 项目全生命周期分为建设期和运营期两个阶段，分析不同阶段产生外部性的原因和测算依据,通过投入产出方法和条件价值分析法分别对建设期和运营期项目的外部性效益测算进行公式推导。最后，通过一个实际案例进行数值模拟，验证改进后的 PPP 物有所值定量评价方法的可行性和合理性。

1. PPP 外部性分析

提高公共产品和公共服务供给水平和质量一直是 PPP 的重要目标之一，我国社会主义公有制的特点决定了我国 PPP 项目更具有强外部性效果，但基于现行成本视角进行物有所值评价时，受限于数据不足的客观原因，项目的社会福利效益即外部性，无法像财务效益一样在评价中通过转化为成本的方式进行体现，会产生强外部性的 PPP 项目物有所值评价结果偏低甚至未通过的不利局面。因此，本节将引入外部性调整值和条件价值分析法的方式来弥补客观数据不足的缺陷。

1）引入外部性调整值的必要性

无论是国际上较为成熟的物有所值评价体系还是我国处于探索起步阶段的物有所值评价体系，研究的出发点都是基于成本视角，在对基本公共服务等领域的强公益性 PPP 项目进行物有所值评价时，鉴于此类项目投资额较高，投资年限较长，一般需要较长的回报周期。当对项目的财务收益进行测算时，评价重点更多是项目合理利润率、投资回收期等财务指标，此类指标无论是传统政府采购模式还是在 PPP 模式下，对项目工程而言都是一致的。但两种模式的差别主要影响项目开工时间和进度，因此，公益性 PPP 项目的财务收益，即通过 PPP 模式可以更早开展、更早获得的收益，可认为是传统政府采购模式收益曲线向前平移所得，具体如图 3-17 所示。

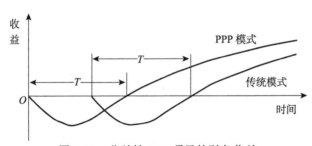

图 3-17　公益性 PPP 项目的财务收益

进一步对项目外部性的出现阶段进行研究可以发现，公益性项目从建设期开始就会产生外部性效益，不会出现效益平衡的情况。在对外部性效益进行测算时，更多应该落实到项目的实际收益，也就是对比在同一时间节点传统政府采购模式与 PPP 模式所获得的收益，如图 3-18 所示。

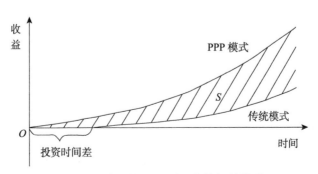

图 3-18　公益性 PPP 项目的外部性效益

从图 3-18 可以看出，项目外部性效益表示为图中阴影部分的面积 S。但是，不同 PPP 项目的外部性存在差异，各因素之间存在相互影响关系，因此阴影部分的面积 S 不只是代表投资时间差异，还包括因投资时间差异直接或间接导致的各项外部性效益之和，这部分效益均无法在现有成本视角的物有所值评价中体现。因此，更加需要在公益性 PPP 项目的物有所值评价中考量外部性效益。

2）PPP 物有所值评价外部性测算改进思路

根据我国现行的《PPP 物有所值评价指引（试行）》判断项目是否适合采用 PPP 模式的方式，主要是通过判断 PSC 与 PPP 的差值。现有物有所值评价定量判别标准如下。

（1）若 PSC–PPP>0，则项目适用 PPP 模式。

（2）若 PSC–PPP<0，则项目不适用 PPP 模式。

将外部性引入到现行物有所值评价定量环节后，对应的评判标准应该修改如下。

（1）若 PSC–PPP>0，则项目适用 PPP 模式。

（2）若 PSC–PPP<0，此处要分两种情况进一步讨论：一是若项目可以同时选择传统政府采购模式或 PPP 模式落地实施，即开工时间没有差别，则项目不适合 PPP 模式；二是若项目无法同时选择传统政府采购模式或 PPP 模式落地实施，即开工时间存在差异，则应当考虑外部性调整值。具体如下。

（1）若 PSC+外部性调整值–PPP > 0，则项目适用 PPP 模式。

（2）若 PSC+外部性调整值–PPP < 0，则项目不适用 PPP 模式。

基于上述判断，可以得出外部性调整值是采用 PPP 模式比传统政府采购模式增加的外部性效益的具体化。基于此，可以对现有的物有所值评价流程进行改进，在评价模型中加入外部性调整值，改进前后的物有所值评价模型的对比如图 3-19 所示。

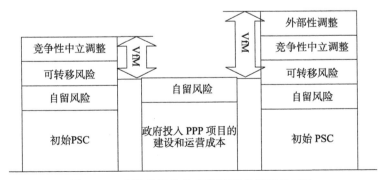

图 3-19　改进前后的物有所值评价模型的对比

当引入外部性调整值后，对应 PSC 和 VfM 值的计算均会发生变动：

$$PSC' = 初始\ PSC + 竞争性中立调整值 + 风险调整值 + 外部性调整值$$

$$VfM' = PSC' - PPP$$

具体到外部性效益计算时，根据研究惯例，将项目全生命周期分为建设期和运营期，分别对两个阶段的外部性调整值进行计算。

外部性调整值的整体计算公式如下。

$$\Delta X_t = \Delta X_{1t} + \Delta X_{2t} \tag{3-31}$$

其中，ΔX_t 为外部性调整值；ΔX_{1t} 为建设期产生的外部性调整值；ΔX_{2t} 为运营期产生的外部性调整值。

接下来将分别对建设期和运营期进行外部性调整值的具体测算。

2. PPP 建设期外部性调整值分析及测算模型

1）PPP 建设期外部性作用机制分析

项目采用 PPP 模式时，一旦进入实际落地实施过程中，不仅能够对所在行业产生直接拉动作用，还可以通过产业链对上下游的产业产生间接拉动作用，进而促进地区生产总值的增长，具体过程如图 3-20 所示。

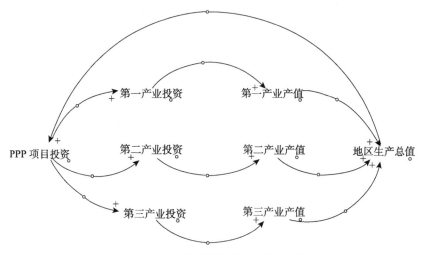

图 3-20　PPP 建设期投资效益发生过程

从图 3-20 中可以看出，PPP 项目在建设期，主要通过拉动对一二三产的投资，引起一二三产产值的增加，最终体现在带动当地地区生产总值上。同时，地区生产总值的增加也会反向推动 PPP 项目进一步落地实施，形成完整的正反馈回路，加速 PPP 外部性效益的体现。

结合上述正反馈回路，通过投入产出的研究方法，可以总结出建设期 PPP 项目投资效益的投入产出作用机理，具体如图 3-21 所示。

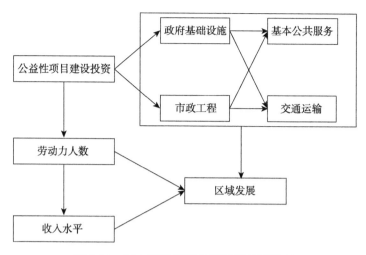

图 3-21 PPP 项目建设投资效益作用机理

通过上述机理分析可以看出，具有强外部性的 PPP 项目在建设期就能够对所在地区的经济起到促进作用，不仅对项目本身产业能够产生拉动作用，对项目上下游产业链的相关行业也都能够起到促进发展的效果，最终起到拉动当地区域经济的良好作用。

2）PPP 建设期外部性调整值的计算方法

PPP 在项目建设期产生的外部性效益是通过当地一二三产的产值变化增加值来体现的。在保持投资规模不变，项目建设期每年投入也保持不变的前提下，无论项目投资主体是政府方还是 SPV，PPP 模式下建设期外部调整值的净现值与传统政府采购模式下建设期外部调整值的净现值之差即为建设期投资调整值 ΔX_{1t}。

$$\Delta X_{1t} = \sum_{k=1}^{n} B_k (1+i)^{-k} - \sum_{k=1}^{n} B_k (1+i)^{-(k+t)} \qquad (3\text{-}32)$$

其中，ΔX_{1t} 为建设期产生的外部性调整值；B_k 为项目建设期第 k 年投资的外部性调整值；n 为项目建设期；i 为折现率；t 为 PPP 模式下建设期开始产生收益与传统模式下建设期开始产生收益的时间差。

B_k 采用最经典的柯布-道格拉斯（Cobb-Douglas，C-D）生产函数来进行具体研究，其基本形式为

$$Y = A \times K^{\alpha} \times L^{\beta}$$

其中，Y 为实际产出量；A 为反映综合技术水平的效率系数；K 为资本投入量；L 为劳动力投入量；α 为资本产出的弹性系数；β 为劳动力产出的弹性系数。

为更好地对 PPP 建设期实际投资对当地区域经济的直接拉动作用进行分析，

本章将对基本 C-D 生产函数进行修正，将 PPP 投资额从资本投入量中单独分离出来，则 C-D 生产函数可以修正为

$$Y_t = A_0 \times \mathrm{e}^\lambda \times K_t^\alpha \times L_t^\beta \times R_t^\gamma \tag{3-33}$$

其中，Y_t 为项目建设期第 t 年产出量；A_0 为技术水平初始值；λ 为技术的年进步速度；K_t 为项目建设期第 t 年除去 PPP 投资额后的剩余资本投入量；L_t 为项目第 t 年劳动力投入量；R_t 为项目第 t 年建设期 PPP 投资额；α 为项目资本产出的弹性系数；β 为项目劳动力产出的弹性系数；γ 为建设期 PPP 投资的产出弹性系数。

对公式（3-33）进行全微分处理：$\dfrac{\mathrm{d}Y_t}{Y_t} = \lambda + \alpha \dfrac{\mathrm{d}K_t}{K_t} + \beta \dfrac{\mathrm{d}L_t}{L_t} + \gamma \dfrac{\mathrm{d}R_t}{R_t}$。

将上式离散化可得：$\dfrac{\Delta Y_t}{Y_t} = \lambda + \alpha \dfrac{\Delta K_t}{K_t} + \beta \dfrac{\Delta L_t}{L_t} + \gamma \dfrac{\Delta R_t}{R_t}$。

建设期 PPP 投资额增长的外部性调整值为：$M_R = \gamma \dfrac{\Delta R_t / R_t}{\Delta Y_t / Y_t}$。

建设期 PPP 投资额的外部性调整值为：$B_k = \gamma \dfrac{\Delta R_t / R_t}{\Delta Y_t / Y_t} \times \Delta Y_t$。

单位建设期 PPP 投资额 R_0 的外部性调整值为

$$B_k = \gamma \frac{\Delta R_t / R_t}{\Delta Y_t / Y_t} \times \Delta Y_t \times \frac{R_0}{R_t} \tag{3-34}$$

3. PPP 运营期外部性调整值分析及测算模型

1）PPP 运营期外部性作用机制分析

PPP 项目正式建成后，在运营过程中，除项目本身可以产生提高公共产品和公共服务的供给质量和效率等直接外部性效益之外，还可以通过常住人口等途径促进城市发展，特别是 PPP 项目在进入运营期后，外部性效益将会变得更加复杂，影响因素和途径都更加多变，本书主要从经济影响和社会影响两个角度进一步分析研究。

2）经济外部性效益

PPP 项目进入运营期后，提升公共产品和公共服务供给的质量与水平这一目标可以得到全面体现，从而带动该地区基础设施建设水平的提高，一方面能够拉动当地区域经济增长，另一方面可以吸引更多人口，通过居民消费增加税收，间接促进经济发展，因此，通过居民消费增加税收从而产生运营期 PPP 经济外部性效益。具体运营期 PPP 外部性效益作用机理如图 3-22 所示。

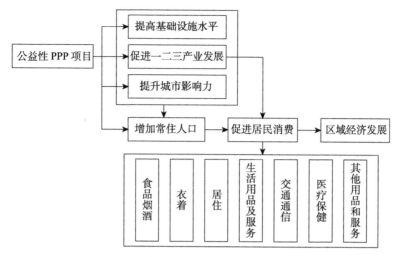

图 3-22 PPP 项目运营期外部性效益作用机理

3）社会外部性效益

与经济外部性是通过促进居民消费相比，运营期 PPP 的社会外部效益更加复杂，涉及的影响因素繁多，主要包括以下几点。

一是项目进入运营期后，提供良好的公共产品和公共服务会使当地居民数量增加，除体现为经济效益外，还有社会效益，如促进当地文化发展，但同时也会增加城市负担，如犯罪率增加等，此类非使用价值均无法直接量化为货币价格。

二是项目进入运营期后，可以直接创造就业岗位，而就业率的提高可以带动居民收入的增加，提高居民生活质量，也会带动居民消费。

三是项目进入运营期后，可以带动其所在产业链上下游产业共同发展。公益性 PPP 可以促进基本公共服务领域的进一步发展，间接提高其上下游行业的就业率，提高居民收入，进而带动居民消费。

运营期 PPP 社会外部性作用机理如图 3-23 所示。

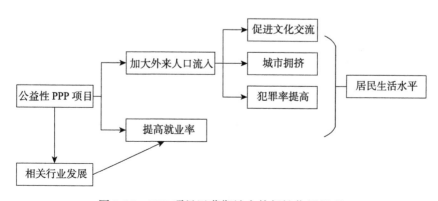

图 3-23 PPP 项目运营期社会外部性作用机理

4) PPP 运营期外部性调整值的计算方法

PPP 运营期外部性调整值的计算公式为

$$\Delta X_{2t} = Y_{1t} + Y_{2t} \tag{3-35}$$

其中，ΔX_{2t} 为运营期产生的外部性调整值；Y_{1t} 为运营期的经济外部性效益；Y_{2t} 为运营期的社会外部性效益。

A. 经济外部性效益

基于上述分析可知，进入运营期后 PPP 的经济外部性效益主要体现在公共产品和公共服务的供给水平和质量的提升，可促进居民消费、增加税收。在假定公共产出保持一致的前提下，PPP 模式与传统政府采购模式外部性调整值的经济部分差别主要体现在因落地实施的时间差而产生的外部性效益，即 PPP 模式比传统政府采购模式提前 t 年落地实施，该情况下两种模式外部性调整值差异为进入运营期 t 年后，项目主体产生的税收部分的数值。

$$B_{yt} = \sum_{k=1}^{T+t} C_{yk}(1+i)^{-k} + \sum_{k=1}^{T} C_{yk}(1+i)^{-(k+t)} \tag{3-36}$$

$$Y_{1t} = B_{yt} \times i_s \tag{3-37}$$

其中，B_{yt} 为提前 t 年进入运营期的调查对象消费差异；C_{yk} 为第 k 年调查对象的消费额；i_s 为税率；i 为折现率。

B. 社会外部性效益

PPP 模式和传统政府采购模式的社会外部性效益的差异主要表现在：假定项目采用 PPP 模式，则可以提前 t 年进入运营期，开始产生外部性效益，外部性调整值即 t 年内的整个社会外部性效益。根据前面章节的分析，此处将社会外部性效益分为非使用价值部分和提高就业率部分，并分别进行测算，即

$$Y_{2t} = B_{ft} + B_{jt} \tag{3-38}$$

其中，B_{ft} 为提前 t 年进入运营期产生的社会外部性效益非使用价值产出；B_{jt} 为提前 t 年进入运营期产生的社会外部性效益提高就业率产出。

a) 非使用价值

因为非使用价值难以直接通过成本进行转换，在现有 PPP 数据不足的条件下，本章通过查阅大量文献，最终选择条件价值法（contingent valuation method, CVM）来对社会外部性效益中的非使用价值产出部分进行测算。条件价值法使用的前提主要是针对要研究的难以量化的问题构建假想市场，对市场参与者通过调查问卷和访谈等形式，针对所研究的因素发生变化时能够支付或者得到赔偿的意愿进行研究取证，从而将非使用价值转换为可计算成本。

i. 调查问卷的设计

在条件价值法下编制调查问卷要从如下三个方面入手。

一是对调查对象个人信息的收集，包括但不限于性别、年龄、收入、城镇\农村居民等，实际编制过程中要根据具体研究问题对范式问题进行改动。

二是对本项目与调查对象的关系信息的收集，包括但不限于对调查项目的了解程度等，主要为筛选合适的研究对象，实际编制过程中要根据具体研究问题对范式问题进行改动。

三是对调查对象为本项目支付意愿情况的收集，包括但不限于非使用价值部分、提高就业率部分及其他对调查对象产生社会影响的部分。具体编制过程中，要让调查对象将构建的假想市场和现实市场进行对比，通过具体支付手段进行量化。

ii. 调查偏差的消除

当通过问卷第二部分发现调查对象的选取存在不合理的情况时，可以通过重新选择调查对象的方式进行消除，一方面要保证抽样的随机性，可以通过层次抽样法等方式进行；另一方面要确保被抽取的调查人员对准备的调查问题有一定的了解，同时保证问卷数据的收集仅作为学术研究用途使用，不会作为影响政府决策或公开等其他事宜，确保调查对象能够尽可能按照自身真实意愿进行选择，从而尽可能保证第三部分支付意愿的可信度。

iii. 居民承担成本

对调查问卷中调查对象实际支付意愿的具体数据进行处理，从一般性角度考虑，采用加权平均法来处理数据：

$$C_{sj} = \sum_{i=1}^{n} P_i \times C_i \qquad (3\text{-}39)$$

其中，C_{sj} 为调查对象因所处社会环境变化引起的第 j 项因素的承担价值；P_i 为调查对象选择支付第 i 项的占比，其中，第 i 项代表社会环境变化对应的治理费用；C_i 为调查对象选择支付第 i 项的金额；n 为问卷中列出的不同金额数。

iv. 社会外部性调整值非使用价值部分

此部分基于上述所有调查对象承担的总价值，通过净现值方法处理后加总得到：

$$B_{ft} = \sum_{k=1}^{t} \sum_{j=1}^{m} C_{sj} Q_{sj} (1+i)^{-k} \qquad (3\text{-}40)$$

其中，Q_{sj} 为调查对象因为第 j 项社会环境变化产生影响的人数；m 为影响社会环境变化的因素数。

b）提高就业率

基于上述分析，PPP 的社会外部性效益可以通过直接促进就业和间接促进就业两种途径实现。当项目进入运营期后，可以充分带动当地就业，本章沿用直接就业机会：间接就业机会=1∶3 的比例对社会外部性效益提高就业率部分进行测算。在实际计算过程中，考虑直接和间接的就业机会带来调查对象收入提高，促进消费，进而政府税收会增加。社会外部性效益提高就业率部分可计算为

$$C_{jk} = 4Q_{zk} \times \overline{C_{jk}} \qquad (3\text{-}41)$$

$$B_{jt} = \sum_{k=1}^{t} C_{jk}(1+i)^{-k} \times i_s \qquad (3\text{-}42)$$

其中，C_{jk} 为调查对象在第 k 年的实际消费额；Q_{zk} 为调查区域因该项目第 k 年提供的直接就业岗位数；$\overline{C_{jk}}$ 为调查区域第 k 年人均消费支出。

4. 案例分析

在完成了 PPP 项目建设期及运营期外部性调整值测算模型的构建后，本节将结合实际的 PPP 项目案例，分别测算其在建设期和运营期的外部性调整值，并通过对比改进后的物有所值定量评价方法与现行的评价方法，验证考虑外部性调整值改进的可行性和科学性。

1）项目概况

某景区植被恢复治理项目通过 PPP 模式引入社会资本参与建设，采用 BOT 模式由 SPV 负责该项目的建设、运营、维护、移交等全生命周期的工作，政府通过可行性缺口补助的形式补贴项目缺口。

A. 项目建设目标

本项目共计恢复石漠化区域 6.3 万亩[①]，配套水利基础设施，改建沿湖泵站 20 座，铺设管道共计 17 万米，新建主水池 200 个，新建分水池 400 个，新增设水龙头 19 万个。

B. 合作期限及合理回报率的确定

根据 PPP 项目实施方案，本项目合作期限为 22 年，其中建设期 2 年，运营期 20 年，本项目具有较强的社会正外部性，合理回报率为 4%。

C. 折现率的选择

一般 PPP 项目折现率选取通常参考当地十年期地方政府债券到期收益率，并根据当地经济实际情况进行调整，因此本项目在参照当地政府一般债券到期收益率 3.58% 的基础上，本着更好推进项目的目的，调整为 4.9%。

2）改进前物有所值定量评价

改进前的物有所值定量评价按照我国实际现行的评价方法进行计算：

PSC=初始 PSC+竞争性中立调整+可转移风险+自留风险=47 297.61（万元）

PPP=政府股权投资+维护期政府补贴+政府保留风险成本

　　×(本项目中可与 PSC 中政府保留风险抵消)+政府配套支出

　　–政府股利收入=46 862.18（万元）

$$\text{VfM} = \text{PSC–PPP} = 47\,297.61 – 46\,862.18 = 435.43（万元）$$

---

① 1 亩 ≈ 666.67 平方米。

此项目物有所值评价 VfM = 435.43（万元）>0，理论上可以说明本项目适合采用 PPP 模式进行建设，但是从 VfM 指数来看，本项目 VfM 指数为

$$\text{VfM 指数} = \text{VfM} \div \text{PSC} \times 100\% = 0.9\%$$

在实际物有所值评价中，因为此项目 VfM 指数过小，在成本视角下很难明确说明此项目适合采用 PPP 模式，可能会造成该项目难以落地实施的不利局面。虽然该项目前期投入较大，按照现有物有所值评价体系进行评价得到的效果不理想，政府可能会沿用传统政府采购模式进行建设，但考虑到该项目具有很强的外部性效益，采用 PPP 模式会对该地区发展产生更好的促进作用，因此需要把外部性调整值引入到现有物有所值评价体系中重新评价。

3）改进后物有所值定量评价

A. 建设期外部性调整值的测算

基于上述分析，假定的 C-D 生产函数中，Y 变量为该地区生产总值，L 变量为该地区就业总人数，K 变量为该地区固定资产投资额（除去 PPP 项目），R 变量为该地区 PPP 项目投资额。对公式两边同时进行对数化处理：

$$\ln Y = \lambda + \alpha \times \ln K + \beta \times \ln L + \gamma \times \ln R \tag{3-43}$$

首先通过 EViews 软件将对数化后的公式进行参数估计。基础数据为该地区 2006~2016 年统计数据，代入公式进行参数估计，结果如表 3-23 所示。

表 3-23   参数估计结果

项目	λ	α	β	γ
回归值	−9.52	0.31	2.87	0.06
检验		R^2=0.981 976；D.W.=2.018 369		

由表 3-23 可知，此回归模型的 R^2 接近 1，模拟拟合度较高，参数估计结果可靠；同时自相关检验值接近 2，说明此模型不存在一阶自相关。将参数估计结果代入可得：$\ln Y = -9.52 + 0.31 \times \ln K + 2.87 \times \ln L + 0.06 \times \ln R$。

将其对数还原可得到：$Y_t = 0.98 e^{-9.52} \times K_t^{0.31} \times L_t^{2.87} \times R_t^{0.06}$。

通过查阅该地区 2017 年统计部门发布的相关数据，该地区 PPP 项目固定资产计划投资为 15.6 亿元，参照当地近几年的投资增长率，可以预估下一年度该地区固定资产投资额约为 19.9 亿元。代入上述公式，对该 PPP 项目建设投资外部性效益进行测算：$B_1 = \gamma \dfrac{\Delta R_t / R_t}{\Delta Y_t / Y_t} \times \Delta Y_t \times \dfrac{R_0}{R_t} = 745.80$（万元）。

同理可算得 $B_2 = 1677.18$（万元）。根据公式可算得该 PPP 项目建设投资外部性调整值如表 3-24 所示。

表 3-24　建设期外部性调整值

t/年	0	1	2	3	4	5	…
ΔX_{1t}/万元	0	38.74	109.62	286.93	369.18	467.51	…

B. 运营期外部性调整值的计算

a）经济外部性效益

该 PPP 项目建成运营后，经济效益可通过促进游客消费从而增加税收的途径实现，根据该地区 2013~2017 年统计部门公布的相关统计数据可知，该地区游客人均消费为 925.32 元，根据公式可计算出 B_{yt}，如表 3-25 所示。

表 3-25　提前 t 年进入运营期后的调查对象消费差值

t/年	0	1	2	3	4	5	…
B_{yt}/万元	0	126 423.49	213 587.28	329 576.64	448 562.37	586 724.42	…

利用公式可计算得到经济外部性效益 Y_{1t}，如表 3-26 所示。

表 3-26　经济外部性效益

t/年	0	1	2	3	4	5	…
Y_{1t}/万元	0	7 585.41	12 815.24	19 774.60	26 913.74	35 203.47	…

b）社会外部性效益

基于上述机理分析，本章通过条件价值法来对非使用价值进行估算。本章编制的调查问卷的调查范围为该地区城区，共调查对象 208 人，配合接受调查的调查对象共计 182 人，问卷回收率为 87.5%。将问卷进行简单整理，剔除作答不完整或未按要求进行作答的 4 份问卷，排除非本地调查对象问卷 7 份，最终剩余有效样本 171 份。

通过对问卷进行二次处理可获得如下信息。

第一部分调查对象基本情况汇总如下。

第一，年龄构成。20 岁及以下为 24 人，21~30 岁为 51 人，31~40 岁为 61 人，41~50 岁为 29 人，51 岁及以上为 6 人，分别占总样本的 14.04%、29.82%、35.67%、16.96% 和 3.51%。

第二，户籍所在地。城镇居民共 124 人，非城镇居民共 47 人，分别占总样本的 72.51% 和 27.49%。

第三，居住时间。不足 1 年 7 人，1~3 年（不含 3 年）11 人，3~5 年（不含 5 年）18 人，5~10 年（不含 10 年）47 人，10 年及以上 88 人，分别占总样本的 4.09%、6.43%、10.53%、27.49% 和 51.46%。

第四，月收入。低于 1000 元共 7 人，1000~2000 元（不含 2000 元）共 63 人，

2000~3000 元（不含 3000 元）共 74 人，3000~5000 元（不含 5000 元）共 21 人，5000 元及以上共 6 人，分别占总样本的 4.09%、36.84%、43.27%、12.28%和 3.51%。

第二部分调查对象对该 PPP 项目的认知程度情况汇总如下。

第一，对项目的熟悉程度。非常熟悉的为 26 人，比较熟悉的为 48 人，一般熟悉的为 71 人，不太熟悉的为 21 人，完全不熟悉的为 5 人，分别占总样本的 15.20%、28.07%、41.52%、12.28%和 2.92%。

第二，对项目的支持\反对力度。非常支持 28 人，支持 85 人，中立 43 人，反对 12 人，非常反对 3 人，分别占总样本的 16.37%、49.71%、25.15%、7.02%和 1.75%。

第三部分调查对象支付意愿统计情况汇总如下。

（1）调查对象生活环境变化统计情况如下。

第一，会提高生活水平。非常赞同 27 人，赞同 43 人，中立 68 人，反对 25 人，非常反对 8 人，分别占总样本的 15.79%、25.15%、39.77%、14.62%和 4.68%。

第二，会造成城市拥堵。非常赞同 14 人，赞同 32 人，中立 68 人，反对 45 人，非常反对 12 人，分别占总样本的 8.19%、18.71%、39.77%、26.32%和 7.02%。

第三，会提高犯罪率。非常赞同 9 人，赞同 35 人，中立 72 人，反对 45 人，非常反对 10 人，分别占总样本的 5.26%、20.47%、42.11%、26.32%和 5.85%。

（2）调查对象自身支付意愿统计情况如下。

第一，治理交通拥堵。愿意支付交通拥堵治理费 67 人，占总样本的 39.18%；不愿意支付的调查对象中，有 63 人认为政府应当承担此项支出，占总样本的 36.84%，有 41 人受自身经济条件所限无法支付，占总样本的 23.98%。交通拥堵治理费的各投标值愿意支付的样本人数见表 3-27。

表 3-27　交通拥堵治理费的各投标值愿意支付的样本人数

项目	投标值/元									
	0	10	20	30	40	50	75	100	200	其他
城镇/人	72	21	15	5	5	4	2	1	0	2
非城镇/人	32	3	2	2	1	1	0	0	0	3

其他项中，城镇调查对象 2 人为 5 元，非城镇调查对象 3 人为 5 元。代入公式计算交通拥堵治理费可得，城镇居民平均每年承担成本为 13.49 元，非城镇居民为 5.68 元。

第二，降低犯罪率。愿意支付降低犯罪率费用的有 82 人，占总样本的 47.95%；不愿意支付的样本中，有 67 人认为政府应当承担此项支出，占总样本的 39.18%，有 22 人受自身经济条件所限无法支付，占总样本的 12.87%。治理犯罪率费的各投标值愿意支付的样本人数见表 3-28。

表 3-28   治理犯罪率费的各投标值愿意支付的样本人数

项目	投标值/元									
	0	10	20	30	40	50	75	100	200	其他
城镇/人	67	20	18	12	5	3	1	1	0	2
非城镇/人	22	8	5	2	1	1	0	0	0	3

其他项中，城镇调查对象 2 人为 5 元，非城镇调查对象 3 人为 5 元。代入公式计算降低犯罪率治理费用可得，城镇居民平均每年承担成本为 15.64 元，非城镇居民为 8.36 元。

代入公式计算非使用价值的社会外部性效益净现值 B_{ft}，见表 3-29。

表 3-29   非使用价值的社会外部性效益

t/年	0	1	2	3	4	5	…
B_{ft}/万元	0	−367.41	−682.59	−967.28	−1401.75	−1695.37	…

第三，提高就业率。

参照国家劳动保障相关法律法规文件，基于本项目建设及运维规模，通过岗位定员法对本项目进行人员定岗。同时，当项目进入运营期后，在植被恢复地区开展生态旅游、"农家乐"等项目，可增加就业人数，本项目可创造就业机会 850 个。

根据历年该地区统计部门发布的相关文件及上文公式算出提高就业率带来的该地区居民消费总额增值 C_{jk}，并代入公式，计算提高就业率的社会外部性效益 B_{jt}，如表 3-30 所示。

表 3-30   提高就业率的社会外部性效益

t/年	0	1	2	3	4	5	…
B_{jt}/万元	0	272.46	476.84	692.73	857.94	1292.35	…

将上述调研结果代入公式，计算 PPP 模式比传统模式提前 t 年运营的社会外部性效益 Y_{2t}，如表 3-31 所示。

表 3-31   社会外部性效益

t/年	0	1	2	3	4	5	…
Y_{2t}/万元	0	−94.95	−205.75	−274.55	−543.81	−403.02	…

最后根据公式可算出该 PPP 项目运营期的外部性调整值 ΔX_{2t}，如表 3-32 所示。

表 3-32   运营期外部性调整值

t/年	0	1	2	3	4	5	…
ΔX_{2t}/万元	0	7 490.46	12 609.49	19 500.05	26 369.93	34 800.45	…

4）引入外部性调整值的物有所值评价

基于上述对建设期和运营期 PPP 外部性调整值的计算，代入上文公式可得到

最终项目外部性调整值。代入改进后的物有所值评价计算公式中，可得改进后的
VfM 值，如表 3-33 所示。

表 3-33　改进后的 VfM 值

t/年	0	1	2	3	4	5	…
VfM'/万元	435.43	7 529.20	12 719.11	19 786.68	26 739.11	35 267.96	…

通过表 3-33 可知，引入外部性调整值改进后的物有所值评价可以通过因项目
落地实施时间差而产生的效益数值来更好地体现项目的外部性，计算结果在一定
程度上验证了投资时间差效益的动态性质。

通过案例分析可以看出，强公益性 PPP 项目在政府投入较大、自身盈利较低
的情况下，现行物有所值评价结果不能显著表明其适合采用 PPP 模式。通过引入
外部性调整值，采用改进后的物有所值评价再次进行验证，将外部性效益通过项
目落地时间差产生的效益进行表征，能够更好地实现 PPP 提升公共产品和公共服
务供给水平和质量的初衷，让微观层面的 PPP 更加物有所值。

3.3.6　宏观视角下的 PPP 物有所值评价研究与仿真系统

从广义上看，PPP 模式的物有所值不仅仅是微观层面的，比如项目的效益大
于其成本，还包括宏观层面上的，如 PPP 模式的推广及 PPP 项目的建设运营能否
对国家宏观经济发展起到促进作用。虽然 PPP 模式具有多重优势，但是过度发展
PPP 模式可能增加政府负债风险，进而对整个国家宏观经济发展产生负面影响，
因此探讨如何通过适度 PPP 发展规模来对国家宏观经济实现拉动最大化，即从宏
观层面来看，整个 PPP 行业如何对宏观经济实现物有所值也是非常值得关注和研
究的。本节采用系统动力学方法对宏观视角下的 PPP 物有所值进行评价，为 PPP
模式的发展提供策略建议。

1. 系统边界与结构分析

本节基于系统动力学研究思想，构建 PPP 与宏观经济发展系统动力模型，重
点解决如下问题。

第一，直观揭示我国 PPP 发展与宏观经济发展之间的关联关系。

第二，系统性分析我国 PPP 发展规模对宏观经济的作用与影响。

第三，通过改变系统参数，设定不同情景，仿真模拟不同情景下各主要研究
变量的变化情况，为政策制定者提供建议。

为解决以上研究目标，本节构建的 PPP 与宏观经济发展系统由经济子系统、
民生子系统和 PPP 子系统三个子系统构成（图 3-24）。每个子系统又是个复杂系
统，具有不同的结构和属性，且子系统之间相互作用、相互联系，共同构成整个
系统。

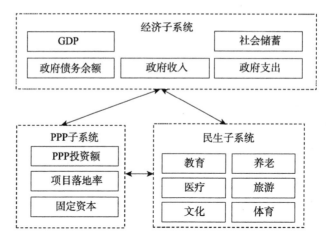

图 3-24　PPP 与宏观经济发展的系统框架界定

1）经济子系统模块

经济子系统模块主要考虑 PPP 规模发展对实体经济增长和经济结构变化产生的影响。经济子系统涉及的变量包括 GDP、社会储蓄、政府债务余额、政府收入和政府支出等关键变量，用以分析经济因素对 PPP 发展的影响。

2）民生子系统模块

PPP 模式的重要目标就是提高公共产品和公共服务供给的水平和质量，满足人民日益增长的美好生活需要，本书主要分析 PPP 对提高社会公众生活质量的影响。民生子系统涉及的关键变量包括：医疗投入、旅游投入、教育投入、文化投入等。

3）PPP 子系统模块

PPP 子系统模块主要考虑结合上述研究，采用 PPP 可以形成新的固定资本进行再投资，同时可以节约政府财政，提高财政资金使用效率。PPP 子系统涉及的变量包括 PPP 投资额、项目落地率、固定资本等，用以分析 PPP 未来发展的适度规模。

2. PPP 与宏观经济发展系统因果回路图

综合对各子系统模块的分析，运用 Vensim 软件绘制 PPP 与宏观经济发展系统因果回路图，如图 3-25 所示。

PPP 发展主要考察 PPP 发展规模。基于系统的因果关系图，可系统分析 PPP 发展的因果关系反馈回路。具体分析过程中，可对各个关键变量形成的不同回路进行梳理，避免出现导致系统脱离现实的逻辑错误。

3. PPP 与宏观经济发展系统流图

基于因果回路图的逻辑分析，将关键变量进行转化，从子系统内部开始构建，然后连接各个子系统，最终形成 PPP 与宏观经济发展系统流图。如图 3-26 所示。

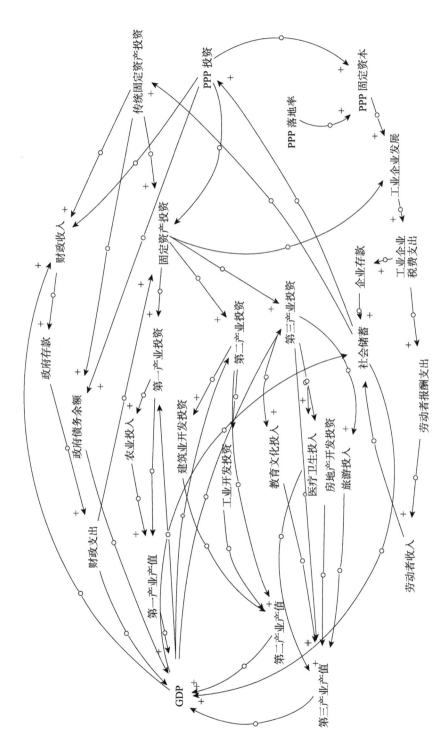

图3-25　PPP与宏观经济发展系统因果回路图

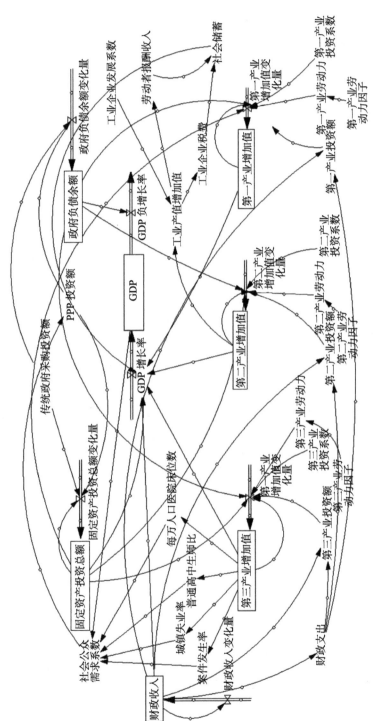

图3-26　PPP与宏观经济发展系统流图

该结构模型图以系统因果回路图为基础。其中，主要流位变量和流速变量及部分关键辅助变量内部存在严格的数学关系，主要通过内部因果关系描述及量化统一化来建模。部分变量可基于经验和历史数据估计取常数值。部分函数之间的数学关系通过建立回归方程确定。对于某些难以找到客观实际数据，且无法用表达式进行赋值的变量，可采用表函数的形式赋值。

4. PPP 与宏观经济发展的仿真模拟

1）系统检验

系统动力学模型检验主要分为两个步骤：一是对各个子系统内部及系统间的逻辑关系、各主要变量参数估计进行反复调试，检验构建的动力系统与现实的差距；二是对选取的主要研究变量进行敏感性分析，从而确定所选研究变量的重要性和正确性。常见的模型调试方法如下。

第一，系统直观检验和运行检验。

通过调试系统边界设定条件，对子系统内部及子系统之间的结构逻辑、各变量量纲的统一性、主要方程参数估计等进行直观检验，确保所构建的仿真系统与系统描述尽可能契合。

第二，仿真结果与历史数据的拟合比较。

将选取调试的变量历史数据与系统模拟得出的仿真数据进行对比，检验系统与现实的契合程度。

本节分别对系统进行以上两大环节的检验，模型的直观检验和运行检验都取得了较好的结果。对于数据比较，选取政府债务余额、固定资产投资等关键变量进行检验，相对误差的计算采用式（3-44）：

$$e_i = (\hat{y}_i - y_i) / y_i \qquad (3\text{-}44)$$

其中，y_i 为第 i 期指标的真实值；$\hat{y}_i$ 为第 i 期指标的模拟值。表 3-34 显示了政府债务余额和固定资产投资的仿真结果与实际值的比较。结果显示，系统对政府债务余额和固定资产投资的平均估计误差分别为 -3.10% 和 2.28%，系统拟合结果良好，可以用作下文的政策分析。

表 3-34　政府债务余额和固定资产投资的仿真结果

年份	政府债务余额/亿元			固定资产投资/亿元		
	仿真值	实际值	相对误差	仿真值	实际值	相对误差
2012	113 685	116 041	-2.03%	361 025	364 835	-1.04%
2013	186 392	201 383	-7.44%	439 637	436 528	0.71%
2014	189 536	189 928	-0.21%	536 842	502 005	6.94%
2015	202 653	199 219	1.72%	548 625	551 590	-0.54%
2016	226 859	217 934	4.10%	583 627	596 501	-2.16%
平均误差	-3.10%			2.28%		

2）情景设置与政策模拟

经过检验可知，PPP 与宏观经济发展系统能较好地模拟实际 PPP 的发展情况。本节将基于此系统，通过设置不同的 PPP 模式推行力度，参照 PPP 项目投资额占固定资产投资比例，分别考虑缩小 PPP 发展规模、维持 PPP 发展规模、扩大 PPP 发展规模三种情况，分析这些情境变化对我国政府债务负债率及 GDP 的影响。

A. PPP 发展规模对政府债务负债率的影响

政府债务负债率是衡量经济总规模对政府债务的承载能力或经济增长对政府举债依赖程度的指标。"防风险"一直是我国宏观调控的重要目标之一，2020 年我国政府债务负债率达到 45.8%，国际上通常以《马斯特里赫特条约》规定的负债率 60%作为政府债务风险控制标准的参考值。PPP 的功能之一是缓解政府负债压力。本节将设置缩小 PPP 发展规模（占固定资产投资的 5%，即情景一）、维持 PPP 发展规模（占固定资产投资的 10%，即情景二）和扩大 PPP 发展规模（占固定资产投资的 30%，即情景三）三种情景来进行仿真。

在公益性项目缺口增速基本保持不变，项目落地后发生风险概率保持不变的情况下，情景一呈现上升趋势，情景二呈现先基本保持不变而后上升并最终稳定在一个新的区间，情景三呈现前四年先下降后逐年上升的趋势（图 3-27）。这可能是因为缩小 PPP 发展规模后，政府需要继续承担更多的投资责任，需要提供更多的资金来保障项目的落地实施，政府债务负债率会呈现上升趋势；继续保持现有 PPP 发展规模时，政府债务负债率在近三年基本保持不变，随着项目落地期满三年，当项目出现风险时，需要政府提供相应资金来继续保证项目有序推进，政府债务负债率会有所提升，但不会呈现逐年上升趋势；扩大 PPP 发展规模后，引入了更多民间资本进行投资，政府债务负债率会出现下降趋势，而随着项目风险的出现，政府债务负债率将会呈现较大幅度的上升态势，但始终不高于情景一的政府负债水平。

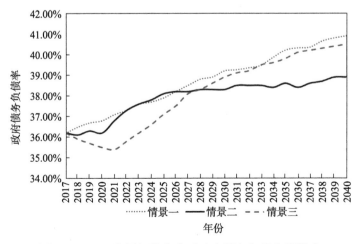

图 3-27　PPP 发展规模变化对政府债务负债率的影响

　　为了进一步研究 PPP 发展规模对化解政府债务风险的影响，本节通过调整民间资本投资系数和政府投资系数，来设定从完全不推行 PPP 模式到引入全部民间资本投资参与 PPP 模式的多种不同情景，选取 2020 年政府债务负债率作为基数，仿真研究 PPP 发展规模对政府债务负债率增速的影响。

　　在其他宏观经济指标基本保持不变的前提下，PPP 发展规模和政府债务负债率增长率呈现近似正"U"形的关系（图 3-28）。一方面，推行 PPP 模式可以发挥民间资本的灵活优势，有助于调整产业结构，创新投融资体制机制，对政府债务负债率起到良好的降速效果；另一方面，推行 PPP 模式应量力而行，一味扩大 PPP 规模会增加政府债务风险，当风险累积到一定程度，会对我国财政造成重大负面影响，直接导致我国政府债务负债率上升。

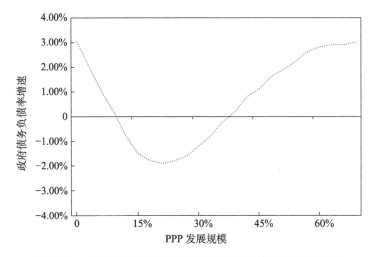

图 3-28　PPP 发展规模变化对政府债务负债率增速的影响

B. PPP 发展规模对 GDP 的影响

　　GDP 常被认为是衡量国家（或地区）经济状况的指标。随着我国经济进入"增速换挡期"，传统的拉动经济增长的手段收效甚微，这要求我们探索新的经济增长途径。PPP 模式通过创新投融资体制机制，充分引入民间资本，发挥市场配置资源的灵活性，目前已经成为我国拉动经济增长的新动力。本节将设置缩小 PPP 发展规模（占固定资产投资的 5%，即情景一）、维持 PPP 发展规模（占固定资产投资的 10%，即情景二）和扩大 PPP 发展规模（占固定资产投资的 30%，即情景三）三种情景来进行仿真。

　　在宏观经济指标基本保持不变的情况下，情景一、情景二、情景三总体均呈现上升趋势，其中情景二上升幅度较情景一更为明显，情景三前期增幅最大，后逐渐缩小，后期增速最低（图 3-29）。从项目落地开工形成固定资本角度来看，PPP 发展规模决定 PPP 落地开工规模，通过影响形成的固定资本，进而对 GDP 的拉动作用产生影响；从项目落地开工发生风险的角度来看，若 PPP 发展规模过大，一旦项目发生风险，固定资本形成增速降低，政府可能还需要提供更多的资金保障项目实施，对 GDP 的拉动增速会降低。

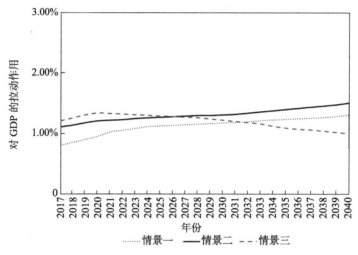

图 3-29　PPP 发展规模变化对 GDP 的影响

为了进一步研究 PPP 发展规模对拉动 GDP 的影响，本节通过调整民间资本投资系数和政府投资系数，来设定从完全不推行 PPP 模式到引入全部民间资本投资参与 PPP 模式的多种不同情景，选取 2020 年名义 GDP 作为基数，仿真研究 PPP 发展规模对拉动 GDP 的影响。

在其他宏观经济指标基本保持不变的前提下，PPP 发展规模和拉动 GDP 的作用呈现近似倒 "U" 形的关系（图 3-30）。一方面，推行 PPP 模式可以发挥民间资本的灵活优势，有助于带动产业链上中下游产业共同发展，对 GDP 起到良好的拉动作用。另一方面，推行 PPP 模式应量力而行，一味扩大 PPP 规模会增加政府债

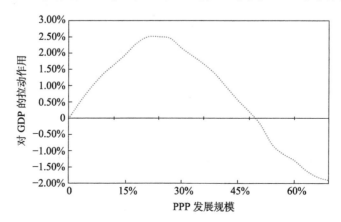

图 3-30　PPP 发展规模变化对拉动 GDP 的影响

务风险，公共产品和公共服务供给的水平和质量得不到充分保障，会对社会公众产生不良影响，进而降低对 GDP 的拉动作用。

C. 结果分析

基于情境分析的结果可知，PPP 发展规模对政府债务负债率以及拉动 GDP 都有一定影响。对政府债务负债率的影响主要是通过吸引民间资本更多介入投资领域，整个 PPP 发展规模与政府债务负债率增长率呈现近似正"U"形关系；在拉动 GDP 方面，主要是通过影响固定资产投资进而影响 GDP，整个 PPP 发展规模与 GDP 拉动作用呈现近似倒"U"形关系，表明我国需要推广 PPP 模式，但不能无限制地扩大 PPP 规模，只有严格把控实际规模，才能从宏观层面实现整个 PPP 行业对宏观经济的物有所值。

公共产品具有非排他性和非竞争性，市场并不能有效地提供公共产品。因此，无论某一个个体是否享有某种公共产品，这种公共产品的提供都是全社会来共同承担的。公共产品的外部性不单只影响政府和市场两个部门，还会影响特定辖区内的居民和辖区周边的居民。从单一成本角度看，现有的物有所值评价不可能考虑全面 PPP 项目的公益属性，也不可能把社会公众的期望纳入评价体系中来。在考虑项目的优先级别时，只能通过沟通选择成本的多少来进行筛选，导致强公益性的 PPP 项目在基础公共服务领域的实施中落地缓慢。

3.3.7　PPP 物有所值发展建议

1. 提升物有所值评价的核心地位，在全生命周期内推进物有所值评价

政府对指导我国 PPP 物有所值评价正确发展具有重要意义，随着我国 PPP 项目储备的增加，相关数据积累逐渐完善，可深入推进 PPP 物有所值评价的相关研究。

从物有所值评价整体来看，虽然现行规范性文件可推动物有所值评价在 PPP 项目实践上的普及，但是在实际操作过程中，无论是定性评价还是定量评价，都存在流于形式的严峻问题。一方面由于中央出台的相关政策需要考虑我国不同地区发达程度的差异情况，无法针对具体地区给出差异化的评价标准；另一方面，现有物有所值评价主要由第三方中介机构经手，特别是县级政府，大都通过聘请第三方中介机构来进行评价编制，由于第三方中介机构良莠不齐，编制出的物有所值评价报告质量不一，因此会严重制约县本级政府推进物有所值评价的进程。

中央政府应当加快推进 PPP 立法进程，从法律层面对现在的乱象进行规范，在出台针对性指导意见时，要积极鼓励各级地方政府在中央政府出台的文件基础上，结合当地实际情况进行优化调整，通过定期召开工作会议的形式，号召各级地方政府之间互相学习。各级地方政府应当积极贯彻落实中央政府出台的有关文件，不应过度依赖第三方中介机构，要实际参与到物有所值评价全过程中，深入了解每个环节，全面收集评价数据，认真发掘制约因素，重点学习先进经验，真

正保质保量地推进物有所值评价发展。要充分考虑当地财政承受能力，政府不能只顾短期政绩而盲目推行 PPP，社会资本不能只顾短期利益而大量"重建设、轻运营"地参与 PPP。同时，物有所值评价应当贯穿项目全生命周期，不应只在项目初期进行，应当尽快推进项目实施阶段物有所值中期评价及项目移交阶段的后评估，实现项目全生命周期的物有所值评价，同时可以考虑从财务平衡的角度出发，对不同阶段物有所值评价的侧重点依据项目所处阶段进行针对性评价。

2. 重视物有所值评价指标体系，加快完善物有所值定性评价

基于前面的研究结果，定性部分主要对项目整体进行评价，特别是外部性等难以量化的部分，都需要在定性层面进行考虑和评价。现阶段我国 PPP 数据储备还不充分，评价结果更多依赖定性部分，但现行定性评价只是简单地判断项目的定性评价结果是否超过 60 分"及格线"，受评价人主观臆断的影响较大。定性部分需要在现有基础上，针对具体行业项目进行进一步细化，最大化降低结果的主观性，提高定性评价的可靠性。各地政府在运用定性评价时，可以通过建立"指标库"、"专家库"和"参照项目库"来进行完善。后续进行定性评价时，可从指标库中抽取评价指标和评价专家，按照参照项目库中的得分基准进行逐项比较，不同行业的项目基准分值也应进行调整，不能选取 60 分作为所有项目的基准分值，形成的结果也不能只是将最终分值与及格分进行比较。具体来看，有如下几方面。

指标库主要针对现行物有所值评价中基本指标和补充指标两个维度，本章基于我国国情从"可行性"、"有益性"和"可实现性"三个维度进行改进，各地方政府在实际推进过程中，可以参考此分类模式，但需要对所列指标进行二次说明，也可以结合当地实际发展情况，筛选更能体现 PPP 对当地发展产生影响的指标，特别是补充指标部分，不应局限于出台文件中推荐的备选指标，应当充分参考本地区现存 PPP 项目产生的经济与社会效益或同等发达程度的其他地区的经验做法，建立物有所值定性评价指标库。在后续项目评价过程中，一方面，需要针对实际项目所处行业或所采用的回报方式等原则进行指标抽取，针对性地构成专家评价打分表；另一方面，后续项目的每一次评价结果都需要按照行业回报方式等标准上传到指标库中，可通过加权平均或其他处理方法形成该指标的基准值，供后续项目参考。

专家库主要为定性评价提供智力支撑，财政部 PPP 中心和部分 PPP 推进较快的地区已建立项目专家库，但是在定性评价环节推进专家库建设力度还不够，从现有的国家示范项目物有所值评价定性部分来看，所属不同政府层级、不同领域的项目所邀请的专家的判断标准有一定差距，定性评价环节的专家库主要用途有两点：一是在后续项目推进时，库内具有丰富行业经验和良好业界口碑的专家可供政府或社会资本进行选择，提升定性评价结果的可靠性；二是在各级地方政府对地区 PPP 项目进行排查的过程中，可从专家库中随机选取专家，通过"双盲"的形式进行再评价，避免产生"一次评价，永久通过"的问题。同时，对专家库

建立动态管理机制，可通过参与评价项目数、实际评价完成数、评价项目质量等维度定期对库内专家进行考核，避免其变为政府或社会资本推进 PPP 的"包装车间"，真正确保专家库的水平和质量。

参照项目库既可服务定性评价，也可服务定量评价。对于定性评价，收集该地区项目的各指标得分，结合文本挖掘等数据处理手段，总结不同行业、不同地区项目的定性评价的各分项和总体结果基准值的合理区间范围，并与项目的投资额、投资年限、付费方式、合理回报率等项目指标进行结合，在积累了足够数据后，可通过计量模型等科学化研究方法进行研究。同时，现有各分项指标得分和不同行业总体得分的区间范围主要用于规范评价过程，可在一定程度上减少为保证结果通过而调高分值的可能。

3. 修订物有所值评价模型公式，逐步改进物有所值定量评价

在定量评价部分，首先应该对现有数据进行完善补充，各级地方政府应该配合中央政府，高度重视 PPP 项目基础数据的收集和整理，特别是风险部分和项目外部性部分相关数据，在后续推进的具体 PPP 项目中，应该及时建立项目数据库，并将项目的各类数据及时录入数据库中，同时要对数据库进行动态更新。各个社会资本也应针对自身参与的 PPP 项目进行数据储备，政府可通过设立数据库系统对 PPP 项目各个参与方的数据进行收集，对参与 PPP 项目的各方开放，定期对数据库中各类指标进行数据更新，形成数据日报，为后期我国开展规范的物有所值定量评价奠定数据基础。

其次，基于前文外部性测算研究结论，对于处于识别和采购阶段的 PPP 项目，可在市场测试环节，利用本章提出的基于条件价值分析法的非使用价值测试思路和模型，对每个项目的社会效益进行初步测算，形成改进物有所值评价供政府参考；对于已经进入实施阶段的 PPP 项目，可在绩效考核环节，引入本章提出的基于条件价值分析法的非使用价值测试思路和模型，对每个项目的社会效益进行初步测算，形成改进物有所值评价供政府参考。同时，也要建立 PPP 参照项目库，在项目进行物有所值评价、计算 PSC 值时，可从项目库中选取产出相同或类似的项目进行测算，这样能够更好地规范物有所值定量评价结果。

最后，对物有所值评价测算影响较大的各项指标需要给出更加明确的区间，特别是定量评价部分的折现率和合理回报率等关键变量，需要各级政府结合自身经济发展情况进行针对性规范，现有的依靠第三方中介机构来进行测算会影响测算的公平性，不同指标会出现方差极大的情况，当地政府和社会资本无法准确把握项目盈利点所在，在推进过程中会受到较大阻碍。需要在建立参照项目库的基础上，通过科学化的研究方法对关键变量在不同项目中的取值进行数据挖掘和分析，进一步明确其取值的上下限。

第 ❮4❯ 章

PPP 专题报告

本章收录了在课题研究期间，课题组围绕研究主题形成的一些政策报告与媒体专访，以期运用研究成果为 PPP 模式的稳健发展建言献策。

4.1 专项政策报告（部分）

4.1.1 《疫情冲击下稳投资需要充分发挥 PPP 撬动作用》

PPP 改革是推进国家治理体系和治理能力现代化的一项重大举措，是助力建立现代财政制度的一项改革创新实践，是稳增长、促创新、调结构、惠民生的重要抓手。然而，现阶段国内 PPP 模式的发展在基础性制度、长效管理机制、市场成熟度和营商环境等方面存在一定局限，导致 PPP 的作用及优势未得到充分发掘与有效释放。尤其是在疫情冲击下，国内需求不足，稳投资需要充分发挥 PPP 的撬动作用。

1. PPP 是提高财政资金效率和稳投资的重要抓手

据全国 PPP 综合信息平台的统计，截至 2020 年 2 月末，PPP 在 19 个行业累计投资项目 9459 个，累计投资额已达 14.4 万亿元。其中，累计落地项目 6420 个，累计落地投资额 10.1 万亿元。世界银行 2018 年发布的《PPP 基础设施采购报告》指出，在全球 135 个经济体中，中国 PPP 改革和实践处在全球中上等水平。

（1）PPP 项目投资约占基础设施投资的 16%。PPP 模式加大了财政资金对社会资本的撬动作用，增强了公共服务供给能力。2019 年全年开工 PPP 项目投资额为 2.4 万亿元，约占同期全国基础设施投资额的 16%。特别是对于一些财力相对薄弱的地区，PPP 项目有效发挥了稳投资的作用，在一定程度上抑制了区域分化。例如，截至 2019 年底，贵州省、云南省 PPP 累计投资额分别达 1.2 万亿元和 1.1万亿元，位列全国前两位，当地经济增长近年来也位于全国前列。

（2）财政资金使用效率提高 18%。PPP 模式引入了市场竞争机制和先进的生产管理经验，提升了财政资金的使用效率。通过对全国 PPP 综合信息平台上 2018

年 5 月底前已完成物有所值定量评价的 5805 个 PPP 项目的分析,发现其中政府承担的全生命周期成本约为 7.3 万亿元,较政府直接投资模式节省了 1.6 万亿元,节约率高达 18%。

(3)在补短板和惠民生中发挥了重要作用。PPP 增加了基础设施和公共服务供给,其中,交通运输、市政工程、生态建设和环境保护领域项目投资额位于前三位。实践表明,PPP 模式也显著增加了教育、医疗等领域公共服务的供给量。PPP 项目中创新项目和产品不断涌现。例如,固安产业新城建立了国内首条具有自主知识产权的第 6 代 AMOLED(active matrix organic light emitting diode,有源矩阵有机发光二极管)显示屏生产线,实现了相关产业标准制定的从无到有。

(4)整体风险控制在安全区间内。从地区层面看,截至 2020 年 2 月,全国 2632 个有 PPP 项目入库的行政区中,2614 个行政区 PPP 项目合同期内各年度财政承受能力指标值均在 10%红线以下。其中,1914 个行政区财承占比低于 7%预警线,1452 个低于 5%。超过 10%红线的 18 个行政区已停止新项目入库。从项目层面看,针对 1471 个典型 PPP 项目的调研结果显示,PPP 项目风险成本占比大多在 20%以下。其中,政府自留风险比例与项目风险成本正相关,PPP 项目风险成本增加,政府自留风险比例也将增加。

2. PPP 发展面临一定的问题与挑战

基础性制度与政策体系仍有待完善,部分地区出现泛化、异化现象。经过不断地探索与论证,我国已初步形成以《政府和社会资本合作项目财政承受能力论证指引》与《PPP 物有所值评价指引(试行)》等为核心的基础制度与政策体系,但在监管规范、风险防范等方面仍存在一定的不足。比如,缺少衡量区域层面的 PPP 财政风险定量模型,难以科学判断某个地区的财政风险控制能力,在各级 10%红线作为统一管理标准的情况下,地方防风险和促发展存在不匹配问题。再如,受限于发展时间较短、数据积累不足等,物有所值定量评价易流于形式,未能发挥应尽的甄别作用。在此背景下,部分地方政府违规推动 PPP 发展,对当地财政的可持续发展产生了较大隐患。更需注意的是,2020 年 1 月 23 日财政部公布的第十三批废止和失效文件显示,上述两个文件均已失效,现阶段物有所值评价、财政可承受能力论证等相关规范文件在政策效力层面处于缺失状态,PPP 的发展缺乏有效的制度保障。

PPP 与地方政府隐性债务的关系争议较大,合规项目落地受到影响。为了进一步防风险、抓规范,中央各部委先后发文要求清理不规范 PPP 项目,严禁地方政府采取承诺最低收益、保障社会资本资本金等方式利用 PPP 违法违规变相举债,并通过清理不规范 PPP 项目与合理支持存量 PPP 项目,防范和化解地方政府隐性债务风险。但在实际推进过程中,对于 PPP 项目可能导致的隐性债务的判定标准与核算口径存在较大争议、执行标准不一，这在一定程度上影响了部分合规 PPP 项目的落地，也不利于 PPP 与其他财政资源的有效整合。

项目缺乏有效融资渠道，大量成熟项目无法落地。目前，PPP 项目融资主要依靠银行贷款，融资渠道较单一，部分 PPP 项目由于融资困难而无法落地。截至 2020 年 2 月底，已落地未开工的 PPP 项目投资额达 4.4 万亿元，采购阶段项目投资额为 2.3 万亿元，准备阶段项目投资额为 1.99 亿元。资金需求巨大，而且这些项目具有较好的收益预期。据统计，中央本级 PPP 项目收益率平均约 12%，地方 PPP 项目收益率平均约 6.5%，总体平均收益率约 6.7%。

疫情冲击下，PPP 项目稳投资作用发挥不足。为应对疫情冲击，宏观调控政策进一步加大逆周期调节力度。例如，大幅提升新增地方政府专项债额度，已分三批提前下达 2.29 万亿元，并将专项债可用作重大项目资本金的比例由 20%提至 25%，为稳投资发挥了积极作用。但是，在挖掘 PPP 项目潜力方面尚未出台有效措施，专项债用作 PPP 项目资本金也受到限制，投资额高达 8.7 万亿元的入库 PPP 项目无法有效转化为投资，PPP 项目在稳投资方面的作用发挥不足。

3. 加快 PPP 项目落地稳投资的政策建议

为充分运用 PPP 模式发挥财政资金的撬动作用，助力稳投资、稳增长，提出以下政策建议。

一是加强 PPP 基础性制度建设，建立健全以物有所值评价、财政可承受能力论证为核心的 PPP 基础性制度与政策体系。加快推动 PPP 条例出台，统一 PPP 发展的顶层设计。积极开展 PPP 基础性制度建设研究，尤其是 PPP 物有所值评价与财政风险管理研究，加快推进《PPP 物有所值评价指引（试行）》《政府和社会资本合作项目财政承受能力论证指引》修订进程，尽快正式发布 PPP 物有所值评价与 PPP 财政风险管理相关规范文件，夯实 PPP 发展的基础制度体系与政策体系。

二是规范和明确 PPP 与隐性债务的关系，助推合规 PPP 项目落地。财政部门应尽快出台规范文件，明确界定 PPP 与隐性债务的关系，明确合规的 PPP 项目形成中长期财政支出事项不属于地方政府隐性债务，有效指导 PPP 实践工作，让合规的 PPP 项目尽快落地。

三是统筹运用专项债和 PPP 等资源，充分发挥资金撬动作用。在有效管控地方债务风险的前提下，统筹运用 PPP、地方专项债、存量国有资产等财政资源，探索 PPP 与专项债的有效结合，发挥 PPP 盘活存量资产的能动性。2019 年 6 月，中共中央办公厅、国务院办公厅已发文允许将专项债作为符合条件的重大项目资本金，那么 PPP 项目也应被一视同仁，不应被排除在外，PPP 项目 6.7%的平均收益率也能满足专项债的收益要求。允许专项债作为 PPP 项目资本金，将撬动更多社会资本参与政府项目，更好地发挥专项债对经济的拉动作用。

四是出台专项 PPP 融资政策，拓展有效融资渠道。积极推动 PPP 资产交易、项目收益债、资产证券化、市场化债转股等工作，推广有限追索的项目融资模式，鼓励开发性、政策性银行加强信贷支持，丰富融资渠道。引导保险资金、中国 PPP 基金、私募基金等加大项目股权投资力度，拓宽资本金来源。

4.1.2 《重视 PPP 项目纾困　突出稳投资控风险——关于 1637 个 PPP 项目受疫情影响的问卷调查》

为评估疫情对 PPP 项目的影响，课题组对 1637 个 PPP 项目进行了问卷调查，占截至 2020 年 3 月全国 PPP 综合信息平台入库项目总数的 17.3%。受疫情冲击，PPP 项目面临进度延期、融资困难、成本增加、付费减少、合同调整等困难，违约风险整体有所上升。为推动 PPP 模式健康发展，发挥好其稳投资的撬动作用，建议通过调整考核要求、合理分担成本、延长贷款期限等方式疏解 PPP 项目经营困难，着力解决项目资金来源问题，完善项目的风险分担与合同管理机制，优化项目审批管理考核方式，增加补短板和促创新等领域的项目储备。

1. 疫情对 PPP 项目产生较大冲击

项目进展明显延迟甚至提前终止。本次调查 PPP 项目共 1637 个，涉及投资规模约 2.5 万亿元，覆盖 22 个省区市。其中，准备阶段项目 202 个，采购阶段项目 277 个，建设阶段项目 879 个，运营阶段项目 279 个。分阶段看，建设阶段受到的影响更大，平均延迟 1.61 个月，其次是准备阶段 1.02 个月、采购阶段 0.78 个月。分行业看，疫情影响没有显著的行业差异，城镇综合开发、生态建设与环境保护、政府基础设施等受到的冲击更大一些。分地区看，华中地区的 PPP 项目进展受到的影响最大（表 4-1），主要是华中地区（湖北、河南、湖南）疫情较其他省份更严重。此外，4.6% 的建设运营阶段项目提前终止，1.4% 的项目公司无法正常运转，导致项目临时被政府接管。

表 4-1　各地区不同阶段 PPP 项目平均延迟时间（单位：月）

地区	准备阶段平均延迟时间	采购阶段平均延迟时间	建设阶段平均延迟时间	融资进度平均延迟时间
华中	1.28	1.18	2.22	0.39
华东	0.92	0.74	1.67	0.33
华南	0.75	0.72	1.61	0.31
西南	1.04	0.74	1.57	0.32
华北	1.75	1.07	1.53	0.22
西北	0.79	0.43	1.27	0.36
东北	1.13	0.96	1.01	0.23

（1）建设运营成本增加。项目建设运营期延误、原材料成本上升、人员流动受限，导致项目建设、运营成本有不同程度的上升。79.3%的建设阶段项目有不同程度的成本增加，其中44.0%的项目增幅在5%以内，23.9%的项目增幅在5%~10%，11.4%的项目增幅在10%以上（图4-1）。57.7%的运营阶段项目发生运营成本上升，生态环境保护、政府基础设施、市政工程等占比更高（图4-2）。这也导致政府支出责任明显加大，建设成本增加的项目中有72%的项目增加了政府支出责任，运营成本增加的项目中有28.2%的项目增加了政府支出责任，平均增幅均超过4%。

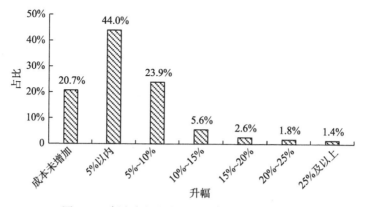

图 4-1　建设阶段成本不同升幅项目占比情况

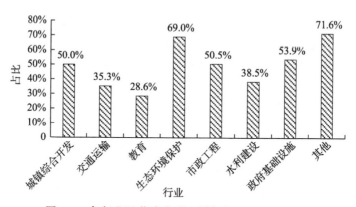

图 4-2　各行业运营成本明显增加的项目数量占比

（2）使用者付费收入下降。运营阶段22.4%的项目使用者付费减少，其中减少10%以内的占比8.6%，减少10%~20%的占比4.8%，减少20%以上的占比9%。分行业，交通运输、旅游、体育及部分市政工程等经营性强的项目受疫情管控政策的影响，使用者付费收入降幅更大。特别是交通运输业，其使用者付费收入减少50%以上的项目约占15%。使用者付费收入下降的项目中，由社会资本自行承担的占比44.4%，要求政府提供补贴的占比24.2%，部分项目通过延长合作期等方式解决。

（3）项目融资难度加大。①贷款申请条件提高。42.55%的项目被要求提高贷款申请条件，主要包括提高企业融资担保、缩短贷款期限、提高项目公司银行账户监管要求等。②融资额度下降。42.71%的项目的实际融资额度低于计划融资额度，平均减少了约 9%，但融资利率未发生明显变化。部分项目发生债务违约。运营阶段 15.9%的项目出现违约，主要原因是政府方未按约定付费、使用者付费大幅下降、项目公司应急处理能力较弱等。

（4）项目再谈判成本增加。在疫情的影响下，政府和社会资本分担的风险发生动态变化，要求调整项目核心边界。为科学合理应对疫情对项目的影响及产生的风险，有 19.8%的准备阶段项目、15.2%的采购阶段项目及 24.4%的运营阶段项目通过修改论证方案、采购文件及与社会资本再谈判等方式调整了项目核心边界（表 4-2），其中，对不可抗力的处理方式、投资规模及财政支出责任等是调整重点。分行业看，政府基础设施、生态环境保护、交通运输和教育的经营性较强，受疫情冲击影响更大，调整项目边界和风险分配方案的需求更大。

表 4-2　各行业不同阶段文件调整率

行业	准备阶段文件调整率	采购阶段文件调整率	运营阶段文件调整率
城镇综合开发	14.29%	8.33%	20.59%
交通运输	34.78%	21.43%	21.88%
教育	12.50%	13.33%	33.33%
生态环境保护	10.00%	14.29%	28.04%
市政工程	22.86%	20.93%	26.35%
水利建设	27.78%	19.05%	25.71%
政府基础设施	25.00%	25.81%	31.91%
其他	22.64%	22.54%	29.22%

2. PPP 项目纾困与稳投资、扩内需的政策建议

第一，疏解 PPP 项目经营困难。充分考虑疫情对项目进展的延误，合理测算疫情对成本和收入的影响，在此基础上调整项目绩效考核标准、进度及要求。对于疫情导致的新增成本，积极推动政府方、社会资本和项目公司公平合理分担，避免项目违约或提前终止。对于疫情导致资金流紧张的项目，要积极与金融机构协商，采取延长还款期间、减免疫情期间利息等措施。

第二，着力解决项目资金来源问题。用好新增专项债资金，将专项债、存量国有资产与 PPP 模式相结合，增加项目资本金来源，推动大量 PPP 储备项目尽快开工。引导中国 PPP 基金、大型金融机构支持重点行业、重点地区项目，特别是受疫情冲击较大的项目，缓解行业性或地区性的债务违约及融资难困境。积极推动 PPP 资产交易、项目收益债、资产证券化、市场化债转股等工作。

第三，完善项目的风险分担与合同管理机制。疫情导致多数项目调整核心边

界和合同再谈判，暴露出前期风险分配方案设计得不够科学严谨，应通过科学定性分配、定量评估，完善项目的风险分配机制，严禁风险分配方案与合同约定"两张皮"，通过合同管理明确各方风险承担的法定职责。加强合同长期弹性管理，因突发状况、不可抗力等无法履约的，政府和社会资本应按照风险共担原则充分沟通协商，并按规定落实到合同约定中。完善诉讼、仲裁等多途径争议解决机制，探索引入非诉讼纠纷解决方式，发挥第三方专业机构的作用，确保争议解决客观公正，稳定社会资本的长期投资信心。

第四，优化项目审批管理考核方式。加强项目绩效考核，科学制定绩效考核指标体系和管理方式，并根据实际情况动态调整，给予社会资本充分激励。通过全国 PPP 综合信息平台建立财政履约监管机制，建立并公开政府信用评级，减少直至杜绝政府不履约情形。精简 PPP 实操流程，通过精简论证管理流程、探索联评联审、开通重大项目"绿色审批"通道、推行线上论证审批管理常态化工作机制等，提升工作效率，降低审批落地成本。

第五，增加补短板和促创新等领域项目储备。调研显示此次疫情暴露部分地区在应急储备、医疗卫生、公共安全、环境治理、信息技术管理与应用等方面存在短板，在接受调研的 117 个行政地区中，约 78.64%的地区表示拟采用 PPP 模式实施上述重点领域项目，54.7%的行政地区拟利用社会资本的技术、资本优势和创新能力，推动发展新型基础设施领域 PPP 项目。应鼓励地方政府梳理疫情暴露的公共服务短板领域，对接新型基础设施建设，形成适宜采用 PPP 模式的项目储备清单，并通过全国 PPP 综合信息平台及当地媒体渠道向社会及时发布推介，提升资源对接效率。

4.1.3　《"双循环"背景下需谨防地方财政风险》

现阶段我国经济下行压力加大，各类风险因素凸显，稳增长、控风险均面临诸多挑战。在新冠肺炎疫情与中美贸易摩擦的双重影响下，我国地方财政收支平衡压力明显加大，部分地区债务风险偏高，需特别警惕地方财政风险。对此，本报告分析了当前我国地方财政的风险特征，提出了地方财政风险管控建议。

1. 地方财政收支特征分析

1）地方财政运行压力加大

近年来我国财政支出规模持续扩大，增速明显高于地方财政收入，收支差额不断扩大。从地方财政收入来看，2019 年，地方一般公共预算本级收入 10.1 万亿元，同比增长 3.3%。地区间收入增幅分化，东北地区收入下降。东部、中部、西部、东北地区财政收入增幅分别为 3.5%、4.5%、14.7%、-2.1%，西部地区收入增幅相对较高，东北地区收入下降。在中国 31 个省（自治区、直辖市）中，吉林、重庆、宁夏、甘肃、黑龙江 5 个地方一般公共预算收入同比下降,降幅分别为 10.0%、5.8%、4.7%、2.4% 和 1.6%；江西、广东、安徽、四川等 17 个地方增幅在 0~5%；广西、河南、浙江、河北等 9 个地方增幅在 5% 以上。

从地方财政支出方面看,为贯彻落实党中央决策部署,扎实做好"六稳"(稳就业、稳金融、稳外贸、稳外资、稳投资、稳预期)工作,保障重点领域投入,2019 年,各地财政支出规模普遍增长。地方一般公共预算支出同比增长 8.3%,东部、中部、西部、东北地区一般公共预算支出增幅分别为 6.2%、10.1%、9.1%、6.7%,中部地区支出增长最快。在 31 个省(自治区、直辖市)中,28 个地方一般公共预算支出规模增长,其中贵州、浙江、青海、天津等 12 个地方增速在 10% 以上,山西、湖北、湖南、辽宁等 13 个地方增速在 5%~10%,吉林、甘肃和宁夏 3 个地方增速在 0~5%,北京、上海、福建 3 个地方同比下降。

2020 年以来,受新冠肺炎疫情和中美贸易摩擦双重影响,地方财政收支矛盾加剧,地方财政运行压力增加。2020 年 1~8 月累计数据显示,地方一般公共预算本级收入约 6.8 万亿元,同比下降 5.1%；地方一般公共预算支出约 12.9 万亿元,同比下降 1.7%。其中,社会保障和就业支出、卫生健康支出、债务付息支出同比明显增长,地方财政收支平衡压力较为突出,特别是疫情较重地区(湖北等)和基层地方政府"三保"(保基本民生、保工资、保运转支出)难度增加。

2)地方财政自给率偏低

分税制改革以来,我国地方财政自给率呈不断降低趋势。2019 年,地方一般公共预算支出占全国一般公共预算支出的比重为 85.3%,地方一般公共预算收入占全国一般公共预算收入的比重为 53.1%,地方财政自给率为 49.6%,为分税制改革以来的最低值。在 31 个省(自治区、直辖市)中,有 22 个地方的本级一般公共预算收入与一般公共预算支出比值低于 50%,仅 9 个地方财政自给率高于 50%,包括西藏 104.2%、上海 87.6%、北京 82.7%、广东 73.1%、浙江 70.1%、江苏 70%、天津 68.7%、山东 60.8% 和福建 65.5%。财政部设立的财政困难程度系数显示,2019 年 31 个省(自治区、直辖市)财政困难程度系数(系数越高,表示该地方财政越困难)中,青海 90%、宁夏 88.1%、西藏 86.1% 位居前三,仅北京、上海、江苏、天津和浙江 5 个地方低于 50%,分别为 20%、24.1%、40.5%、45.1% 和 47.5%。

3)土地财政依赖程度较高

2019 年,地方国有土地使用权出让收入达 6.7 万亿元,与地方一般公共预算收入的比值为 66.3%,创历史新高。在 31 个省(自治区、直辖市)中,有 18 个省区市的土地出让收入与地方一般公共预算收入的比值超过 50%,其中安徽、湖北、江苏、福建和贵州居前 5 位,分别为 97.0%、96.3%、96.2%、93.0% 和 92.7%。从城市层面看,温州、昆明、福州、杭州、太原、合肥、武汉、广州、南京、佛山、郑州 11 个城市土地出让收入与地方财政收入的比值超过 100%。

2. 地方债务风险特征分析

1）地方债务规模呈扩张趋势

2019 年，地方政府债务余额为 21.3 万亿元，同比增长 15.9%，增幅相对上年增加 4.3 个百分点。其中，地方一般债务余额为 11.9 万亿元，同比增长 8.0%，增幅相对上年增加 1.6 个百分点。地方专项债务余额 9.4 万亿元，同比增长 27.7%，增幅相对上年增加 7.2 个百分点。截至 2020 年 5 月，地方政府债务余额为 24.2 万亿元，同比增长 21.7%，增幅相对上年同期增加 2.0 个百分点，环比增加 4.6 个百分点。截至 2020 年 5 月，地方债务余额已达 2020 年地方政府债务限额 28.8 万亿元的 84.0%，债务发行空间在收缩。2020 年 6 月以来，地方政府债务余额保持增长，但增幅相对上年同期开始回落。截至 2020 年 8 月，地方政府债务余额为 25.1 万亿元，同比增长 17.2%，增幅回落了 4.0 个百分点。

2）部分地区债务风险加剧

基于财政风险矩阵，构建包含显性直接风险、显性或有风险、隐性直接风险、隐性或有风险四个维度的地方债务风险评价指标体系，对全国除西藏以外的 30 个省（自治区、直辖市）地方债务风险进行评价，结果显示，2019 年地方财政风险处于高风险区的省区有青海、吉林、贵州、宁夏、新疆、陕西、甘肃 7 个地方，相比 2017 年和 2018 年，高风险地区数量明显提升，这些地区普遍存在债务负担重、债务支出占比高、隐性债务风险大、财政收支匹配程度差等问题，加剧了地区债务风险。

3）债务资金使用效率偏低

我国地方政府债务资金主要投向基础设施和公共服务领域项目，此类项目往往具有经营性现金流缺乏、资金回收速度较慢、投资周期较长等特点。尽管 2020 年以来，政府大幅提高新增地方专项债额度，并将专项债可用作重大项目资本金的比例由 20% 提升至 25%，但专项债的使用效率依然偏低，审计署公布的《国务院关于 2019 年度中央预算执行和其他财政收支的审计工作报告》显示[1]，在审计 18 省及所辖 36 个市县后发现，有 503.67 亿元新增专项债券资金未使用，其中 132.3 亿元闲置超过 1 年。

3. 政策建议

1）进一步深化财政体制改革，合理划分中央与地方财政收支权责

分税制改革后，中央与地方财力与事权不匹配是地方财政风险累积的制度性根源。而在 2016 年全国推行"营改增"后，地方税体系中营业税改增值税，地方

---

[1] 国务院关于 2019 年度中央预算执行和其他财政收支的审计工作报告——2020 年 6 月 18 日在第十三届全国人民代表大会常务委员会第十九次会议上[EB/OL]. http://www.npc.gov.cn/npc/c30834/202006/858f628fa8f5432cb3f517ddfd01c20b.shtml[2020-06-18].

主体税种尚未培育，省级以下分税制的构建仍任重道远。为了保证地方政府自主财力的持续涵养和债务风险管控的持续增强，需进一步完善中央和地方政府间的财政体制改革，清晰界定中央与地方财政事权和支出责任，提高与本级财力的匹配度，从根源上弱化地方政府大幅举债甚至违规举债的动机。

2）推进地方财政支出精细化管理，优化地方政府可控财力配置

解决地方财政风险问题，还需加强对财政支出的精细化管理，提高地方财政资金的使用效率。一是深化政府预算改革，通过建设严格、科学、透明、规范的政府预算制度，细化预算编制，使政府支出结构合理化、规范化。二是明晰政府与市场的边界，深入推进"放管服"改革，在能够由市场与社会推动的领域，运用 PPP 模式，适度引入社会资本，降低地方财政支出压力。在有效管控地方债务风险的前提下，统筹运用 PPP、地方专项债、存量国有资产等财政资源，探索 PPP 与专项债的有效结合，发挥 PPP 盘活存量资产的能动性。

3）加强地方政府债务风险管理制度建设，提高地方债务风险管控能力

一是建立健全地方债务风险预警机制。世界各国普遍对地方政府债务规模设置指标上限，实现地方债务余额管理。常用的规模指标包括负债率（债务余额/GDP）、债务率（债务余额/政府综合财力）等。比如，欧盟的《马斯特里赫特条约》将负债率风险参考值设定为 60%。国际货币基金组织将债务率风险参考值设定为 90%到 150%。在参考国际经验的基础上，充分考虑指标统计范畴和内涵，纳入隐性债务风险评估指标，构建适用我国的地方政府债务规模指标体系及其风险参考值，不断完善地方债务风险预警体系与应急机制。

二是完善地方政府偿债基金制度，提高债务的偿还能力。可参考日本、英国等国家地方政府债务管理经验，设立地方偿债基金，实现地方政府债务偿付的专职化管理，提高债务偿付规划的统筹协调能力与债市经营能力。偿债基金的资金来源主要包括国有资本经营预算、政府性基金中每年提取一定比例的资金注入、地方新增债务提取一定比例的资金注入以及参与市场经营取得的收入。

三是建立健全地方政府债务风险管理的激励制度。加强地方债务的重点督查和审计，研究出台终身问责、倒查责任制度办法，坚决查处问责违法违规行为。加强地方债务管理的正向激励制度建设，将地方债务风险管理绩效纳入地方考核制度，给予合规举债、债务风险管控能力强的地区奖励。

4.1.4 《充分发挥 PPP 机制在生态环境治理中的引领作用——大理洱海环湖生态治理的做法与经验》

绿水青山向金山银山转化，需要找准"转化器"。自 2015 年，以洱海环湖生态治理 PPP 项目为始，云南省大理白族自治州深入探索实践 PPP 模式，走出了"两山"转化的精准路径，打造了"四本账、四统筹、四保障"的生态环境治理可持

续发展的大理模式，吸引了大量有资金、有技术、有责任的社会资本参与到绿色公益事业中来，提高了相关行业要求和标准，获得了质优价廉的生态治理服务。

1. 项目谋划需算细四本账

1）算好政治账

一是坚定不移地加强生态文明建设。继续打好洱海保护治理环湖截污、生态搬迁、矿山整治、农业面源污染治理、河道治理、环湖生态修复、水质改善提升、过度开发建设治理等"八大攻坚战"，推进流域高质量发展和生态高品质建设，实现洱海高水平保护，始终把水质目标放在首位，努力打造全国湖泊治理的典范。系统调整流域生态、生产、生活布局，强化空间管控和分区管理，加大执法监管力度。管控全域空间，提升城乡环境，绿化国土山川，攻坚污染防治，转变生活方式，打好蓝天碧水净土保卫战，落实落细河湖长制，加快"森林大理"建设，统筹推进山水林田湖草沙系统治理。

二是坚决贯彻新发展理念。抓项目、抓投资，建立"周述评、月调度、季考核"的推进机制，项目实施"逆向法""倒逼法""近战法"，建立调度服务，推进责任、比拼考核机制，盯紧项目抓投资，盯紧企业抓生存，盯紧关键少数干部抓落实。加快发展重点产业，推动传统动能改造升级，促进新旧动能转化。抓改革、抓招商，深化电力、政府投融资、国资国企、农业水价等领域改革，落实更多解决大理问题、创造大理经验的举措。

三是坚持打赢脱贫攻坚战。强化"军令状"和"交总账"仪式，坚持一手抓剩余绝对贫困人口攻坚，一手抓脱贫成果巩固提升。建立"一周一报告、一旬一掉地、一月一研判"工作推进机制，持续加大政策、项目、资金、人力倾斜和支持力度，加强点对点精准帮扶，全力推动剩余贫困人口脱贫。坚决落实"四不摘"（摘帽不摘责任、摘帽不摘政策、摘帽不摘帮扶、摘帽不摘监管）要求，全面提升脱贫攻坚质量和成色。做好脱贫攻坚与乡村振兴的有效衔接，编制实施乡村振兴战略规划纲要和三年行动计划，完善制度框架和政策体系，统筹推进产业、人才、文化、生态、组织振兴。加快第一批 12 个乡镇、25 个村试点步伐，启动第二批 112 个村试点工作，以点带线、以线带片、以片带面，多点发力、全面铺开，打造一批具有大理特色的乡村振兴示范典型。

2）算好生态账

一是净化生活污水。如期完成覆盖全流域的 4461 公里截污管网建设，建成污水处理厂 19 座、分散型污水处理设施 135 座、化粪池 12.08 万个、塘库湿地 3 万亩，构建了覆盖全流域"从农户到村镇、收集到处理、尾水排放利用、湿地深度净化"的生活污水收集处理体系，开创了国内环湖截污治污流域全覆盖的先例。二是完善生活垃圾处置。制定出台《大理白族自治州乡村清洁条例》，持续深入开展"三清洁"（清洁水源、清洁田园、清洁家园）环境卫生整治，建立了"户清扫、组保洁、村收集、镇乡清运、县市处理"的联动运行机制，建成生活垃圾焚烧发电厂，流域每天 900 余吨生活垃圾得到资源化处置，实现了生活垃圾全收集、全处理和无害化处置、资源化利用，有效解决了流域内城乡生活垃圾对洱海的污染。三是强化面源污染防治。2019 年，减少流域大蒜种植 12.36 万亩，逐步趋于零种植，流域花费、农药使用量分别减少 2.4 万吨、138 万吨，完成禁养区 46 家畜禽规模养殖场关停搬迁，流域内每年 16 万吨畜禽粪便全部得到资源化利用，洱海污染大幅削减，开创了全国农业全员污染源头治理的先河。四是打造环湖生态防护。全面完成 1806 户生态搬迁，腾退土地 1024 亩，全力推进"1806"小镇建设，开创了洱海流域的"人退湖进"。建成 129 公里生态廊道、762.96 公顷生态湿地和湖滨缓冲带，为洱海构建起一条物理隔离的生态屏障。加快推进海东面山绿化、洱源生态林业质量提升工程建设，完成流域面山绿化 7.7 万亩，流域森林覆盖率提高了 3%。五是实现清水入湖。三库连通工程每年直补洱海 II 类清水 6000 万立方米，全面消灭了洱海 27 条主要入湖河流 V 类及以下水体，助力大理市无序取水整治，建成城乡自来水厂 16 座，封堵地下井 1742 口、封堵取水口 108 个，实现了"亿方清水入湖"目标。

3）算好经济账

一是切实把"生态+"的理念融入产业发展过程。做大做强洱海流域的生态农业与生态旅游业，打造一批绿色有机农业"金字招牌"产品，截至 2020 年流域内"三品一标"①产品达 141 个。二是积极支持生物医药、大健康产业发展。着力打造生物医药、生物保健、生物制药产业聚集区，推进滇西区域医疗中心、国际健康小镇等项目建设，前瞻性布局医养健康板块。三是积极推动旅游文化产业升级。截至 2021 年 3 月，21 个 3A 级及以上旅游景区全部完成"一部手机游云南"智慧景区建设，引入了安缦、丽思卡尔顿等高端酒店，启动实施大理古城、喜洲古镇、双廊艺术小镇、杨丽萍大剧院、生态廊道等项目，提升了旅游业的档次和品质，推动大理旅游从观光型向康养型转变。四是加快流域外产业可持续转移发展。流域内 3 个水泥厂完成产能转移，欧亚、来思尔等乳品企业转移到流域外发展牧草种植基地和奶牛标准化养殖，全面实现产业转型升级和流域绿色发展。

4）算好民生账

一是加强产业扶贫。2018 年全州特色产业覆盖贫困户 10.33 万户、39.65 万人，对有产业发展条件的贫困人口基本实现全覆盖；3807 个新型经营主体带动贫困人口达 38.44 万人，占总贫困人口比达 91.55%，产业覆盖率和新型经营主体带贫率比 2017 年分别提高 13.57 个百分点和 43.93 个百分点。截至 2020 年底，累计减贫

---

① 无公害农产品、绿色食品、有机农产品和农产品地理标志统称"三品一标"。

41.31 万人，贫困地区农民人均可支配收入从 2015 年的 8766 元上升到 2019 年的 12 665 元，年均增长 9.6%，剩余贫困人口已全部达到"两不愁三保障"标准。二是改善了农村基础设施现状和公共服务水平。实施农村危房改造 24 万户；实现 1151 个建制村 100%通硬化路，50 户以上自然村 100%通公路；农村集中供水率达 99.5%，群众获得感、幸福感、安全感明显增强。三是提升了人居环境。在全省率先推行村庄规划建设网格化管理机制，农村人居环境整治有力有序推进，加快推进农村"厕所革命"，全州累计改造新建卫生户厕 70.53 万座，建成行政村厕所 1064 座。

2. 项目推进需做好四个统筹

1）统筹长期和短期

坚持短期抢救治理和长期可持续规划相结合。一手抓抢救治理，洱海流域自 2015 年开启保护治理抢救模式以来，共实施包括流域"两违"整治①、村镇"两污"整治②、面源污染减量、节水治水生态修复、截污治污工程提速、流域执法监管和全民保护洱海等 7 类抢救行动。共查处违章建筑 941 户，拆除违章建筑 658 户、9.44 万平方米，关停客栈餐饮经营户 2498 家，将城市建成区和洱海周边 500 米、流域主要入湖河道周边 200 米范围划定为规模化畜禽禁养区，实现洱海全湖水质在 2017 年、2018 年、2019 年 3 年保持 7 个月Ⅱ类水、5 个月Ⅲ类水的水平。一手抓持续发展，在《洱海保护治理与流域生态建设"十三五"规划》的指引下，通过总投资 247 亿元、建设八大类 125 个项目，覆盖了流域 2565 平方公里的范围，有效构建了包括城乡一体的生活污水收集处理、生活垃圾收集处理、农业面源污染防治、环湖生态防护、清水入湖工程、绿色发展产业和洱海保护治理法制等七大体系，促进了长期可持续的洱海保护治理及流域转型发展。

2）统筹发展与保护

坚持生态优先、高质量发展的战略指引。20 世纪以来，洱海流域污染逐渐加重，1996 年、2003 年、2013 年三次暴发蓝藻，为洱海保护治理敲响警钟。然而，截至 2014 年，大理白族自治州除大理市外，其余 11 个县市均为贫困县，全州 70%以上财政支出依赖上级转移支付，有限的财力和巨大的治理资金需求之间矛盾突出。在坚决执行习近平总书记"两山"理念，始终把生态环境治理放在首位，算大账、算生态账、算长远账，坚决克服"不给钱就不治理"的战略高度下，大理白族自治州运用 PPP 模式，发挥财政资金杠杆作用，引入社会资本，有效缓解了

---

① "两违"整治指持续整治流域内的违章建筑、违规经营问题。

② "两污"整治主要围绕污水、垃圾治理开展相关工作，主要措施包括出台《大理市餐厨垃圾收集处理办法》《大理市餐厨垃圾收运处理一体化项目运营实施方案》等制度；开展洱海流域"三清洁"活动，收集清运生活垃圾、建筑垃圾、清理河道淤泥杂物；建设污水应急管道，持续清运污水等。

短期、集中财政压力。2015 年以来洱海保护治理资金已累计投入 318 亿元，其中 PPP 项目投入 155 亿元。

3）统筹城乡发展

坚持城乡统筹、点面结合的治理方式。以治理环湖截污为工作关键，由湖面到岸再到源，从点到面，从非农到农业，与乡村振兴有机结合。其一，实施生态环境保护"三线"划定。为严格环洱海的空间管控，疏解洱海周边的人口和环境压力，项目科学划定了洱海生态环境保护"三线"，即蓝线（洱海湖区界线，洱海的"心"）、绿线（洱海湖滨带保护界线，洱海的"肺"）和红线（洱海水生态保护区核心区界线，洱海的"肾"），并依法向社会公布了"三线"划定方案、管理规定和餐饮业、乡村民宿客栈管理办法等规范性文件，有效增强洱海的自净能力与环境承载力，特别是洱海红线的湖滨带和缓冲带的环境容量和生态空间。其二，坚持以水定城、以水定人、以水定产，通过测定洱海核心保护区资源环境承载力，调整优化以洱海流域为核心的"1+6"区域生产空间、生活空间和生态空间布局，大理市城乡开发边界面积从 188 平方公里调减到 128 平方公里。其三，全面停止海东开发建设，把海东规划开发面积从 140 平方公里压减到 9.6 平方公里，绿地面积从 15 平方公里增加到 25 平方公里。其四，启动大理新区规划建设，着力疏减洱海流域人口和产业。

4）统筹引资与引智

坚持量效统筹，提高公共服务的供给水平。运用 PPP 模式发挥专人干专事，切实提高公共服务质量和效率。在设计阶段，聘请专业咨询机构对项目进行咨询服务；在采购阶段，通过公开竞争择优选择社会资本，充分借助社会资本的专业能力完善项目方案，实现设计更优、投资更省；在运营阶段，由社会资本提供专业人员组建专业管理团队，依托社会资本的领先技术以及先进的企业管理能力，确保项目的运营质量和效益。同时，政府和社会资本双方建立相互信任、风险共担、合作共赢的合作关系，项目公司按效付费，实现长期运营管理，推动社会资本重视工程质量、节约成本、讲求效益，降低项目全生命周期成本，这将比传统模式更有效率。

3. 项目可持续需夯实四个保障

1）夯实规划保障

建议明确项目定位，统筹规划，减少对小型治理项目的零散投资，通过 PPP 模式集中力量办大事，对生态环境进行有规划、成规模的系统治理。坚持流域治理、系统治理、标本兼治，洱海保护格局从"一湖纸治"向"生态之治"转变，保护方式从"以治为主"向"防治结合"转变，保护主体从"部门为主"向"全面共治"转变。坚决贯彻新发展理念，以科学规划引领保护治理、科学技术支撑保护治理、科学编制保护规划、实施生态保护"三线"划定，实现高标准规划、全面施策、科学治湖。

2）夯实机制保障

建议完善洱海流域生态环境补偿机制，把生态环境资源的价值通过价格体现出来，由生态环境受益者对生态环境保护者付出的代价进行经济补偿，将外部性内部化，实现利用生态环境资源创造经济价值的利益再分配。洱海保护治理必须遵循"谁污染，谁付费"、"谁受益，谁补偿"、"谁保护，谁获偿"、"广泛参与"以及"灵活性"等原则，通过合理界定流域生态补偿双方的权责，确定补偿主体、被补偿对象与合理的补偿标准，落实好补偿资金来源，以推进生态文明建设，维护生态安全。其重点，是要健全流域生态补偿的法制保障，完善相关法律法规，明确生态补偿的法律地位；研究探索市场化生态补偿，积极探索取用水权、排污权等环境权益的市场交易机制，在生态环境资源所有者与生产企业间建立起商品货币关系，实现生态环境资源经营权与所有权的分离，实现生态环境资源经营权合理转让，逐步建立政府引导、市场推进和社会参与的生态补偿机制。

3）夯实财力保障

建议加强财政资金统筹，结合专项债和 PPP 模式，对洱海保护治理项目进行系统规划。2015 年，大理白族自治州以洱海环湖截污 PPP 项目为引领，开始了 PPP 模式在大理的探索实践。该项目可研批复 34.9 亿元，实际中标 29.8 亿元，仅这一个项目的投资便超过了大理白族自治州"十二五"期间洱海保护治理项目的总投入。之后借助 PPP 模式，大理白族自治州相继实施了洱源村落污水收集处理、洱海环湖截污（二期）、洱海主要入湖河道治理等 6 个洱海保护治理项目，总投资185.6 亿元，让洱海保护治理工程从蓝图变成了现实，成为功在当代、利在千秋的民生工程。为保障洱海保护治理 PPP 项目的正常运营，切实发挥项目在洱海保护治理工作中的关键性作用，建议建立环保治理 PPP 项目付费补助长效机制和政府履约保障机制，以确保洱海保护 PPP 项目的正常运营维护，充分发挥项目的社会效益和生态效益。

4）夯实能力保障

首先，需动态调整优化已建立的 PPP 项目绩效考核相关管理办法，树立项目各参与方"花钱必问效，无效必问责"的绩效意识。在此基础上，从服务质量和服务能力两个维度优化全生命周期绩效评价体系，弥补建设与运营分开考核的不足，实现项目建设运营关联性绩效考核。抓住关键环节，持续完善绩效指标设置，加快绩效管理的信息化进程。在设置绩效指标时，应善于利用历史数据、行业已有标准，以可量化的"负面清单"为主。同时注重保留绩效考核指标的灵活性，突出重点，科学设置考核标准和权重。建立并不断优化分领域绩效考核指标库，持续完善绩效指标库。其次，需要完善既有专家库，改进 PPP 信息管理平台，提高绩效评价和管理质量。最后，积极引入第三方进行绩效评价，为 PPP 项目绩效管理提供技术和人才服务。

4.1.5 《加强政府和社会资本合作——更好发挥财政资金引导和撬动作用》

1. PPP 模式有效发挥了财政资金撬动作用

（1）PPP 模式撬动作用强。截至 2020 年 11 月末，PPP 在 19 个行业累计落地项目 6920 个，累计落地投资额约 11 万亿元。按政府出资比例 12.5%估算，政府方出资约 1.38 万亿元，社会出资约 9.6 万亿元，撬动社会资本投资约 7 倍。

（2）提高了政府投资效率。基于对全国 PPP 综合信息平台 2020 年 11 月末以前已完成物有所值评价 PPP 项目的分析，发现政府承担全生命周期成本约为 9.03 万亿元，其中运营补贴约 7.66 万亿元，相较政府采购类项目节省 1.97 万亿元，提高财政资金使用效率约 18%。

（3）项目运营成效有所提升。PPP 模式引入了市场竞争机制和先进生产管理经验。如北京地铁 4 号线项目在相比传统模式节约了政府财政支出 98.8 亿元的同时，实现了北京市轨道交通行业投资和运营主体多元化突破，形成同业激励的格局，促进了技术进步、管理和服务水平提升。

2. 推动政府和社会资本合作仍面临一些挑战

（1）PPP 项目前期可研不足，导致社会资本和金融机构预期更不稳定，影响了 PPP 机制的可持续发展。2017 年以来，我国全口径 PPP 项目成交数量及规模整体均呈下降态势。2020 年 1~10 月，新入库项目 877 个、投资额 14 635 亿元，同比减少 4173 亿元、下降 22.2%。主要原因在于目前 PPP 项目的运作流程均需以批复的可研作为实施方案编制和批复的依据，而实操中个别地方存在出于融资冲动及政绩考虑，对项目建设的必要性论证不足的问题。特别是一些项目在启动 PPP 项目程序之前，地方政府已和潜在的社会资本签订合作框架协议，项目上马本身已是"板上钉钉"，项目可研论证形同虚设，部分项目存在包括非公共服务领域的内容或者建设的规模、标准与本地财力及公共服务需求不匹配、付费机制不完善、项目盲目上马等问题，导致社会资本和金融机构预期不稳定，履约难度上升，严重影响了 PPP 机制的可持续发展。

（2）回报周期长、受政策性因素影响的项目，比如环保类项目比重上升，资金流更不稳定。首先，PPP 项目周期普遍为 15~20 年，社会资本尤其是民营企业在项目不同阶段均易出现现金流短缺问题。具体包括建设期融资难、融资期限与项目期限不匹配、融资成本相较国有企业更高、区域间的融资难度存在差异等问题；运营前期收入不足与还本付息的矛盾问题以及运营后期的资本金沉淀等问题。截至 2019 年 7 月末，全国 PPP 项目的累计成交规模达 14.60 万亿元，成交项目数为 9786 个，其中民企成交规模占 22.30%，成交数量占 39.86%。在规模和数量上民企都不具优势。其次，回报周期较长导致项目普遍易受政策性因素影响。课题组 2020 年对云南、广西两省区的调研结果显示，当地 PPP 项目普遍受到了政策性因素的影响，如 2019 年因取消地方涉企行政事业性收费，云南大理古城洱海资源保护费和抚仙湖资源保护费的取消带来的相关 PPP 项目运营费用短缺，导致地方财政支出责任压力加大。

（3）PPP 项目投资总规模增加，项目到期付费压力上升，有的地方财政承受比例接近红线。截至 2020 年 11 月末，累计使用者付费类签约落地项目 390 个，投资额 0.9 万亿元；累计政府付费和可行性补助类签约落地项目 6530 个，投资额 10.1 万亿元，约 94.3% 的 PPP 项目存在政府付费或补贴，这将造成政府未来的长期财政支付压力加大。按 4%、6%、8% 的一般公共预算支出增长率来估算，超 10% 红线的地级市数量分别为 20 个、13 个和 11 个，大多位于西部地区，分别为 13 个、10 个和 8 个。此外，现有已入库项目的财政压力高峰集中于 2023 年以前，对于这些城市，2021~2023 年的本级财政及其区县级财政普遍构成较大财政支出责任压力。

（4）财力统筹层次不够，专项债和 PPP 没有打通，一方面资金等项目，另一方面项目等资金。作为地方政府基础设施投融资的两大"前门"工具，PPP 和专项债各自存在问题和难点。一方面，作为合规举债前门，近年来专项债规模不断扩大，2018 年以来，平均每年增幅达 66.8%。但实际操作中，专项债使用效率不足，存在资金闲置或项目盲目上马现象。审计署 2020 年 6 月对 18 个省份及所辖 36 个市县审计结果表明，由于项目安排不合理或停止实施等原因，有 503.67 亿元新增专项债券资金未使用，其中 132.3 亿元闲置超过 1 年。另一方面，PPP 经过近年来的清理和沉淀，已经累积了大量优质项目。根据全国 PPP 综合信息平台管理库数据，截至 2020 年 11 月，累计入库项目数达 9954 个、投资额 15.3 万亿元，但实际项目落地率和开工率较低，分别为 69.5% 和 60.5%。主要是 PPP 项目社会资本对投资回报的要求和金融机构在无政府信用担保情况下对贷款收益的要求导致 PPP 项目的资金成本较高，能撬动的社会投资也有限。两种财政供给出现了 PPP "项目等资金"和专项债"资金等项目"的现象，亟待有机结合，提高地方财力的统筹层次。

（5）绩效审核专业能力不足。PPP 模式由于回报周期长和易引发财政支出责任加大等原因，亟须一套相对完善的绩效审核和按效付费机制，以防止变相举债，防范财政金融风险，全面实现预算绩效管理。现阶段 PPP 绩效付费存在部分早期项目无绩效付费、条款不严谨，绩效审核和绩效付费脱钩，建设与运营割裂，社会资本投资与政府主导贷款分割，以及审核机制滞后、绩效审核有形无实等现象。这些问题导致没有实现风险有效转移，加重政府长期支付压力，从而增加财政风险；不利于激发社会资本活力和自身优势，不利于提高项目运营效率和公共服务质量；无法保证财政资金的使用效率和效果；忽视项目全生命周期，诱发"重建设、轻运营"倾向，影响 PPP 项目可持续性。

3. 具体建议

（1）提高财政使用的统筹层次。地方政府专项债与 PPP 结合的关键问题在于如何对资产和项目收入进行分别管理、对两种模式的责任与风险进行有效区分与隔离。建议采用参与项目 AB 包的模式拆分现有 PPP 项目。资金筹集方面，A 包采用专项债，资本金由政府解决，剩余资金申请专项债券；B 包采用 PPP 模式，由政府出资人代表和社会资本支持。此外，可以考虑在发行专项债券募集资金的同时采用 PPP 模式进行运营或建设。可以考虑在专项债券资金到位之后，政府通过统一招标将项目的建设和运营交由社会资本来完成，建设资金由政府按进度拨付，运营则根据绩效考核结果支付补贴费用；或是在专项债项目建成后，通过 PPP 模式依法选择社会资本委托运营。

（2）对于项目收益好尤其是一些生态效益较好的项目，要想办法内化收益。一些社会及生态效益较好的 PPP 项目存在效益外溢现象，但无法直接体现在货币化的收益当中，也就是存在外部性问题。建议结合绿色金融、低碳经济等方式，通过政策指导，调整绿色项目或绿色企业投融资工具的货币收益，或借助污染排放总量限制等政策约束，将有限的环境承受力具象化为具有稀缺性的环境资产及金融市场。从实际操作上，建议首先允许地方创新，在发展以绿色信贷和绿色债券为主的绿色金融产品的同时，积极创新绿色金融产品，积极引入社会资本。其次建议在加大绿色金融概念宣传的同时，加强复合型人才的培养，统一绿色产业认定标准，完善第三方认证评估体系，建立配套相关的绿色金融政策法规，从而实现将环境外部性收益内部化。

（3）提升 PPP 绩效审核的专业能力，完善按绩效付费机制。建议首先动态调整优化已建立的 PPP 项目绩效考核相关管理办法，使项目各参与方树立"花钱必问效，无效必问责"的绩效意识。在此基础上，建议从服务质量和服务能力两个维度建立全生命周期绩效评价体系，弥补建设与运营分开考核的不足，实现项目建设运营周期关联性绩效考核。建议抓住关键环节，持续完善绩效指标设置，加快绩效管理的信息化进程。在设置绩效指标时，应善于利用历史数据、行业已有标准，以可量化的负面清单为主。同时注重保留绩效考核指标的灵活性，突出重点，科学设置考核标准和权重。建立分领域绩效考核指标库，不断优化，以更优的绩效考核指标持续完善绩效指标库。其次，需要完善既有专家库，改进 PPP 综合信息平台，提高 PPP 绩效评价和管理的质量和水准。最后建议积极引入第三方进行绩效评价，利用第三方的实操经验和资源优势，为 PPP 项目绩效管理提供技术和人才服务，借助云计算与大数据技术对全国 PPP 综合信息平台中的海量数据进行深入分析，获得更优、更符合项目实际的绩效考核指标和方法。

（4）实施全省财政承受能力限额管理的同时，合理调整 PPP 项目布局。建议从项目源头出发，严禁地方政府盲目上马项目或随意扩大项目规模，实现"把钱用在刀刃上"的目标。建议每年公布当地当年一般公共预算支出及过去五年一般公共预算支出决算数及增长率，严防部分地区盲目调高一般公共预算支出增长率，变相虚增财承空间，或从政府性基金预算、国有资本经营预算等列支，变相突破 10%红线。建议借鉴地方政府债务管理思路，实施总量控制、限额管理等措施，一方面，由财政部门统筹测算、分配、管理省内各级财承限额，确保全省财承占比不超过 10%红线，省内各级不超限额，推动 PPP 规范可持续发展，避免 10%"一刀切"导致有需求的地区无法上新项目，地方财承空间限制，以及人为调整财承空间，变相突破 10%红线等现象。另一方面，推动 PPP 财政支出责任全额纳入政府预算，推动 PPP 资产负债按政府会计管理要求全部纳入政府资产负债表，真正实现政府依法履约、全面管理、按效付费。

4.1.6　《构建常态化的财政资金直达机制　提高财政资金效能》

财政资金直达机制是财政管理机制的一项制度创新，改变了资金由上往下的逐级拨付流程，避免资金使用不透明、流向不明确。常态化财政资金直达机制的建立，需要综合考虑制度建设、资金下达管理、资金监管等全流程机制建设。

1. 财政资金直达机制常态化的制度建设

财政资金直达机制，也称特殊转移支付机制，是在保持现行财政管理体制、地方保障主体责任、资金分配权限稳定的前提下，按照"中央切块、省级细化、备案同意、快速直达"的原则，完善相关资金分配程序，压实地方的主体责任，建立健全监督问责机制。财政资金直达机制的制度建设内容如下。

（1）完善部门协调配合的工作机制。部门协调配合的工作机制包括部门协调范围、部门职责分工、部门信息共享、部门沟通协调等。根据直达资金范围的扩展，扩充部门协调范围；根据部门职能，明确部门职责分工，特别是资金使用部门的业务指导作用；通过直达资金监控系统与资金使用部门资金的发放系统对接，推动同一层级有关部门间信息共享；根据部门职责分工，以直达资金监管为主线，建立部门沟通协调机制。

（2）优化直达资金管理的制度体系。为提高直达资金管理的科学性、规范性，建立常态化、制度化的财政资金直达机制，需要进一步优化直达资金管理的制度体系，根据直达资金的覆盖范围，完善涵盖资金分配、资金下达、资金拨付、资金使用、预算管理和资金监管全过程的制度体系。一是完善特殊转移支付机制的资金管理办法，包括完善资金用途、分配拨付、资金使用、预算编制、激励约束等内容，把资金直达机制嵌入预算管理流程，确保资金监管有制度、资金使用有效果。二是完善直达资金的监督管理办法，与财政直达资金的政策目标相匹配，确保资金使用的规范化、制度化。包括建立实名台账、定期报告制度、信息公开公示制度、监督问责等。其中，推进市县相关部门资金使用的实名台账制。实名台账制是市县基层有关部门或单位，按照资金使用规定明确用款对象名单，并按照确定的用款对象名单拨付资金，建立与具体用款对象相应的实名台账制度。三是制定中央直达资金预算管理的规章制度，将直达资金纳入预算管理流程。

（3）加强直达资金有效监管的体系建设。建立财政、审计、中国人民银行等部门的合作机制，建立直达资金分配、拨付、使用的动态监管机制，形成部门监管合力，确保有关资金科学、规范、高效使用。同时，强化审计的同步监督，将直达资金使用作为审计工作的重点，开展专项审计，并利用直达资金监控系统信息，通过数据对比分析，开展有效审计监督，以便及时发现纠正资金投放和使用问题。

2. 财政资金直达机制常态化的下达管理

财政直达资金下达管理包括资金下达分配方案审核确认、提前下达转移支付资金、转移支付资金的库款调度等。

首先，针对不同类别的直达资金，应分别按照资金的管理要求分配下达，审核确认地方政府制订的直达资金分配方案，并将最终分配方案导入资金直达监控系统。

其次，合理提前下达转移支付资金。这就要求提前下达预算指标，将直达资金嵌入预算管理流程，明确直达资金的绩效目标，强化直达资金使用的规范性和有效性。

最后，要将国库资金调度和地方资金使用需求结合起来。直达资金的库款调拨可采取差异化调度方式，增加资金调拨的频次，提高地方留用资金比例等，加大对基层库管支持的力度，保证基层直达资金的需要，提高资金使用效率。

3. 财政资金直达机制常态化的资金监管

财政资金直达机制的资金监管在于管好、用好资金。资金监管要贯穿资金下达、拨付和使用的全环节，涉及资金的监管主体、监管手段、监管方式。资金监管要强化部门协同监管、直达资金监控系统、信息公开手段等。

（1）强化部门的协同监管机制。按照财政直达资金全链条、全过程、全方位监控要求,明确部门的监管职责,发挥好财政部门的资金分配监管、中国人民银行的资金拨付监管、审计部门的专项审计监督、使用部门的业务指导监控作用,强化部门的协同配合,特别是资金使用部门的业务指导,督促地方做好资金发放和使用。

(2)完善直达资金的监控系统功能。常态化财政直达机制需要结合新要求,升级改造直达资金监控系统,拓展数据分析和预警功能,推进部门间数据开放共享。并通过直达资金的单独下达、单独标识,资金使用的台账制度,确保资金流向明确、账目可查,记录资金所处状态,健全直达资金的分配、拨付和使用的监督管理。

(3)加强直达资金信息的公开公示。直达资金还要发挥社会监督功效,包括信息的公开公示制度。市县财政部门及直达资金的预算部门单位,建立直达资金预算机制,按照信息公开规定公开预决算信息,特别是预算执行情况。

对直达资金的受益对象,要对受益对象的信息进行公示,通过直达资金的公开公示,接受社会监督,针对反映的问题及时整改。

4.2 媒体专访(部分)

4.2.1 《打赢疫情阻击战 PPP 模式大有可为》[①]

打赢疫情防控阻击战是当前最重要的工作,打赢疫情防控阻击战是一项系统工程,需要动员各方面力量形成合力。我认为运用 PPP 模式可以有效建立政府、市场以及社会协同的多方合作新机制,联防联控共治,凝聚起磅礴力量。

从政府角度来看,要提高公共管理能力。例如,疫情下武汉的火神山医院建设就是为阻止新冠肺炎疫情蔓延,跟时间赛跑、跟病毒赛跑的突击战争,火神山医院的高速建成并投入使用充分体现了政府在公共管理方面的重要性。未来一段时间是抗击疫情的关键期,政府必须增强大局意识和全局观念,把人民的生命安全摆在第一位,履行好维护经济社会正常秩序、宣传教育、舆论引导、信息公开等职责,坚决高质量打赢疫情防控阻击战。

从社会资本角度来看,要积极践行社会责任。面对当前处于关键阶段的疫情防控形势,社会资本要立即行动起来,发挥在物流运输、线上办公等方面的专业化优势,积极践行社会责任,助力武汉等疫情严重地区抗击疫情,为全国的疫情防控提供有力支持。

从金融机构角度来看,要稳定信心引导预期。金融机构要加大融资支持力度,确保金融服务畅通。要加大对疫情防控相关领域的信贷支持力度,为受疫情影响

_____

① 孟春(2020)。

较大的地区、行业和企业提供差异化优惠的金融服务，完善受疫情影响的社会民生领域的金融服务，提高疫情期间金融服务的效率，加强制造业、小微企业、民营企业等重点领域信贷支持等。

　　整体来看，本次疫情防控阻击战需发挥公共部门和私人部门各自的禀赋优势，充分发挥政府部门、社会资本、金融机构等疫情防控不同阵地的不同作用，全力以赴打好协同战，坚持疫情防控全社会一盘棋思路，坚持统一指挥、统一协调、统一调度，做到令行禁止，全面做好各项工作的协同，确保基础设施高质量建设、医疗物资快速运输和分发、医护人员多层级补充等各方面要素科学高效配置。在这方面，PPP 模式大有可为。一方面，PPP 通过设计、融资、建设、运营一体化，可以丰富疫情地区特别是武汉地区的公共服务供给，确保疫情后的产业复苏、企业复工和学校复学等，实现少花钱、多办事的财政绩效目标。另一方面，PPP 模式可以引入市场资金、优质技术和先进管理能力等，鼓励集约创新发展，加快培养一批新模式、新业态、新技术的应用，如线上消费、线上教育、在线办公，确保疫情后的经济社会稳定健康发展。

4.2.2　《积极运用 PPP 模式助推复工复产》[①]

　　国务院日前发出通知，要求做好复工复产后的疫情防控工作，尽早恢复正常生产，为疫情防控提供充足的物资保障，为稳定经济社会大局提供有力支撑。

　　对 PPP 人而言，在夺取双胜利战斗中怎样充分发挥作用？从短期看，PPP 有助于推动复工复产。从长期看，PPP 有助于经济高质量发展，我们在复工复产稳增长中要充分运用好 PPP 模式。

1. 从短期看 PPP 模式应对疫情复工复产的积极效应

　　一是 PPP 模式助力重大项目实施。一方面对在建项目，要在严格落实疫情防控各项措施的前提下，加强政府各部门的协同配合，明晰各级政府、各部门之间的责任和权力，构建合理的激励相容机制，鼓励各主体积极参与和服务防控疫情及复工复产的大局，尽快组织开工复工。另一方面对已运营项目，既要保证企业和职工自身的防疫安全，又要保证所提供的公共产品和公共服务质量效率，积极运用 PPP 模式助力一批公共卫生等领域项目的实施，强化 PPP 模式在打赢防疫攻坚战、补短板、惠民生方面的作用。

　　二是 PPP 模式扩大社会资本参与。打赢防控疫情阻击战和恢复生产稳定增长是政府和市场共同的责任，必须站在全局的角度，统筹安排。社会资本应与政府方密切配合，在防疫战中勇担责任，贡献智慧和力量。在疫情地区结合当地特色培育一批基础条件好、专业能力强、有社会责任感的示范社会资本，提高社会资

---

① 孟春和丁崇泰（2020）。

本和当地政府之间的互信。尤其是在一些关系民生的 PPP 项目，如垃圾处理、污水处理、公共交通等项目上进一步扩大社会资本的参与。

三是推动 PPP 模式进行融资创新和服务。以 PPP 模式为抓手整合多方资源，精准对接经济发展之所急和民生之所需的项目，最大化提升金融资源的产出效果。构建防控疫情和恢复生产的长效金融举措，优先改善各地区，尤其是疫情地区的卫生医疗、基础设施和民生保障类 PPP 项目的融资需求。合理分配 PPP 项目的风险，鼓励金融机构创新技术和产品，建立健全金融服务，如利用资产证券化等方式，把 PPP 项目风险最大程度分散。

2. 从长期看 PPP 模式助推经济高质量发展

一是 PPP 模式是供给侧结构性改革的重要内容。供给侧结构性改革是我国改革的重要举措，旨在消除"无效供给"，提高供给质量和效率。我国积极探索和创新了公共服务的供给机制，PPP 模式成为重要载体。通过 PPP 模式，在公共领域打破垄断、引入竞争，政府与社会资本之间实现合理分工，并落实了风险分担、物有所值、绩效考核、全生命周期管理的要求，在缓解政府中短期财政压力的同时，提高公共服务的供给效率，有效激发了社会资本活力，形成公共服务领域的共建共治共享格局。

二是 PPP 机制创新补齐疫情地区民生短板。疫情冲击下暴露出我国民生基础设施建设的不足，特别是在未来我国民生服务需求多元化、多层次的背景下，急需将 PPP 模式引入交通基建、卫生医疗及政务信息建设等民生领域，在政府和市场之间形成利益共享、风险分担和长期合作关系。PPP 模式不仅能解决融资问题，更能带来三大优势：第一，带来管理上的提升，PPP 模式的引入在一定程度上对交通、卫生及政府服务系统进行了再造，改变了原有的管理理念和服务流程，提高了民生服务的效率。第二，带来技术上的提升，PPP 模式引入更为成熟先进的科学技术，加快新技术的研发，淘汰效率低下的旧技术。第三，带来绩效管理上的升级，方便政府完善运作流程和监管程序。在本次疫情过后，需运用 PPP 模式助力医疗卫生制度改革加快步伐，引入社会资本加大基层医疗卫生的投入力度，更好地保障人民群众的健康与安全。

三是 PPP 模式能推进新产业、新业态高质量发展。PPP 能够通过"引智"，充分发挥社会资本在技术、管理、融资等方面的优势和创造力，提高投资效率和质量，推动产业高质量发展，通过 PPP 模式建设信息化的新基础设施，为探索线上办公、在线问诊、远程医疗、医药 O2O（online to offline，线上到线下）、在线教育等相关行业发展打下基础，推动消费、投资"两兴旺"，推动新产业、新业态的高质量发展。

3. 积极探索 PPP 模式如何助推复工复产

在打赢疫情防控总体战，有序推进复工复产稳增长中，充分发挥 PPP 模式的作用，我们提出如下建议。

一是创新工作机制，简化申报、分类评审。可根据本地经济发展规划、公共服务需求及可用财力，以项目的轻重缓急为依据进行排序，对助力防疫类项目开通优先审核的"绿色通道"，分类评审，做好应急项目的保障服务工作。

二是结合当地民生短板与所急，加强特定领域的项目储备，增强发展后劲。对此次疫情暴露的问题，各地在总结、反思的基础上，应快速应对，在加强政策指导的同时，立足项目层面，主动对接需求，做到储备一批、开发一批、落地一批，为疫情后快速复工、形成工程实物量奠定基础。

三是形成政策组合拳。积极探索专项债与 PPP 模式结合的实操路径，将专项债的资金优势和 PPP 项目的管理优势充分结合，根据不同的项目特征，分类采用将专项债作为 PPP 项目资本金、作为 PPP 项目债券融资资金、盘活存量资产和项目等方式，优先支持基本医疗卫生、社会保障等项目，以增强财政资源在补民生短板方面发力的系统性、协调性、集中性，推动积极财政政策提质增效。

四是对 PPP 项目给予优惠政策。对社会资本参与购买疫情严重地区的 PPP 项目的永续债提供支持，拓展社会资本参与 PPP 投资的渠道和空间。对一些关系民生的重大 PPP 项目，进行定向性的减税，保证项目稳定推进，补齐疫情地区的民生短板。探索建立 PPP 项目资产标准化和非标的线上集中交易平台，扩宽 PPP 证券化、REITs（real estate investment trusts，房地产投资信托基金）的通道，扩大资金来源，降低融资成本。

4.2.3　《PPP 为"两新一重"建设引来活水》[①]

1. 今年上半年"两新一重"新入库项目占比超八成——PPP 为"两新一重"建设引来活水

今年（2020 年）上半年，全国 PPP 综合信息平台管理库中，"两新一重"新入库项目占比为 84.3%。当前，利用 PPP 模式，支持民间资本平等参与，可以重点支持既促消费惠民生又调结构增后劲的"两新一重"建设。

7 亿元政府出资撬动社会资本 129 亿元！——这是采取 PPP 模式运作的山东小清河复航工程发挥的带动效应。作为我国首例内河航道 PPP 项目，今年上半年该项目施工建设迅速，仅用 117 天就完成了防汛工程建设任务。

财政部 PPP 中心近期发布数据显示，今年上半年，全国 PPP 综合信息平台管

---

① 董碧娟（2020）。

理库中，"两新一重"新入库项目 378 个、投资额 6687 亿元，占全部新入库项目的 84.3%；签约落地项目 192 个、投资额 4241 亿元。

PPP 模式究竟能为"两新一重"建设发挥怎样的作用？如何进一步释放 PPP 的效能？

2. 项目建设提质增效

"两新一重"即新型基础设施建设、新型城镇化建设，以及交通、水利等重大工程建设。今年《政府工作报告》明确提出，重点支持既促消费惠民生又调结构增后劲的"两新一重"建设。

"'两新一重'项目通常投资规模大、投资周期长，需要多种融资渠道才能解决长期和巨大的项目资金需求。利用 PPP 模式，支持民间资本平等参与其中，能精准完成项目融资需要并持续发挥投资效益。"西南财经大学教授、西财智库首席研究员汤继强告诉记者，PPP 模式只有当项目已经完成并得到政府批准使用后，私营部门才能开始获得收益，因此能够在确保质量的前提下有效提高资金效率并能降低工程造价，减少项目风险和资金风险。

山东禹城的城乡教育综合发展 PPP 项目就是一个典型例子。山东省财政厅政府和社会资本合作管理中心负责人唐宁介绍，禹城采用 TOT+BOT 模式运作，由当地一家民营企业中标，政府仅出资 3609 万元，就撬动了社会投资 3.04 亿元，一次性解决了 14 所学校的建设运营问题，改善了教学环境。

中国财政科学研究院 PPP 研究所所长彭程表示："自 2014 年以来，PPP 推进工作取得良好成效，对新时期城镇化建设和经济高质量发展起到了重大促进作用。PPP 在不显著增加地方政府债务杠杆情况下，有效发挥大规模基础设施投资的补短板作用，对于当前稳增长和稳就业具有重要意义。"

3. 更加注重规范管理

PPP 助力"两新一重"背后，是其不断规范的运行管理机制。"自推广 PPP 以来，相关管理部门通过改革理念推广、顶层制度设计、项目规范管理、国际合作深化等，初步建成 PPP 大市场。"国务院发展研究中心研究员、中国科学院大学中国 PPP 研究中心主任孟春告诉记者，PPP 通过引入打破垄断、放宽准入、鼓励竞争、透明公开、风险分担、按效付费、全生命周期管理等理念、机制和工具，为有效推动"两新一重"建设提供了新动力。

今年 2 月发布的《关于加快加强政府和社会资本合作（PPP）项目入库和储备管理工作的通知》要求加快项目入库进度，切实发挥 PPP 项目补短板、稳投资作用。同时要求把住入库合规审核关，落实好项目全生命周期管理，严防地方政府隐性债务风险。

PPP 管理信息平台也全方位升级。今年 2 月 17 日,全国 PPP 综合信息平台(新平台)上线运行。新平台利用区块链、人工智能、大数据等最新信息技术成果,扩展了平台架构和功能,提高了信息校验度和准确性,增强了智能监管和大数据计算分析能力,便利了信息获取和关联检索应用。

PPP 也更加注重绩效。今年 3 月,财政部发布《政府和社会资本合作(PPP)项目绩效管理操作指引》,进一步规范 PPP 项目全生命周期绩效管理工作,提高公共服务供给质量和效率,保障合作各方合法权益。

各地也立足自身实际,创新管理模式,推动 PPP 更加规范高效。比如,江苏要求各市县财政部门、实施机构应关注并始终保持第三方服务机构在具体项目全生命周期中的专业性、独立性,防止出现机构自设标准、自我评价。安徽要求各地要会同行业主管部门将 PPP 项目产出说明、绩效监测数据、绩效评价结果及应用绩效管理信息及时上传 PPP 综合信息平台,做好信息公开,主动接受社会监督。广西从今年起全面实施 PPP 情况绩效评价,把 PPP 项目的财政支出责任与绩效评价结果挂钩。

4. 仍需持续深化改革

虽然 PPP 在助力"两新一重"建设方面不断发力,管理机制也进一步优化升级,但仍面临一些挑战和难题。孟春举例说,比如 PPP 立法至今未能出台,一些关键性制度需结合新形势、新问题加以更新等。

"从市场反应情况来看,加快推动 PPP 立法是各方的强烈期盼,对推动 PPP 高质量发展能够起到关键性作用。同时,要完善政策体系,尽快更新或制定地方呼声较高的操作指南、财政承受能力论证指引、物有所值评价指引、绩效管理指引、标准化合同等。"孟春建议。

彭程认为,当前各地方、各参与主体对 PPP 的本质、作用和运行机制等各方面的理解还有差别,导致项目在推进过程中交易成本增加,因此需要进一步凝聚更广泛共识。比如一些地方政府认为 PPP 模式复杂并且成本高,不如专项债。"这说明一些地方政府仅把 PPP 作为融资模式来看待,而未全面理解和认识 PPP 模式,未深刻理解 PPP 作为管理模式和治理工具对促进社会进步的功能和作用。"彭程表示。

同时,一些 PPP 项目也面临落地难、融资难困境。"项目融资难有市场原因,也有项目自身原因。一些地方政府选择、发起和准备 PPP 项目的主观性较强,项目不尽科学。"彭程认为,当前现金流充沛且稳定的优质项目储备略显不足。

此外,交易结构设计缺乏灵活性,PPP 资产缺乏流动性,金融机构和金融监管创新不足等也是融资难的重要原因。对此,彭程建议:"要加快建立 PPP 资产交易机制,这是吸引财务投资人投资、优化交易结构和降低项目风险的重要一环。

此外，进一步鼓励 PPP 模式与我国背景相结合的模式创新和发展，探索 PPP 与专项债等财政、金融工具相结合的统筹运用模式。"

"要确保'两新一重'PPP 项目质量，就要使其符合国家发展大局，把握好民生所需和未来所向，既为民众提供不可或缺的公共产品和服务，也为实现国内大循环和国内国际双循环提供必备的公共基础设施。"汤继强认为，应进一步推进"两新一重"PPP 项目全生命周期的绩效目标和指标管理、项目绩效监控、项目绩效评价及结果应用等。

4.2.4 《规范会计处理 确保 PPP 项目有序发展》[①]

财政部日前发布 PPP 项目合同社会资本方会计处理 11 个实施问答和 3 个应用案例，在 PPP 项目净入库数呈现稳定增长势头的同时，规范项目会计处理，确保 PPP 项目规范有序发展。

1. 明确模糊性概念

在北京国家会计学院教授崔志娟看来，此次发布的实施问答和应用案例，主要是为了执行落实好《企业会计准则解释第 14 号》(简称《14 号解释》)，解答实务中 PPP 项目社会资本方会计核算的重点问题。

上述实施问答和应用案例对于 PPP 项目中的部分关键概念做出明确界定，如"合同约定的运营期间""控制""管制""重大剩余权益"等。

"对上述名词进行范围界定，在实务过程中非常有必要。"崔志娟举例说，规范的 PPP 项目合同应当同时符合下列特征：一是社会资本方在合同约定的运营期间内代表政府方使用 PPP 项目资产提供公共产品和服务，二是社会资本方在合同约定的期间内就其提供的公共产品和服务获得补偿。

其中，对"合同约定的运营期间""社会资本方代表政府方使用 PPP 项目资产提供公共产品和服务""社会资本方就其提供的公共产品和服务获得补偿"等概念的理解，直接影响 PPP 项目合同是否符合"双特征"。

《14 号解释》自 2021 年 1 月 26 日施行以来，社会资本方的会计人员进行相关处理时遇到了会计准则适用的边界问题，比如，在某个 PPP 项目的服务中，如果主要部分由政府控制，那么小部分不由政府控制的服务该如何进行会计处理，困扰着会计人员。

在大岳咨询有限公司董事长金永祥看来，PPP 会计准则刚推出，遇到边界模糊的问题很正常。实施问答和应用案例解答了社会资本方会计人员的困惑，为 PPP 项目会计工作指明方向，减少会计人员的工作量和社会资本方对会计处理的干预，

---

① 李嘉亮（2021）。

进而达到避免合规性风险，以及对《14 号解释》的不同理解导致的在监管时产生纠纷等问题。

2. 强化实操应用

对模糊概念的界定，其目的是服务于实务操作。实施问答对一些实务应用方面的问题进行了明确。这部分内容有的来自政府方 PPP 核算应用指南，如"双控制"环节的应用；有的是企业的特殊事项，如集团合并报表。

"这些具体规定解决了我国 PPP 实践场景的会计核算，便于企业对资产权属进行识别判断，防止出现'孤儿资产'问题。"崔志娟举例说，如"双控制"环节应用部分，本身是政府方会计核算研究的一个难点。为了方便具体实操人员理解并运用，"双控制"的分类和表述只能采用列举方式，指导会计人员把握资产是否被政府方控制。

"需要注意的是，因为我国实施的 PPP 项目类型较广，均规范在一个会计准则里，因而，资产识别和确认显得更加重要。"崔志娟说，我国采用国际上的"双控"标准来区分资产权属，这在会计政策上是新的处理方式。从"双控"角度识别资产属性，避免过去"一刀切"将其作为政府方"固定资产"的情况。

除实施问答外，此次财政部发布的 3 个应用案例，分别针对无形资产模式、金融资产模式和混合模式，从案例本身来看应属于核算的示例形式，并非一个 PPP 项目全流程的核算案例。

这 3 个应用案例的共同点是根据合同履约义务确定建造阶段和运营阶段企业的会计处理，主要是涉及资产的确认和收入确认问题，还增加了大修的核算。在实际应用中，会给企业方一些更加明确的核算指导建议。

实际工作中，社会资本方在会计核算上往往存在一定的困惑。例如，PPP 项目初始投资为无形资产后，其更新改造投入如何处理？到底什么情况下确认无形资产，什么情况下确认金融资产，怎么基于国家政策和合同来判断履约义务？什么时间点确认收入，收入到底在何时实现？等等，这些问题都会影响到社会资本方的会计核算。

分析其成因，崔志娟介绍，这是由于 PPP 在我国的推广有 3 个重要的变化：一是新修订预算法所体现预算体制改革变化，二是社会资本方回报机制的变化，三是 PPP 作为政府投融资管理的常态机制要纳入政府方核算。这样，社会资本方的核算需要跟政府方核算在履约合同的同一事项核算方面呈"镜像关系"，在非同一事项核算方面要体现整体一致性。

"此次发布的应用案例应当说部分解决了实践中的一些问题，还有一些如BOO（建设—拥有—运营）、TOO（转让—拥有—运营）项目核算问题，PPP 系统性的会计核算问题等，还有待进一步考虑。"崔志娟认为，未来对 PPP 项目会计处理问题将会进行更深层次的解释。

3. 提升 PPP 项目合规性

规范有序是 PPP 项目今后发展的主要基调。

全国 PPP 综合信息平台管理库项目半年报中的核心数据显示，PPP 市场规模稳中有增，开工建设项目投资额显著增长；新入库"两新一重"项目投资占九成。PPP 市场继续呈现恢复性增长态势。

"国家'十四五'规划明确提出继续应用 PPP 模式。财政部 PPP 项目库的数据在持续增长。国家发改委发言人日前又一次提出大力发展 PPP 以稳定经济增长。PPP 在我国作为国家长期政策选项是非常明确的。"金永祥表示，"十四五"期间，我国将实施碳达峰、碳中和，推进乡村振兴等战略，资金需求将超过 100 万亿元，这离不开社会资本的参与。

"《14 号解释》的出台以及这次实施问答和应用案例的发布，都是 PPP 政策完善的重要组成部分，理顺了 PPP 的会计处理，更重要的是发出了政府对 PPP 重视的信号。"金永祥说。

崔志娟认为，此次针对企业方的会计处理细节方面的内容，在规范和指导社会资本方的会计核算，建立与政府会计核算"镜像关系"的体系，发挥 PPP 合同的会计监督作用等方面意义重大。

会计是对经济业务事项的反映。会计对 PPP 合同的反映通过财务信息对外公开，可以反映 PPP 项目合同的经济事项，促进合同签约的规范性。

"未来，PPP 项目应当在合规合法、责任义务明晰、权限划分得当、回报机制合理等方面发力，特别是要融合财务核算、税务筹划、项目管理等业务知识，做好事前谋划，防范项目履约风险。"崔志娟说。

4.2.5 《PPP 未来支出责任算政府负债? 财政部会计准则给出答案》[①]

拟投资规模高达十多万亿元的 PPP 项目，由于缺乏统一的会计处理规则，导致不少地方政府资产核算缺失，一些企业 PPP 业务核算混乱。

为了改变这一现状，财政部近日公布了《政府会计准则第 10 号——政府和社会资本合作项目合同》(简称 PPP 会计准则)，主要规范了政府方对 PPP 项目合同的确认、计量和相关信息的列报。其中，PPP 项目未来支出责任是否属于政府负债，备受市场关注。

在中央遏制和化解地方政府隐性债务大背景下，PPP 项目未来支出责任是否属于政府债务时有争议。此前一些地方将 PPP 未来支出责任列为隐性债务，这遏制了 PPP 发展。今年(2019 年)3 月财政部发文明确了不规范 PPP 项目未来支出责任属于隐性债务。所谓 PPP 项目支出责任，主要是对于政府付费和可行性缺口

---

① PPP 未来支出责任算政府负债? 财政部会计准则给出答案[EB/OL]. https://baijiahao.baidu.com/s?id=1653873691344455489&wfr=spider&for=pc[2019-12-25].

补助两类 PPP 项目，地方政府在 PPP 项目长周期运营中需要按绩效付给社会资本方相关费用，承担相应的支出义务。

实操中 PPP 会计准则会如何处理政府未来支出责任，成为业内关注的焦点。

财政部会计司有关负责人表示，根据 PPP 会计准则的规定，政府方承担向社会资本方支付款项的义务的，相关义务应当按照《政府会计准则第 8 号——负债》（简称《负债准则》）有关规定进行会计处理，会计处理结果不影响 PPP 项目资产及净资产的账面价值。在很多 PPP 项目合同中，政府方也承担了向社会资本方支付款项的义务，但这种义务在项目运营期开始时并不属于《负债准则》所规定的现时义务，更多是一种或有义务，因此不能确认为政府负债。

PPP 会计准则第二十条明确：政府方按照《负债准则》有关规定不确认负债的，应当在支付款项时计入当期费用。政府方按照《负债准则》有关规定确认负债的，应当同时确认当期费用；在以后期间支付款项时，相应冲减负债的账面余额。

这其实与国际会计准则的处理不同，其充分考虑到了中国的 PPP 实务特点及相关法规要求。

北京国家会计学院教授崔志娟告诉第一财经，按照国际会计准则的规定，PPP 项目资产的确认存在一种负债模式，这种模式是基于政府固定支付义务而言的。

市场人士担心，在会计处理上 PPP 支出责任不被认为政府负债，是否意味着负债转嫁给企业？

崔志娟表示，合规的 PPP 项目不计入政府负债，并不意味着负债转嫁给了企业。负债的存在前提与投资方的资金结构安排或设计有关。

此次 PPP 会计准则的另一大亮点，是对 PPP 项目资产的确认。

崔志娟表示，PPP 会计准则的资产确认借鉴了国际经验，采用了国际通行的"双控测试"，只有通过"双控测试"的才确认为政府方资产。

所谓"双控测试"，是指政府方控制或管制社会资本方使用 PPP 项目资产必须提供的公共产品和服务的类型、对象和价格；PPP 项目合同终止时，政府方通过所有权、收益权或其他形式控制 PPP 项目资产的重大剩余权益。

另外，政府方在相关情形下确认资产的同时，也需要同时确认一项 PPP 项目净资产。

财政部会计司有关负责人表示，在 PPP 项目资产运营期间，政府方按月对该 PPP 项目资产计提折旧（摊销）的，应当于计提折旧（摊销）时冲减 PPP 项目净资产的账面余额。这种会计处理方法，不同于 IPSAS 32 中根据不同付费方式分别确认金融负债或（和）递延收益的规定，具有典型的中国特色。

该负责人解释，之所以做出这样的规定，主要考虑以下两方面原因。一方面，根据党中央、国务院关于政府债务管理的有关文件精神和现行 PPP 管理制度规定，地方政府不得对社会资本方承诺保底收益、固定回报等，必须依据绩效考核情况支付政府付费，因此，政府方在初始确认 PPP 项目资产时不应存在国际准则中所谓的 "无条件支付款项的义务"，即依法依规签订的 PPP 项目合同不会也不应增加政府债务。

另一方面，在有关 PPP 项目合同中，政府方对社会资本方的一系列付费实质是购买社会资本方提供的公共产品和服务，其金额包括社会资本方建设和运营成本回收与合理回报，政府方在初始确认 PPP 项目资产的同时，很难从对社会资本方的付款义务中拆分出与 PPP 项目资产成本相关的金额，因此也不符合政府负债的确认条件。

参 考 文 献

敖慧, 朱玉洁. 2021. 农村基础设施 PPP 项目风险分担的博弈研究[J]. 华中农业大学学报
(社会科学版), (2): 111-119,180-181.

蔡东方. 2019. PPP 对财政预算约束作用的检验——基于 PPI 数据库的实证分析[J]. 企业经
济, 38(4): 132-142.

蔡林东. 2019. PPP 项目物有所值定性评价方法的研究[D]. 杭州: 浙江大学.

曹信邦, 裴育, 欧阳华生. 2005. 经济发达地区基层地方政府债务问题实证分析[J]. 财贸经
济, (10): 46-50.

柴铎, 吴云艳, 周小平, 等. 2018. 中国城市土地市场分化、土地财政依赖度与经济风险评
价——73 城地价动态监测数据实证[J]. 城市发展研究, 25(10): 33-40,50.

常雅楠, 王松江. 2016. 基于风险量化的 PPP 项目物有所值评价研究[J]. 项目管理技术,
14(11): 29-33.

车鲁平, 冯珂, 周尧尧, 等. 2020. 基于 DEMATEL-ANP 的交通设施 PPP 项目风险评价[J].
土木工程与管理学报, 37(6): 152-157.

陈凡, 王海成. 2013. 财政分权框架下的地方政府债务问题研究[J]. 理论导刊, (3): 83-85.

陈敬武, 袁志学, 黄耕, 等. 2006. PPP 项目风险的模糊综合评价方法研究[J]. 河北工业大
学学报, (5): 46-50.

陈棋. 2014. 基于 KMV 模型的我国地方政府债务风险评价[D]. 厦门: 厦门大学.

陈世金, 刘浩. 2016. PPP 模式决策的影响因素分析——基于发展中国家的经验[J]. 统计与
信息论坛, 31(5): 70-76.

陈文学. 2019. PPP 项目物有所值评价体系优化方案设计和实施[D]. 济南: 山东大学.

陈志勇, 陈莉莉. 2011. 财税体制变迁、"土地财政"与经济增长[J]. 财贸经济, (12):
24-29,134.

程连于. 2009. PPP 项目融资模式的风险分担优化模型[J]. 价值工程, 28(4): 142-145.

丛树海, 李生祥. 2004. 我国财政风险指数预警方法的研究[J]. 财贸经济, (6): 29-35,96-97.

崔彩云. 2018. 基础设施 PPP 项目 VFM 驱动机理与治理绩效改善研究[D]. 徐州: 中国矿业
大学.

崔彩云, 王建平, 刘勇. 2016. 基础设施 PPP 项目物有所值(VFM)评价研究综述[J]. 土木工
程与管理学报, 33(4): 57-62.

崔志娟, 朱佳信. 2019. 基于 PPP 项目的政府隐性负债形成与确认[J]. 财会月刊, (15):
71-77.

邓连喜. 2007. 公私合作模式在准经营性基础设施项目中的应用[J]. 城市轨道交通研究,
(11): 4-7.

邓小鹏, 李启明, 熊伟, 等. 2009. 城市基础设施建设 PPP 项目的关键风险研究[J]. 现代管
理科学, (12): 55-56,59.

丁晓欣, 刘凯, 时淑君. 2020. 基于故障树模型的城市地下综合管廊应用 PPP 模式风险评价[J]. 土木工程与管理学报, 37(1): 8-15.

董碧娟. 2020. PPP 为"两新一重"建设引来活水[N]. 经济日报, 007.

董纪昌. 2016. 物有所值定量评价方法及改进方向[J]. 中国政府采购, (7): 36-37.

范小军, 赵一, 钟根元. 2007. 基础项目融资风险的分担比例研究[J]. 管理工程学报, 21(1): 98-101.

方桦, 徐庆阳. 2019. 政府审计视角下的 PPP 项目政府债务风险管理研究[J]. 财会月刊, (11): 110-117.

方来, 柴娟娟. 2017. 地方政府自主发债的最优规模与风险控制——基于四省份的实证分析[J]. 中央财经大学学报, (10): 12-20.

冯永亮, 张宏国. 2007. 基于模糊层次分析法的协同项目风险评价模型[J]. 科技与管理, (5): 27-29.

甘泉, 向妍. 2020. 新城镇化背景下地方政府债务风险预警研究[J]. 统计与决策, 36(3): 155-158.

高华, 侯晓轩. 2018. PPP 物有所值评价中折现率的选择——基于 STPR 法与 CAPM 模型[J]. 财会月刊, (8): 107-112.

高会芹, 刘运国, 亢霞, 等. 2011. 基于 PPP 模式国际实践的 VFM 评价方法研究——以英国、德国、新加坡为例[J]. 项目管理技术, (3): 18-21.

郭慧, 石磊, 何雨佳. 2021. 行政发包制下的我国 PPP 模式演化机理研究[J]. 工程管理学报, 35(4): 59-64.

郭敏, 宋寒凝. 2020. 地方政府债务构成规模及风险测算研究[J]. 经济与管理评论, 36(1): 73-86.

国务院发展研究中心课题组. 2005. "十一五"期间至 2020 年我国经济社会发展的突出矛盾、基本任务、前景展望和政策取向[J]. 经济学动态, (11): 50-53.

韩传峰, 台玉红. 2002. 英国的工程项目融资方式——PFI[J]. 建筑, (2): 48-49.

韩立岩, 郑承利, 罗雯, 等. 2003. 中国市政债券信用风险与发债规模研究[J]. 金融研究, (2): 85-94.

何桂菊. 2021. PPP 项目物有所值评价体系国际经验借鉴[J]. 财会通讯, (4): 172-176.

何楠, 张亚琼, 李佳音, 等. 2021. 基于黄河流域治理的生态水利 PPP 项目风险评估[J]. 人民黄河, 43(3): 11-17.

胡忆楠, 丁一兵, 王铁山. 2019. "一带一路"沿线国家 PPP 项目风险识别及应对[J]. 国际经济合作, (3): 132-140.

胡振, 刘华, 金维兴. 2011. PPP 项目范式选择与风险分配的关系研究[J]. 土木工程学报, 44(9): 139-146.

黄彩云, 蒋绮雯. 2019. PPP 项目财政承诺支出预算管理研究[J]. 时代金融, (17): 13-14.

黄怿炜. 2007. PPP 项目评价方法与决策研究[D]. 上海: 同济大学.

黄志雄, 袁峰华. 2021. 经济下行、PPP 风险来源与机制设计[J]. 财政科学, (2): 132-144.

吉富星. 2015. 我国 PPP 模式的政府性债务与预算机制研究[J]. 税务与经济, (4): 6-11.

吉富星. 2018. 地方政府隐性债务的实质、规模与风险研究[J]. 财政研究, (11): 62-70.

贾康, 吴昺兵. 2020. PPP 财政支出责任债务属性问题研究——基于政府主体风险合理分担视角[J]. 财贸经济, 41(9): 5-20.

柯永建, 王守清, 陈炳泉. 2008. 基础设施 PPP 项目的风险分担[J]. 建筑经济, (4): 31-35.

赖丹馨, 费方域. 2009. 不完全合同框架下公私合作制的创新激励——基于公共服务供给的社会福利创新条件分析[J]. 财经研究, 35 (8): 79-90.

李丹, 王郅强. 2019. PPP 隐性债务风险的生成: 理论、经验与启示[J]. 行政论坛, 26(4): 101-107.

李广宁. 2021. PPP 项目财政支出责任管理风险及对策分析[J]. 财会学习, (6): 42-43.

李嘉亮. 2021. 规范会计处理 确保 PPP 项目有序发展[EB/OL]. https://api.zgkjb.com/news/shareH5/133332[2021-08-20].

李娟娟. 2011. 当前地方政府债务融资的问题与对策[J]. 开放导报, (2): 81-84.

李俊文. 2012. 基于 KMV 模型的城投债信用风险控制实证研究[D]. 成都: 西南财经大学.

李腊生, 耿晓媛, 郑杰. 2013. 我国地方政府债务风险评价[J]. 统计研究, 30(10): 30-39.

李丽珍. 2021. 地方政府或有隐性债务风险预警系统构建与应用研究——基于 BP 神经网络分析法[J]. 财经论丛, (3): 14-25.

李敏, 常涛. 2016. 地方财政运行风险的监测与预警机制研究[J]. 山西财税, (6): 23-30.

李文鼎. 2020. 市政道路 PPP 项目风险识别与分担原则研究[J]. 建筑经济, 41(S1): 217-220.

李雯. 2021. 财政压力对 PPP 落地的影响研究[J]. 市场周刊, 34(7): 97-99.

李曜君, 麦强盛. 2021. 实物期权法在 PPP 项目物有所值评价中的可行性研究[J]. 山西农经, (16): 180-181.

李振, 王秀芝. 2020. 从公共支出效率看地方财政风险——基于中国 239 个地级市面板数据的经验分析[J]. 财政研究, (12): 35-48.

梁玲霞, 韩芳, 周芳欣, 等. 2018. PPP 项目物有所值评价的国内外比较[J]. 土木工程与管理学报, 35(4)182-188.

梁晴雪. 2020. 基础设施 PPP 项目再谈判中的风险分担与评价研究[D]. 上海: 上海交通大学.

刘方. 2019. 防范地方政府隐性债务背景下 PPP 健康发展研究[J]. 当代经济管理, 41(9): 29-35.

刘广生, 文童. 2013. PPP 项目资金价值 PSC 评价法的改进探讨[J]. 工业技术经济, 32(10): 17-22.

刘慧婷, 刘海龙. 2016. 基于 KMV 模型的中国地方政府债务风险评价研究[J]. 上海金融, (6): 52-59.

刘金林, 白会人, 王子超. 2020. 基于 FANP–云模型的污水处理扩建 PPP 项目风险分析[J]. 土木工程与管理学报, 37(4): 101-106.

刘楠楠, 侯臣, 钟秋波. 2017. 中国地方财政的风险研判与应对[J]. 中国行政管理, (8): 25-29.

刘穷志, 张莉莎. 2020. 财政承受能力规制与 PPP 财政支出责任变化研究[J]. 财贸经济, 41(7): 5-20.

刘尚希, 郭鸿勋, 郭煜晓. 2003. 政府或有负债: 隐匿性财政风险解析[J]. 中央财经大学学报, (5): 7-12.

刘尚希, 石英华, 武靖州. 2017. 制度主义公共债务管理模式的失灵——基于公共风险视角的反思[J]. 管理世界, (1): 5-16.

刘彦. 2013. BOT 项目全过程绩效影响因素体系研究[D]. 大连: 大连理工大学.

马万里. 2019. 中国地方政府隐性债务扩张的行为逻辑——兼论规范地方政府举债行为的路径转换与对策建议[J]. 财政研究,(8): 60-71,128.

梅建明, 张宽. 2021. PPP 项目风险合理分担影响因素的 ISM-MICMAC 研究[J]. 中南民族大学学报(人文社会科学版), 41(1): 132-140.

孟春. 2020. 打赢疫情阻击战 PPP 模式大有可为[N]. 中国财经报, 005.

孟春, 丁崇泰. 2020. 积极运用 PPP 模式助推复工复产[N]. 中国财经报, 005.

孟春, 郭上. 2018-02-27. 完善 PPP 风险合理分配机制[N]. 中国交通报, 008.

孟惊雷, 吕广仁, 吴海滨. 2017. 基于 Shapley 解的 PPP 项目风险合理分担研究[J]. 商业经济, (8): 121-125.

孟宪海. 2007. 关键绩效指标 KPI——国际最新的工程项目绩效评价体系[J]. 建筑经济, (2): 50-52.

牛茵. 2006. 对 PPP 模式及其绩效的研究[D]. 北京: 北京交通大学.

裴育, 欧阳华生. 2006. 地方债务风险预警程序与指标体系的构建[J]. 当代财经, (3): 36-39.

彭为, 陈建国, Cui Q B, 等. 2014. 公私合作项目物有所值评估比较与分析[J]. 软科学, 28(5): 28-32,42.

亓霞, 柯永建, 王守清. 2009. 基于案例的中国 PPP 项目的主要风险因素分析[J]. 中国软科学, (5): 107-113.

饶友玲. 2004. 地方政府财政风险: 表现形式、成因与防范[J]. 中央财经大学学报, (4): 1-5.

茹涛. 2009. 地方公债发行过程中的信用风险度量与融资规模研究[D]. 上海: 复旦大学.

申玉玉, 杜静. 2008. 公共项目采用私人主动融资模式的资金价值分析[J]. 建筑管理现代化, (3): 53-55.

沈雨婷, 金洪飞. 2019. 中国地方政府债务风险预警体系研究——基于层次分析法与熵值法分析[J]. 当代财经, (6): 34-46.

孙慧, 周颖, 范志清. 2009. PPP 项目评价中物有所值理论及其在国际上的应用[J]. 国际经济合作, (11): 70-74.

孙建强, 沈浩. 2013. 城市基础设施建设 PPP 项目融资模式中的政府监管研究[J]. 建筑施工, 35(6): 554-556.

孙艳丽, 刘娟, 岳树杰, 等. 2016. 基于外部性的 PPP 模式融资参与方行为的进化博弈分析[J]. 沈阳建筑大学学报(社会科学版), 18(3): 280-284.

孙艳丽, 刘万博, 刘欣蓉. 2012. 基于 ISM 的 PPP 融资风险因素分析[J]. 沈阳建筑大学学报(社会科学版), 14(1): 41-44.

谭艳艳, 邹梦琪, 张悦悦. 2019. PPP 项目中的政府债务风险识别研究[J]. 财政研究,(10): 47-57.

田文瑶. 2021. PPP 影响地方政府债务的机理研究[D]. 西安: 西北大学.

王丙亮, 游锐. 2009. 大型基础设施建设 PPP 项目风险分配研究——修正最终要约仲裁的引入[J]. 经济论坛, (21): 126-128.

王国平, 李永刚. 2020. 复杂情境下我国地方政府债务风险的影响因素与内在逻辑——基于平台违约案例的 fsQCA 分析[J]. 南京社会科学, (10): 80-86.

王罕, 彭大敏. 2016. PPP 项目物有所值分析中风险量化探讨[J]. 中国工程咨询, (9): 29-31.

王红江, 贺华利, 王丽格. 2020. 物有所值定量评价中风险承担比例参数取值探讨[J]. 工程
　　经济, 30(9): 57-60.

王军武, 余旭鹏. 2020. 考虑风险关联的轨道交通 PPP 项目风险分担演化博弈模型[J]. 系统
　　工程理论与实践, 40(9): 2391-2405.

王天义, 杨斌. 2018. 日本政府和社会资本合作(PPP)研究[M]. 北京: 清华大学出版社:18.

王玺, 夏强. 2016. 政府与社会资本合作(PPP)财政承诺管理研究——以青岛地铁 X 号线
　　PPP 项目为例[J]. 财政研究, (9): 29,64-75.

王振宇, 连家明, 郭艳娇, 等. 2013. 我国地方政府性债务风险识别和预警体系研究——基
　　于辽宁的样本数据[J]. 财贸经济, (7): 17-28.

魏蓉蓉, 李天德, 邹晓勇. 2020. 我国地方政府 PPP 隐性债务估算及风险评估——基于空间
　　计量和 KMV 模型的实证分析[J]. 社会科学研究, (2): 66-74.

吴凯. 2013. 中国地方政府性债务形成机制的动态分析——基于审计报告的研究[J]. 南京
　　审计学院学报, 10(6): 34-42.

吴贤国, 冉连月, 张立茂, 等. 2017. 基于 SEM 的 PPP 项目绩效关键影响因素分析[J]. 工程
　　管理学报, 31(5): 46-51.

肖红玲. 2021. PPP 项目风险评价及管理研究[D]. 杭州: 浙江大学.

徐晨. 2021. 基于 B-S 期权定价模型的 PPP 项目物有所值定量评价[D]. 石家庄: 河北地质
　　大学.

徐飞, 宋波. 2010. 公私合作制(PPP)项目的政府动态激励与监督机制[J]. 中国管理科学,
　　18(3): 165-173.

徐佳. 2008. 建立地方政府债务风险预警指标体系[J]. 中国财政, (11): 37-38.

徐玖玖. 2017. 走出公私合作制的落地难困境——外部性视野下 PPP 制度供给的经济法回
　　应[J]. 江西财经大学学报, (3): 106-118.

徐霞, 郑志林. 2009. 公私合作制(PPP)模式下的利益分配问题探讨[J]. 城市发展研究, (3):
　　104-106.

许涤龙, 何达之. 2007. 财政风险指数预警系统的构建与分析[J]. 财政研究, (11): 9-12.

许娜. 2014. 准经营性城市基础设施 PPP 模式的关键成功因素研究[D]. 重庆: 重庆大学.

颜红艳, 贺正楚, 李晶晶, 等. 2019. 城市轨道交通 PPP 项目主体行为风险评价[J]. 科学决
　　策, (4): 1-22.

杨光凯. 2020. 贵州省县级财政的困境、原因及对策分析[J]. 预算管理与会计, (11): 55-60.

杨秋波, 侯晓文. 2008. PPP 模式风险分担框架的改进研究[J]. 项目管理技术, (8): 13-17.

杨宇, 穆尉鹏. 2008. PPP 项目融资风险分担模型研究[J]. 建筑经济, (2): 64-66.

姚月丽. 2005. BOT 投资基础设施项目成功的关键因素研究[D]. 上海: 同济大学.

叶亚三, 朱永甫. 2020. 基于 AHP 和熵值法的 PPP 项目 VFM 定性评价[J]. 项目管理技术,
　　18(7): 18-21.

易成, 孙春玲, 张梦晓. 2016. VFM 定性评价方法中的影响因素研究——基于项目逻辑模型[J].
　　科技管理研究, 36 (14): 217-223.

于海峰, 崔迪. 2010. 防范与化解地方政府债务风险问题研究[J]. 财政研究, (6): 56-59.

袁诚, 陆晓天, 杨骁. 2017. 地方自有财力对交通设施类 PPP 项目实施的影响[J]. 财政研究, (6): 26-39,50.

袁竞峰, 王帆, 李启明, 等. 2012. 基础设施 PPP 项目的 VfM 评估方法研究及应用[J]. 现代管理科学, (1): 27-30.

袁义淞. 2014. 基于 ISM 模型和模糊综合评判的 BOT-TOT-PPP 项目集成融资风险研究[J]. 昆明理工大学学报(自然科学版), 39(5): 109-116.

张兵, 张丽宁, 吕小明. 2021. 物有所值视角下公共工程招投标效能提升路径分析——基于 fsQCA 的实证[J]. 工程管理学报, 35(5): 59-63.

张丛林, 黄洲, 郑诗豪, 等. 2021. 基于赤水河流域生态补偿的政府和社会资本合作项目风险识别与分担[J]. 生态学报, 41(17): 7015-7025.

张德刚, 孙嘉泽. 2020. 城市轨道交通 PPP 项目风险量化评估[J]. 合作经济与科技, (5): 52-53.

张牧扬, 卢小琴, 汪峰. 2019. 地方财政能够承受起 PPP 项目财政支出责任吗? ——基于 2010—2018 年 PPP 项目的分析[J]. 财政研究, (8): 49-59.

张萍, 刘月. 2015. 城市基础设施 PPP 模式下融资风险水平度量研究[J]. 工程管理学报, 29(2): 65-70.

张守凯, 李森. 2003. 论我国地方财政风险的个性特征[J]. 中央财经大学学报, (5): 16-19.

张双长, 李稻葵. 2010. "二次房改"的财政基础分析——基于土地财政与房地产价格关系的视角[J]. 财政研究, (7): 5-11.

赵振宇, 苑曙光, 戴同, 等. 2020. PPP 项目物有所值评价系统动力学模型应用[J]. 华侨大学学报(自然科学版), 41(6): 765-771.

郑洁, 昝志涛. 2019. 地方政府隐性债务风险传导路径及对策研究[J]. 宏观经济研究, (9): 58-66.

Abednego M P, Ogunlana S O. 2006. Good project governance for proper risk allocation in public-private partnerships in Indonesia[J]. International Journal of Project Management, 24(7): 622-634.

Akbiyikli R, Eaton D. 2004. Risk management in PFI procurement: a holistic approach[R]. Edinburgh: 20th Annual ARCOM Conference.

Akintoye A, Hardcastle C, Beck M. 2002. Framework for Risk Management and Management of PFI Projects[M]. Glasgow: Glasgow Caledonian University.

Aldrete R, Bujanda A, Valdez G A. 2010. Valuing public sector revenue risk exposure in transportation public-private partnerships[J]. Transportation Research Record Journal of the Transportation Research Board, 2297(1): 88-96.

Ameyaw C, Adjei-Kumi T, Owusu-Manu D G. 2015. Exploring value for money (VfM) assessment methods of public-private partnership projects in Ghana: a theoretical framework[J]. Journal of Financial Management of Property and Construction, 20(3): 268-285.

Ameyaw E E, Chan A P C. 2015. Risk ranking and analysis in PPP water supply infrastructure projects: an international survey of industry experts[J]. Facilities, 33(7/8): 428-453.

Atmo G, Duffield C. 2014. Improving investment sustainability for PPP power projects in emerging economies: value for money framework[J]. Built Environment Project and Asset Management, 4 (4): 335-351.

Bing L, Akintoye A, Edwards P, et al. 2005. The allocation of risk in PPP/PFI construction projects in the UK[J]. International Journal of Project Management, 23(1): 25-35.

Binza S M. 2008. Public-private partnerships in metropolitan government: perspectives on governance, value for money and the roles of selected stakeholders[J]. Development Southern Africa, 25(3): 297-315.

Brixi H P. 1998. Contingent Government Liabilities: A Hidden Risk for Fiscal Stability[M]. Washington: World Bank Publications.

Cheung E, Chan A P C, Kajewski S. 2009. Enhancing value for money in public private partnership projects[J]. Journal of Financial Management of Property and Construction, 14(1): 7-20.

Coulson A. 2008. Value for money in PFI proposals: a commentary on the UK treasury guidelines for public sector comparators[J]. Public Administration, 86(2): 483-498.

Cruz C O, Marques R C. 2013. Infrastructure Public-Private Partnerships: Decision, Management and Development[M]. Berlin: Springer-Verlag.

Cui C Y, Wang J P, Liu Y, et al. 2019. Relationships among value-for-money drivers of public-private partnership infrastructure projects[J]. Journal of Infrastructure Systems, 25(2): 4019007.1-4019007.11.

Davis O A, Whinston A B. 1961. The economics of urban renewal[J]. Law and Contemporary Problems, 26(1): 105-117.

de Jesus Rock E, Wu S L. 2020. The Nacala corridor railway and port PPP project risks identification research[J]. IOP Conference Series: Earth and Environmental Science, 474(4): 1-7.

Demirag I. 2004. Towards better governance and accountability: exploring the relationships between the public, private and the community[J]. The Journal of Corporate Citizenship, (15): 19-26.

Demirag I, Dubnick M, Khadaroo M I. 2004. A framework for examining accountability and value for money in the UK's private finance initiative[J]. The Journal of Corporate Citizenship, (15): 63-76.

Ebrahimnejad S, Mousavi S M, Seyrafianpour H. 2010. Risk identification and assessment for build-operate-transfer projects: a fuzzy multi attribute decision making model[J]. Expert Systems with Applications, 37(1): 575-586.

Fleta-Asín J, Muñoz F. 2020. How does risk transference to private partner impact on public-private partnerships' success? Empirical evidence from developing economies[J]. Socio-Economic Planning Sciences, 72:100869.

Glendinning R. 1988. The concept of value for money[J]. International Journal of Public Sector Management, 1(1): 42-50.

Grimsey D, Lewis M K. 2002. Evaluating the risks of public private partnerships for infrastructure projects[J]. International Journal of Project Management, 20(2): 107-118.

Grimsey D, Lewis M K. 2005. Are public private partnerships value for money? Evaluating alternative approaches and comparing academic and practitioner views[J]. Accounting Forum, 29(4): 345-378.

Grimsey D, Lewis M K. 2007. Public private partnerships and public procurement[J]. Agenda: A Journal of Policy Analysis and Reform, 14 (2): 171-188.

Hammami M, Ruhashyankiko J F, Yehoue E B. 2006. Determinants of public-private partnerships in infrastructure[J]. IMF Working Papers, 6(99): 1-39.

Hang D T T. 2017. Evaluation of qualitative value for money of public-private partnership projects in Vietnam[J]. Journal of International Studies, 10(4): 192-206.

Hastak M, Shaked A. 2000. ICRAM-1: model for international construction risk assessment[J]. Journal of Management in Engineering, 16(1): 59-69.

Henjewele C, Sun M, Fewings P. 2012. Analysis of factors affecting value for money in UK PFI projects[J]. Journal of Financial Management of Property and Construction, (1): 9-28.

Ismail K, Takim R, Nawawi A H. 2012. A public sector comparator (PSC) for value for money (VFM) assessment tools[J]. Asian Social Science, 8 (7): 192-201.

Ismail S. 2013. Drivers of value for money public private partnership projects in Malaysia[J]. Asian Review of Accounting, 21(3): 241-256.

Iyer K C, Sagheer M. 2010. Hierarchical structuring of PPP risks using interpretative structural modeling[J]. Journal of Construction Engineering and Management, 136(2): 151-159.

Jin X H. 2010. Neurofuzzy decision support system for efficient risk allocation in public-private partnership infrastructure projects[J]. Journal of Computing in Civil Engineering, 24(6): 525-538.

Jin X H, Zhang G M. 2011. Modelling optimal risk allocation in PPP projects using artificial neural networks[J]. International Journal of Project Management, 29(5): 591-603.

Kerali H. 2014. Public sector comparator for highway PPP projects[R]. World Bank: 3-15.

Khadaroo I. 2008. The actual evaluation of school PFI bids for value for money in the UK public sector[J]. Critical Perspectives on Accounting, 19(8): 1321-1345.

Knebel S, Seele P. 2021. Framing sustainability in public procurement by typologizing sustainability indicators–the case of Switzerland[J]. Journal of Public Procurement, 21(2): 119-137.

Kweun J Y, Porter K W, Gifford J L. 2018. Evaluating highway public-private partnerships: evidence from U.S. value for money studies[J]. Transport Policy, (62): 12-20.

Lamb D, Merna A. 2004. Development and maintenance of a robust public sector comparator[J]. The Journal of Structured Finance, 10(1): 86-95.

Lemos T D, Eaton D, Betts M, et al. 2004. Risk management in the Lusoponte concession–a case study of the two bridges in Lisbon, Portugal[J]. International Journal of Project Management, 22(1): 63-73.

Leung B Y P, Hui E C M. 2005. Evaluation approach on public-private partnership (PPP) urban redevelopments[J]. International Journal of Strategic Property Management, (1): 1-16.

Martins J, Marques R C, Cruz C O. 2014. Maximizing the value for money of PPP arrangements through flexibility: an application to airports[J]. Journal of Air Transport Management, (39): 72-80.

Medda F. 2007. A game theory approach for the allocation of risks in transport public private partnerships[J]. International Journal of Project Management, 25(3): 213-218.

Melander L, Arvidsson A P. 2020. Getting innovations out of interactions in the public procurement context[J]. Journal of Business & Industrial Marketing, 35(12): 2051-2065.

Melese Y, Heijnen P, Stikkelman R, et al. 2017. An approach for flexible design of infrastructure networks via a risk sharing contract: the case of CO_2 transport infrastructure[J]. International Journal of Greenhouse Gas Control, (63): 401-411.

Moore M A, Boardman A E, Vining A R. 2017. Analyzing risk in PPP provision of utility services: a social welfare perspective[J]. Utilities Policy, (48): 210-218.

Mouraviev N, Kakabadse N K. 2017. Internal and External PPP Drivers in Kazakhstan and Russia[M]. London: Palgrave Macmillan.

Ng A, Loosemore M. 2007. Risk allocation in the private provision of public infrastructure[J]. International Journal of Project Management, 25(1): 66-76.

Ng S T, Wong Y M W, Wong J M W. 2012. Factors influencing the success of PPP at feasibility stage–a tripartite comparison study in Hong Kong[J]. Habitat International, (4): 423-432.

Nisar T M. 2007. Value for money drivers in public private partnership schemes[J]. International Journal of Public Sector Management, (2): 147-156.

Ozdoganm I D, Birgonul M T. 2000. A decision support framework for project sponsors in the planning stage of build-operate-transfer (BOT) projects[J]. Construction Management and Economics, (3): 343-353.

Park H, Lee S, Kim J. 2018. Do public private partnership projects deliver value for money? An ex post value for money (VfM) test on three road projects in Korea[J]. International Journal of Urban Sciences, 22(4): 579-591.

Repolho H M, Antunes A P, Church R L. 2016. PPP motorway ventures–an optimization model to locate interchanges with social welfare and private profit objectives[J]. Transportmetrica A: Transport Science, 12(9): 832-852.

Santos T S, da Silva Portugal L, Ribeiro P C M. 2021. Evaluating the performance of highway concessions through public-private partnerships using a fuzzy multi-criteria decision-making procedure[J]. Transportation Research Interdisciplinary Perspectives, 10: 100399.

Schaufelberger J E, Wipadapisut I. 2003. Alternate financing strategies for build-operate-transfer projects[J]. Journal of Construction Engineering and Management, 129(2): 205-213.

Sharma S. 2007. Exploring best practices in public-private partnership (PPP) in e-government through select Asian case studies[J]. The International Information & Library Review, 39: 203-210.

Shendy R, Martin H, Mousley P. 2013. An operational framework for managing fiscal commitments from public-private partnerships: the case of Ghana[R]. Washington: World Bank.

Shugart C. 2008. Public private partnerships, the public sector comparator, and discount rates: key issues for developing countries[R]. JDI Executive Programs.

Subramanian A. 2010. New PPP-based estimates of Renminbi undervaluation and policy implications[R]. Washington: Peterson Institute for International Economics.

Tsukada S. 2015. Adoption of shadow bid pricing for enhanced application of "value for money" methodology to PPP programs[J]. Public Works Management & Policy, 20(3): 248-263.

Vega A O. 1997. Risk allocation in infrastructure financing[J]. The Journal of Structured Finance, 3(2): 38-42.

Xu Y, Yeung J F Y, Chan A P C. 2010. Developing a risk assessment model for PPP projects in China-a fuzzy synthetic evaluation approach[J]. Automation in Construction, 19(7): 929-943.

Zhang X Q, Kumaraswamy M M, Zheng W, et al. 2002. Concessionaire selection for build-operate-transfer tunnel projects in Hong Kong[J]. Journal of Construction Engineering and Management, 128(2): 155-163.

Zou W W, Kumaraswamy M, Chung J, et al. 2014. Identifying the critical success factors for relationship management in PPP projects[J]. International Journal of Project Management, 32(2): 265-274.